ORIGINE ET FORMATION

DES

NOMS DE LIEU

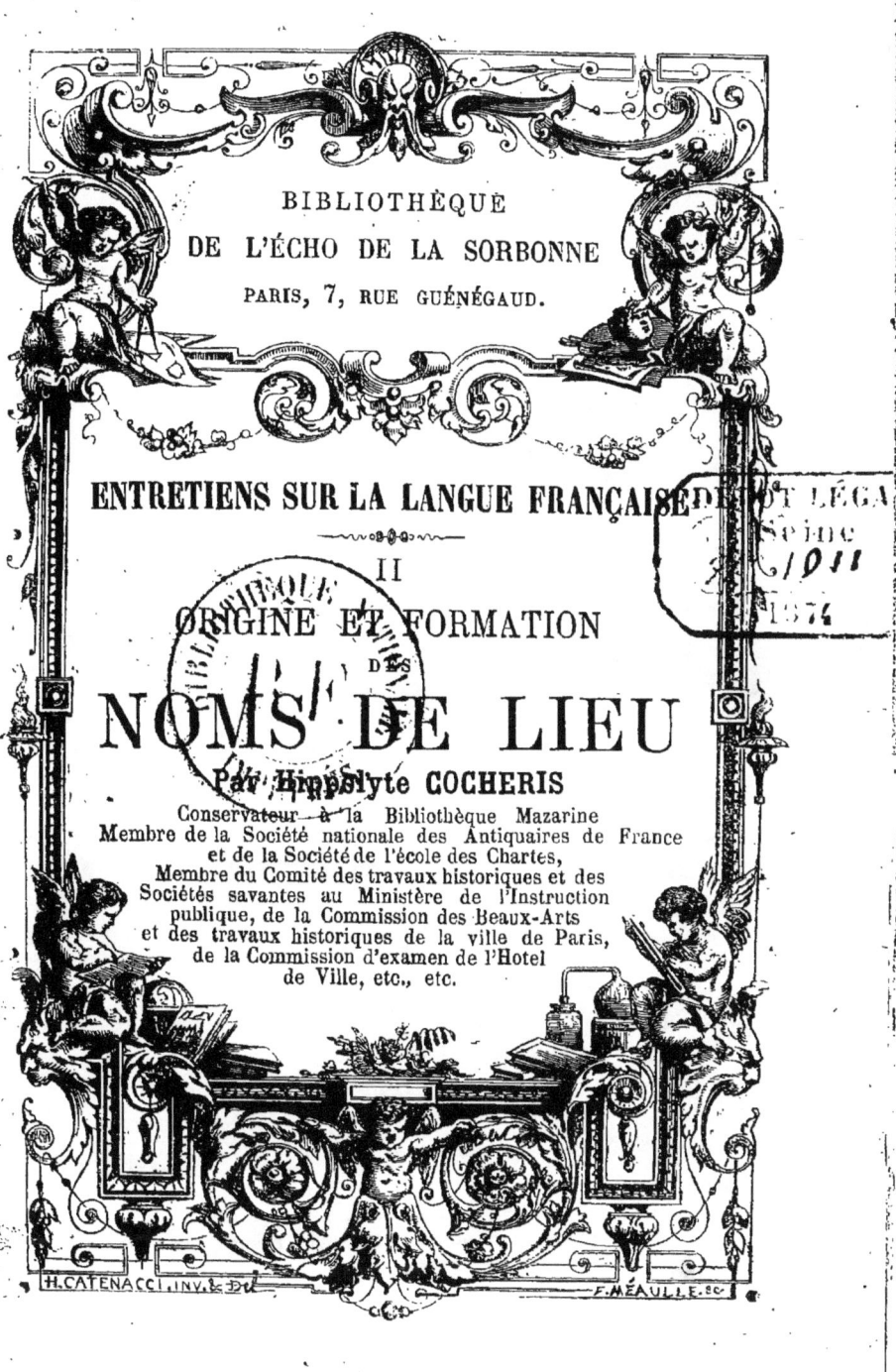

BIBLIOTHÈQUE
DE L'ÉCHO DE LA SORBONNE
PARIS, 7, RUE GUÉNÉGAUD.

ENTRETIENS SUR LA LANGUE FRANÇAISE

II

ORIGINE ET FORMATION
DES
NOMS DE LIEU

Par Hippolyte COCHERIS
Conservateur à la Bibliothèque Mazarine
Membre de la Société nationale des Antiquaires de France
et de la Société de l'école des Chartes,
Membre du Comité des travaux historiques et des
Sociétés savantes au Ministère de l'Instruction
publique, de la Commission des Beaux-Arts
et des travaux historiques de la ville de Paris,
de la Commission d'examen de l'Hôtel
de Ville, etc., etc.

PARIS. — TYPOGRAPHIE DE ROUGE FRÈRES, DUNON ET FRESNÉ,
rue du Four-Saint-Germain, 43.

A

MON FRÈRE ET MON MEILLEUR AMI

MONSIEUR JULES COCHERIS

CHEF DU BUREAU DES HARAS
AU MINISTÈRE DE L'AGRICULTURE ET DU COMMERCE

Hippolyte COCHERIS

LANGUE FRANÇAISE. II.

ENTRETIENS

SUR LA

LANGUE FRANÇAISE

DE L'ORIGINE
ET DE LA FORMATION DES NOMS DE LIEU

CHAPITRE PREMIER

Influences naturelles.

L'origine des noms de lieu est une de ces questions singulières qui a eu jusqu'ici le privilége d'attirer toutes les curiosités, sans avoir été cependant l'objet d'aucun travail sérieux. Tout le monde en parle, chacun émet son opinion et personne ne conclut. Je ne connais, en effet, aucun traité *ex professo* sur cette matière intéressante, et si je signale ce fait qui peut paraître singulier, c'est pour qu'on me pardonne, en faveur de la nouveauté, les erreurs que je pourrai commettre en m'exposant sur un terrain aussi glissant que celui des probabilités et des étymologies.

Tout en proclamant la nouveauté du sujet, je dois cependant ajouter que le travail d'ensemble auquel je me suis livré aurait été impossible à faire si les éléments constitutifs de ces recherches ne se trouvaient un peu partout, et si, en outre, quelques savants distingués n'avaient eu l'heureuse idée de pousser leurs investigations de ce côté, et de traiter, d'une manière spéciale, certaines questions qui se rattachent, soit à l'étymologie, soit à la formation des noms de lieu. Sans le petit traité de mon savant ami M. J. Quicherat, intitulé : *De la formation française des anciens noms de lieux*, et sans le volume si curieux et si spirituellement fait de M. A. Houzé, paru sous le titre, un peu trop ambitieux peut-être, d'*Etude sur la formation des noms de lieu en France*, mes remarques philologiques auraient été beaucoup moins complètes.

Maintenant que j'ai rendu à chacun ce qui lui appartient, je m'empresse de rentrer dans mon sujet pour n'en plus sortir.

L'origine des noms de lieux, de rivières, de montagnes, de forêts, l'origine des termes géographiques, en un mot, se rattache plus directement qu'on ne pourrait le croire à l'histoire de notre langage, car c'est peut-être dans la nomenclature géographique qu'il existe le plus de traces des langues, aujourd'hui perdues pour nous, qui ont concouru à la formation de l'idiome national. C'est de plus, comme je viens de le dire, un sujet neuf, car c'est à peine si l'érudition s'en est occupé, et cependant il mérite l'attention de tous ceux qui s'intéressent à l'origine des choses et au système général qui a présidé à la formation de la terminologie ethnique.

Le premier soin d'un peuple qui émigre, c'est de donner des noms aux villes qu'il fonde, aux montagnes qu'il occupe pendant la guerre, aux vallées qu'il habite pendant la paix, aux rivières dont il se sert pour écouler ses produits.

S'il rencontre un autre peuple, et qu'il soit le plus fort, il échange les noms adoptés et impose les siens ; s'il est le plus faible, il accepte la loi du vainqueur, ou, cherchant un lieu inhabité, il crée un centre qui rappelle par son nom l'origine de sa fondation.

Avant de chercher à expliquer le problème difficile des origines géographiques, on doit d'abord se demander quelles peuvent être les influences qui déterminent le choix des termes employés.

Cette question, je me la suis posée, et, pour la résoudre, j'ai été du connu à l'inconnu. J'ai étudié les mots de la langue vulgaire dont l'origine est indiscutable, et j'ai remarqué, comme tout portait à le croire, que le sens commun avait présidé à la formation de ces mots.

J'ai conclu de cette observation qu'il devait en être de même pour le langage géographique, et que d'après cette loi du sens commun, qui souffre cependant tant d'exceptions, je pourrais peut-être arriver à découvrir les origines cherchées.

Partant de ce principe, je me suis aisément persuadé que les noms de rivière devaient se rapporter à l'*eau* qui les forme, à la rapidité ou à la lenteur des courants, etc., que les noms de montagne devaient signifier *élévation*, que les noms de vallée étaient synonymes de *cavité*, etc., etc.

Pour savoir si je ne sacrifiais pas un peu trop à la folle du logis, j'employai deux moyens de contrôle :

Le premier, en cherchant dans les pays de race aryenne, si une racine sanscrite avait servi à la formation des noms de lieu.

Le second, en examinant ce qui reste des langues parlées par les peuples qui ont habité la Gaule, et en y prenant les mots qui pouvaient avoir été employés pour former des noms géographiques.

En effet, si je retrouvais d'une part la preuve évidente d'une influence aryenne dans la terminologie géographique des peuples indo-germaniques ;

De l'autre, si je pouvais éclaircir l'origine de certains mots à l'aide des vocabulaires celtiques, latins et germaniques,

J'arrivais à établir d'une manière incontestable les principales causes qui ont produit nos noms de lieu.

Le résultat a été tel que je l'espérais, et je me fais un véritable plaisir de consigner ici mes observations.

On peut ramener à quatre influences les causes diverses qui ont donné naissance à nos noms de lieu. Ce sont :

1. Les influences naturelles ;
2. Les influences politiques ;
3. Les influences religieuses ;
4. Les influences onomastiques.

I

INFLUENCES NATURELLES

Les influences naturelles sont les plus nombreuses et les plus anciennes. En effet, ce sont les beautés de la nature et la configuration du sol qui frappent le plus les peuples primitifs et nomades. L'eau, les arbres, les montagnes, les rochers, les vallées attirent avant tout l'attention des pionniers de l'univers.

§ 1. *De l'eau.*

L'eau occupe la plus grande partie de la surface du globe; elle s'offre à nous sous bien des aspects, et nous avons dans notre langue une variété de termes choisis qui prend l'eau à sa source et la conduit à travers toutes ses transformations jusqu'à la mer.

Sans parler de la *pluie* qui se résout en *gouttes* pour alimenter les *sources, fontaines, torrents*, nous avons les mots *ruisseau, cours d'eau, courant, canal, rivière, confluent, cataracte, gouffre, fleuve, mer, flux, vague, liquide*, etc.

A l'eau est attachée l'idée de *mobilité*, de *fluidité*, de *marche*, de *mouvement*, de *course*, de *rapidité*, de *hâte*, d'où les verbes *pleuvoir, verser, arroser, plonger, couler, courir, bruire, mouiller, humecter, asperger*, etc.

Remontons au sanscrit et cherchons si précisément les verbes que je viens d'indiquer n'ont pas donné naissance à des noms de fleuves.

En sanscrit, la racine AV est l'un des signes du mouvement. Elle a formé par conséquent dans cette langue des dérivés qui rappellent la rapidité (Avana); ainsi : le vent (Avi), la rivière (Avashi, Avani), l'océan

(Avisha). Cette racine se retrouve en ancien allemand, en islandais, en scandinave, sous les formes *awa*, *aâ*, *â*, et en anglo-saxon sous la forme *ewe*.

La Bretagne possède l'*Aff*, affluent de l'Ouest (Morbihan), et l'Avon, rivière; la Sabine est arrosée par l'Avens et l'Étrurie par l'Aventia. Il y a l'Avario, aujourd'hui l'Aveyron, affluent du Tarn; l'Avera, aujourd'hui l'Avron, affluent du Cher.

La forme *ewe* est conservée dans le mot *evier* où se jettent les eaux des cuisines, et dans l'adjectif *eveux*, qui signifie *humide*. Les Ewiches ou *eauwisses*, désignent encore en Cambraisis les lieux humides.

On retrouve ce primitif *eve* dans une grande quantité de noms de lieux recueillis par M. A. Houzé.

Voici les principales formes :

Eve ou *Aive* (Oise).
Evelle (Côte-d'Or).
Evaux (Creuse).
Esves-le-Moutier (Indre-et-Loire).
Esvres (Indre-et-Loire).
Evian (Haute-Savoie).
Ayvaillé-sur-l'Ambleve (Belgique).
Deux-*Evailles* (Sarthe).

Longuève (ruisseau qui tombe dans l'Huisne).
Belleve (rivière qui se jette dans la Sarthe).
Megève (Haute-Savoie).
L'ambleve, riv. de la Belgique orientale.
Entreves[1], localité de la vallée d'Aost située entre deux cours d'eau.

La forme *ève* entre dans la composition de certains autres noms, tels que :

Genève (Suisse).
Glandeve (Basses-Alpes).

Reneve (Côte-d'Or).
Lodève (Hérault).

D'après les lois de la permutation établissant la singulière aptitude des lettres P, B, V, F, à se rem-

[1]. Il y a *Entraigues*, dans l'Isère, qui a la même valeur.

placer l'une l'autre, selon la contrée où ces lettres se trouvent prononcées, on arrive à reconnaître, sans crainte de se tromper, le mot *eve, ave, ive,* dans les lieux appelés :

Aibes (Nord).
Aveline-devant-Bruyères (Vosges).
Ayvelles (Ardennes).
Auvegny (Moselle).
Avon (Indre-et-Loire).
Avouze, aujourd'hui *Aouze* (Vosges).
Avigneau (Yonne).
Albeuve (Suisse).
Morteuve (Eure-et-Loir).
Euvy ou *Œuvy* (Marne).

Enencourt-l'*Eage* (Oise).
Yvette, rivière qui se jette dans la Seine (Seine-et-Oise).
Iviers (Aisne).
Yvoine (Haute-Savoie).
Yvuy (Nord).
Yvory près Salins (Jura).
Yvoy-le-Pré (Cher).
La *Rogive* (Suisse).
Saint-Pierre-des-*Ifs* (Eure).
Les *Ifs*-sur-Londinières (Seine-Inférieure).

Essia et *assia* avaient la même valeur que le mot *Eva.* Il a formé *Azay* (Indre-et-Loire).

La racine *sr* signifie en sanscrit : *aller, couler ;* elle a formé *Sal* et *Sar,* d'où :

La *Sala* en Espagne.
La *Scale* en Saxe.
Le *Salat,* autrefois *Salatus,* affluent de la Garonne.
La *Sarre,* affluent de la Moselle.

La *Sauldre,* autrefois *Salera,* affluent du Cher.
La *Suire,* rivière de la province de Munster.
La *Sura,* affluent de la Moselle.

La racine *su,* qui a formé *sûnâ,* rivière, reparaît dans l'irlandais *sua* (ruisseau) et *sa* (torrent), contracté de *sava.*

Le fleuve *Savus* de la Pannonie, les deux *Sabis* de la Belgique et de la Gaule cisalpine, le *Savo* de la Campanie, le *Savena* de Bologne et le *Saucona,* aujourd'hui la Saône, en dérivent.

Voici encore des preuves que l'idée de mouvement est toujours attachée au mot rivière :

Ainsi la racine sanscrite *Dhû* (agiter, se mouvoir) forme *Dhuni* qui signifie rivière. La Russie possède le *Don*, et *udan* (eau) se retrouve dans l'*Udon*, fleuve au nord de la Caspienne.

La racine sanscrite *Tam*, qui signifie *pleurer*, a formé *Tamâra* (eau). Personne n'ignore que le *Tamar* se jette dans la mer d'Irlande près de Plymouth, que le *Tamaris* (aujourd'hui Tambre) disparaît dans l'océan Atlantique près du cap Finistère, en Espagne, et que le *Tamarus* arrose le Samnium en Italie.

Il n'y aurait rien d'impossible que la *Tamise* (*Tamesis* ou *Tamesa*) vienne de cette racine.

Dru en sanscrit veut dire *courir*. Il a formé *drâva* (rapidité), *dravina* (force, impétuosité), enfin *dravanti* (rivière, et probablement rivière rapide).

La Druentia ou Durance, dont Tite-Live et Silius Italicus signalent l'impétuosité ; la Druna d'Ausone, aujourd'hui la *Drôme*, qui se jettent violemment dans le Rhône, le Drac (Draco) qui se jette dans l'Isère, la Dronne (Druna) qui se jette dans l'Isle à Coutras, le *Dravus* des Romains, aujourd'hui la *Drau* en Autriche, proviennent de la même source.

Le mot gaulois *Dur*, en gaélique *dwr*, qui signifie *eau*, rivière, remonte très-probablement à la même source. On le retrouve dans :

Le *Dur*dent (Seine-Inférieure).   Le *Dor*ia (Italie).
La *Dour*bie (Aveyron).   La *Duro*tte, affluent de la Dore.
La *Dor*dogne (*Doronomia*).   Le *Duro* (Portugal).
La *Dor*e (*Duri*a), affluent de l'Allier.   Le *Dur*angon (Espagne).
   La *Thur*, ruisseau de l'Alsace.

Le *Dur*bach, en Allemagne, et le *Thur*bach, près de

Blotzheim, offrent cet exemple curieux mais assez commun, d'être des mots composés de deux racines ayant chacune le même sens.

Au premier abord, on pourrait croire que l'*Adour* se rapporte à ce primitif gaulois, *dur*. Il n'en est rien cependant. Les plus anciennes formes prouvent que l'A fait bien partie du mot *Aturis* qui est, si l'on en croit G. de Humboldt, d'origine ibérienne. Il vient du mot *iturissa*, en basque *iturria*, signifiant *source*.

En Normandie, les *doux* ou *dour* sont des ruisseaux qui arrosent la campagne entre la Seine et la Touque; les *doult* se rencontrent dans l'Orne, le pays d'Auge. Dans le Morbihan, il y a le ruisseau du *Douet*, le ruisseau du *Doué* de Roche, la fontaine des *Douets*, le ruisseau du *Douet* sec, le *Dourdu*, affluent du Scorff. Il y a aussi la *Doua* ou *Dowa*, ruisseau qui se jette dans la Meuse. En breton, *doigt* est synonyme de lavoir.

Pour nous, le caractère distinctif de la vague est la mobilité.

Or, la racine sanscrite *Vaha* (d'où les verbes latins vE*ho*, je traîne, *vago*, j'erre) a formé une quantité innombrable de mots qui rappellent le mouvement: en anglo-saxon le verbe *weagen*, mouvoir; en anglais, *to wave*, venter, souffler, agiter; *to waggle*, branler, vaciller; *to waver*, chanceler; en allemand, *waegen*, bercer: *wiege*, berceau, *wagen*, voiture, etc., etc. Citons encore l'anglo-saxon wAeg, l'ancien allemand wAG, synonyme de *lac* et de *mer*, l'armoricain gwAGen, flot, et notre mot vAGue. Cette racine se retrouve dans le nom d'un fleuve, le wAA*l*, autrefois wAHA*lis*, qui servait de limite à la Gaule-Belgique.

La langue persane nous offre aussi des mots qui peuvent nous servir à retrouver des noms de fleuves renfermant l'acception d'eau courante.

Ainsi, la racine *rûd*, *rôd*, qui signifie rivière, se retrouve dans

Le Rhodanus de la Gaule, aujourd'hui le Rhône.
Le Rhode des Sarmates.
Le Rhodius de la Troade.
Le Rhœdias de la Macédoine.

Le Ròdoir, ruisseau du Morbihan.
Le Rodoué (Morbihan).
Le Rodu (Morbihan).
Le Roduic (Morbihan).

Le terme persan *Shamar*, qui signifie *rivière*, et qui vient de *Shamîdan*, courir, a passé en Europe sous différentes formes, très-faciles à reconnaître.

Le *Samur* se jette dans la mer Caspienne, le *Samara* dans la mer d'Azof. Il y a le *Samer* en Irlande, un *Samara*, affluent du Volga, et un autre *Samara* que nous connaissons aujourd'hui sous le nom de *Sambre*[1].

Maintenant, sans remonter si loin, cherchons dans les langues que nos aïeux ont parlées les mots que nous ne possédons plus dans le langage usuel, mais qui peuvent avoir été conservés, soit dans les patois provinciaux, soit dans le vocabulaire géographique.

---

1. Quelques-unes de ces étymologies, qui pourraient ne paraître au premier abord que d'ingénieuses combinaisons, ont été l'objet des plus savantes recherches de la part de M. Pictet, auteur d'un ouvrage rempli de hardiesse, intitulé : *Les origines indo-européennes ou les aryas primitifs, Essai de paléontologie linguistique*. Paris, 1859, 2 vol. gr. in-8.

En breton, *ster* signifie tantôt rivière, tantôt fleuve, aussi trouve-t-on en Bretagne :

Ster-laër, ruisseau (Morbihan).
Ster-pouldu, ruiss. (Morbihan).
Sterbouest, moulin à eau sur le Blavet (Morbihan).
Ster-en-Dreuchen, affluent de l'Isole (Morbihan).

Dans la même langue *gouer*, *gwâz*, signifie ruisseau, d'où :

Le *Guer*, petite rivière qui prend sa source non loin du village de Pestivien (Côtes-du-Nord), et qui se jette dans l'Océan au-dessous de Lannion; le *Guer*, affluent du Saint-Drédeno, le ruisseau de *Gueran*, celui de *Guerand*, le *Guerfro*, affluent du Ninian (Morbihan); le *Goës-er-Gave*, affluent du Scanff; le *Goës-rouze* et le *Goësmaria*, affluent du Scorff (Morbihan); le *Gouézac*, ruisseau (Morbihan).

Sous les formes *gouach, gouech, goah, gouah, gouach, gouarch*, on retrouve la même origine dans les lieux dits :

Goah-Bettelec (Morbihan).
Goah-heric (Id.).
Gouach-vras (Id.).
Gouarch-en-tri-paresses (Morbihan).
Le *Gouarh* (Morbihan).
Gouech-Kerfranc (Id.).

Frot, *Frou*, signifiant torrent, eau courante, s'est conservé dans FROUville, village du Vexin (Seine-et-Oise), situé au bas d'un coteau, sur un ruisseau qui alimente plusieurs moulins.

Les mots *Steyr*, *Ster*, *Ester*, *Tre*, qui ont le sens de *rivière*, apparaissent dans les mots STERgavale, STERgaule, nom donné, au douzième siècle, à une rivière qui coulait dans le pays de Vannes; le ruisseau d'*Estuer*, affluent du Lié (Morbihan); l'*Etel*, rivière qui arrose Landevant, Nostang, etc.; *Etier*-français, ruisseau affluent de la Vilaine; *Etier*-neuf, ruisseau affluent de la Vilaine.

Nant voulant dire *ruisseau, rivière*, se retrouve dans la rivière de TerNANT, dans l'Orne, et la mare de MoreNANT au Bec.

Lin et *lenn* (étang, lac) se retrouvent dans *Len*-vras, étang du Morbihan, *Len*-er-Gaulec, étang de la commune d'Erdeven (Morbihan), le *Lin*, affluent du Matz (Morbihan).

Mor (mer) se retrouve aussi en Bretagne, dans *Mor*bihan, golfe communiquant par un étroit goulet à l'Océan Atlantique; *Mor*bihan, golfe sur l'Océan entre la presqu'île de Gâvre, Plouhinec et Riantec; *Mor*bihan, dans la baie de Quiberon; *Mor*bihan, plateau de rochers baignés par la marée montante, entre Saint-Gildas-de-Rhuis, Arzon et Quiberon (Morbihan).

Les Germains avaient, pour désigner un *ruisseau*, un *petit cours d'eau*, un mot dérivé du sanscrit *pay* (se mouvoir, couler), que les Persans écrivent *Bak* et qui a pris en haut allemand et en allemand moderne la forme *bach*. Les Anglo-Saxons le prononçaient *beec, bekke, broc, brooc*, les Anglais, *brook*, les Hollandais, *beek, beeke*, les Suédois et les Danois *back*, et les Normands l'écrivent *bec*.

D'où:

Le BEC *aux Cauchois* (Seine-Inférieure).
Le BEC *Thomas* (Eure).
Le BEC *hellouin* (Eure).
Notre-Dame-du BEC (Seine-Inférieure).

Rouen est traversé par un ruisseau qui se jette

dans la Seine et qu'on appelle le *Robec*, qu'on pourrait traduire par le ruisseau (*bec*) de Rouen (*Rotomus*), si le *Robecq* n'était pas aussi le nom d'un ruisseau qui prend sa source dans la forêt d'Eperlecque et s'il n'y avait pas un *Rebecq* dans le canton d'Aire (Pas-de-Calais).

Il y a dans l'Yonne le ruisseau du *Bec* qui se jette dans le Loing, et le ruisseau de la *Bécasse* qui se jette dans le ruisseau du Bouchat à Aunest; dans la Meurthe, on trouve le ruisseau du *Bec* et un moulin à eau nommé *Beck* dans la commune de Mulcey.

De *bec*, se sont formés des diminutifs *becquet*, *Bequerel*, etc.

D'où :

Saint-Crépin du *Bequet* (Seine-Inférieure).
Le *Becquet* (Oise).
L'*Orbiquet* (Eure).
Becquerel (Somme).
Bequerel (étang du Morbihan).
Bekerel, moulin à Cambrai (Nord).
Becret (Aisne).
Becherel (Ille-et-Vilaine).
Bechereau (étang de la Nièvre).

Le mot *bach* est la forme germanique de *bec*, nous avons l'Offen*bach*, ruisseau de la commune de Gunspach (Haut-Rhin); l'Oster*bach*, ruisseau de la commune de Friesch (Haut-Rhin); il se retrouve aussi dans beaucoup de noms de lieu de l'est, sous la forme *pach*.

Rans*pach* (Haut-Rhin).
As*pach* (Haut-Rhin).
Cars*pach* (Haut-Rhin).
Ries*pach* (Haut-Rhin).

Le mot latin *rivus* (ruisseau) que l'on prononçait *rius* à l'époque de la décadence, a donné les formes *ru*, *ruet*, *rie*, *rieu*. Dans l'Yonne, on trouve des ruisseaux appelés *Riault*, *Riaux*, *Riot*, dans la Nièvre, *Ris*, etc.

Les torrents desséchés étaient souvent désignés sous le nom de *rivus siccus*, d'où :

Rieussec (Hérault). Risset (Isère). Roussieux (Drôme).

Dans le Languedoc *Rec* est synonyme de ruisseau, d'où :

Rec-grand (Hérault). Rec de la Combe (Hérault).

Dans les Basses-Pyrénées ce n'est pas *rec* mais *arrecq* ou *arriu* qui est le nom générique donné à tous les cours d'eau, d'où :

L'*Arrecq*. L'*Arricq*. L'*Arriubeq*. L'*Arricarroy*.
Les *Arrecqs*. L'*Arriu*. L'*Arricouton*.

Le mot de basse latinité *gutta*, ruisseau, torrent, a formé :

Les *Gouts* (Gers, Dordogne, Lot et Garonne).
La *Goutte* (Indre).
Les *Gouttes* (Vosges).
La *Goutte* noire (Cher).

Le diminutif *guttula* a formé :

Goulles (Corrège, Côte-d'Or). La *Goulotte* (Haute-Saône).
Goullée (Seine-et-Oise). *Goult* (Orne).

Dans les Vosges et la Meuse il y a une grande quantité de *la Goutte* ou *les Gouttes*, nom donné à des fermes situées au bas des ruisseaux.

La forme *bais* se retrouve dans beaucoup de nom du département du Nord, et répond aux formes *bach* et *beke*. — Exemples :

Mar*baix* (Nord), Mor*becque* (Nord), Mur*bach* (Ht-Rhin).
Rou*baix* (Nord). Ro*becq* (Pas-de-Calais). Ro*bach* (Vosges).

Les Germains employaient, pour désigner les ruisseaux, les petits cours d'eau, les aqueducs, le mot *rupt*, que l'on retrouve dans l'est de la France. Il a formé :

Rupt (Meurthe, Meuse, Vosges, etc.).
Ram*erupt* (Aube).
Blancher*upt*[1] (Bas-Rhin).
Rupt en Woevre (Meuse).
Ferd*rupt* (Vosges).

Les canaux désignés sous les noms de *Beale* ou *Bialeria*, se retrouvent dans les lieux dits :

La *Bielle* (Basses-Pyrénées).
Bialette (Hautes-Pyrénées).
Le grand et le petit *Biale* (Basses-Pyrénées).
La *Bialère*, ruisseau (Basses-Pyrénées).

Le mot de basse latinité, *mercasius*, qui signifie *étang*, a fourni tous les lieux appelés *marchais :*

Marchais-Beton (Yonne).
Marchais-sous-Liesse (Aisne).
La Mare-*Marchais*, com. de Ste-Geneviève-des-Bois (S.-et-O.)
La *Marchaisière* (Vendée).

Maixe, que l'on prononce *mâche* en lorrain, est un mot de la même famille. Il y a un village de ce nom dans le département de la Meurthe.

Le mot de basse latinité *mariscus*, dérivé de *mare*, a produit les nombreux *marais* qui se trouvent en France, et les lieux dits :

Maresché (Sarthe).
Maresches (Nord).
Maresquel (Pas-de-Calais).
Marest (Pas-de-Calais).
Les *Marets* (Seine-et-Marne).
Les *Marettes* (Oise).

Le mot *lug*, qui a la même signification, se retrouve dans *Loches*, autrefois *Luccæ* et *Lochiæ* (Indre-et-Loire), *Loché*, autrefois *Locheium* (Indre-et-Loire).

---

[1]. La partie allemande de la population appelle Blancher*upt* Blien*s*bach. *Rupt* et *Bach* sont donc synonymes.

Ce *lug* doit se rattacher au radical *lach, lachen,* qui a la signification d'eau stagnante, et qu'on retrouve sous cette forme dans certaines localités de l'est de la France, telles que :

Niederhas*lach* (Bas-Rhin). Bett*lach* (Haut-Rhin).
Oberhas*lach* (Bas-Rhin). Kœst*lach* (Haut-Rhin).

En celtique, le mot *bray* signifie *terre humide, fange, vase.*

Le pays de *Bray* est une contrée fangeuse de la Normandie.

Nous avons :

Bray (Meurthe, Orne, Oise). *Braye* (Indre-et-Loire, etc.).
Bray-sur-Somme (Somme). *Bré* (Côtes-du-Nord).
Bray-sur-Seine (Seine-et-Marne). *Brey* (Doubs).
  Brez (Eure-et-Loir).
Bray-la-Campagne (Calvados). *Bray*-Maresch [1], près Cambrai
Bray-les-Mareuil (Somme), etc. (Nord).

A Paris, nous avons la rue *Planche-Mibrai*, qu'on devrait écrire rue de la *Planche-mi-brai*. En effet, au moyen âge, les gens qui voulaient aller puiser de l'eau à la Seine ne pouvaient arriver sans entrer jusqu'à mi-jambe dans la boue. Pour plus de commodité, on plaça une planche sur cette boue, nommée *bray*, comme on disait alors, et la rue au bout de laquelle se trouvait cette planche si utile, prit le nom de rue de la **Planche-mi-bray.**

---

1. Ce nom est curieux en ce qu'il associe deux synonymes : *Maresch* ayant la même valeur que *Bray.*
Le bois de *Bray* en Touraine a une autre origine, c'est une forme aphérétique d'*aubray* (*albaretum.*) Voyez plus loin, p. 41.

En flamand, on donne au marais le nom de *Brouch*, c'est le *Bruch* allemand, nous avons :

*Br*ouck (Moselle).
*Br*oucke (Nord).
*Br*ouckerque (Nord).
Haze*brouch* (Nord).
Denne*brœucq* (Pas-de-Calais).
Weit*bruch* (Bas-Rhin).
Ober*bruch* (Haut-Rhin).
Nieder*bruch* (Haut-Rhin).
Blise*brucken* (Moselle).
Brouchy (Somme).

Ce que les Germains appelaient *Bruch*, les Romains l'appelaient *Palus*. Ce mot a laissé aussi des traces dans :

Palu (Deux-Sèvres).
La *Palud* (Basses-Alpes, Charente, etc.).
La *Pallu* (Mayenne).
Palus (Côtes-d'Or).
La *Pallud* (Ain).
La *Pallue* (Charente).
Palluas (Hautes-Pyrénées).
Palluau (Indre).
Paluel (Seine-Inférieure, etc.).
Palluel (Pas-de-Calais).

Je citerai aussi les mots latins *fons*, *fontes*, et leurs diminutifs *fontana*, *fontanella*.

On retrouve ces différentes formes dans :

Norrent *Fontes* (Pas-de-Calais).
La *Fontaine* (Calvados, Aveyron, etc.).
Les *Fontaines* (Maine-et-Loire, Isère, etc.).
Fontanas (Creuse).
Fontanat (Puy-de-Dôme).
Fontanes (Lot).
Fontanges (Cantal).
Fontanières (Creuse).
Fontaneilles (Aveyron).
Fontenailles (Yonne, etc.).
Fontenelles (Eure, etc.)
Fontenil (Hautes-Alpes).
Fontenilles (Dordogne, etc.).
Les *Fontenis* (Indre-et-Loire, etc.).
Fontette (Côtes-d'Or, Aube).
Fontenay (Eure, Marne, Sarthe, etc.).
Fontenoy (Aisne, Oise, Meuse, etc.).

En Bretagne, on dit *fetan* ou *feten*, d'où :

Fetan-alan (Morbihan).
Fetan-nerven (Id.).
Feten-guen (Id.).
Fetan-er-gohic (Morbihan).
Fetanio (Id.).
Feteniou (Id.).

Le synonyme de fontaine dans les langues germaniques est *born* ou *brunn*.

Nous retrouvons dans les départements voisins de l'Allemagne et dans le nord de la France, les traces de cette origine germanique.

EXEMPLES :

Bett*born* (Meurthe).
Mittel*bronn* (Meurthe).
Stuzzel*bronn* (Moselle).
Mont*bronn* (Moselle).
Walsch*bronn* (Moselle).
Trom*born* (Moselle).
Stein*brunn* (Haut-Rhin).

*Burn*haupt (Haut-Rhin).
Belle*brune*, autrefois Belle*bróne* (Boulonnais).
Courte*bourne*, jadis Corte*brone* (Boulonnais).
Thiem*bronne* (Pas-de-Calais).

Comme noms de lieu pouvant se rattacher à l'influence de l'eau, je citerai le mot latin *puteus*, en français *puits*.

Dans les localités qui ne sont pas arrosées par les cours d'eau, les puits jouent un grand rôle, et il n'est pas étonnant de voir des villages et des hameaux rappeler par leur nom l'existence de ces précieux réservoirs.

Je crois aussi que le mot *puits* et les dérivés ont désigné aussi des lieux profonds, par opposition au *podium* (puy), lieu élevé (voyez plus loin p. 56 et 57). Je citerai comme exemples :

Le Puits (Aube, Côte-d'Or, Creuse, etc.).
Puits-Mouillerat (Creuse).
Puits-Rond (Seine-et-Marne).
Puisac (Aveyron).
Puisade (Charente-Inférieure).
Le Puisard (Oise).
Puisarts (Marne).
Puisaud (Deux-Sèvres).
Puisaye (Eure-et-Loir).

Puiseau (Seine-et-Marne).
Puiseaux (Loiret).
Puiset (Côte-d'Or).
Puiselet (Seine-et-Marne).
Puiselets (Ardennes).
Puiseux (Aisne, Oise, Seine-et-Oise).
Puisieux (Pas-de-Calais).
Puisieulx (Marne).
Les Puisots (Haute-Marne).

Les puits à roue se nomment *saigne* en languedocien et les Auvergnats appellent *seignas* les terrains humides, c'est de là que sont venus les lieux dits *Sagnes* (Hérault), *Lassagne* (Hérault), etc., etc.

On peut encore citer le mot *mare*, amas d'eau dormante, qui vient du mot de basse latinité *mara*, forme synonyme du latin *mare*, et que l'on retrouve dans beaucoup de noms de lieux, parmi lesquels je citerai :

Mare (Jura, Seine-et-Oise, etc.).
Les Mares (Eure).
Sausseuze*mare* (Seine-Inférieure), autrefois Salicossa Mara.
Mela*mare* (Seine-Inférieure).
Fougueuse*mare* (Seine-Inférieure).
Y*mare* (Seine-Inférieure).
Rou*mare* (Seine-Inférieure).
Maire (Ardennes, Isère).
Mairey (Côte-d'Or).
Moire (Sarthe).
Moiré (Rhône).
Moirey (Meuse).

Le mot de basse latinité *noda*, a formé en français les mots *noue*, *nove*, *nave* [1] ; en Normandie on trouve les *noe* que nous appelons *les noues*. La *noue* a tantôt la signification de source, tantôt celle de torrent, tantôt celle de terre grasse et humide. Il y a dans l'Yonne les ruisseaux de *la noue* qui se jettent l'un dans l'Yonne, l'autre dans le Serain.

Les *noues* abondent dans le vocabulaire géographique, sous les formes :

No-aux-Bois (Nord).
Nod-sur-Seine (Côte-d'Or).
Nods (Doubs).
Nots (Eure).
Nodes (Charente-Inférieure).
Noé (Haute-Garonne, Yonne).
La Noé (Morbihan).
Noellet (Maine-et-Loire).
Les Noés (Aube).
La Noue (Seine-et-Oise, etc.).
Les Noues (Doubs).
Nouiex (Haute-Vienne).
Nouet (Gironde).
La Nouette (Eure, Aisne).
Noaille (Loire).
Noailles (Loire).
Noaillac (Gironde).
Noalhac (Lozère).
Noards (Eure).
Nouan-le-Fuzelier (Loir-et-Cher).
Nouans (Sarthe).
Noudtre (Indre-et-Loire).
Nouaye (Ille-et-Vilaine).
Nohan (Ardennes).
Nouhant (Cher).

1. Les Espagnols appellent une prairie *nava*.

Nouhant (Creuse).
Nouhand (Haute-Vienne).
Nouaille (Creuse).
Navailles (Basses-Pyrénées).
Nouaillas (Haute-Vienne).
Nouaillé (Vienne).
Nouailleite (Dordogne).
Noye (Basses-Pyrénées.)
Noyat (Loire).
Noyal (Aisne).
Noyelle (Pas-de-Calais).
Noyelles (Nord).
Noyellette (Pas-de-Calais).
Noyen (Sarthe).
Noyant (Aisne).
Nogent (Corrèze).
Neuil (Indre-et-Loire).
Neuilh (Hautes-Pyrénées).
Neuillay-les-Bois (Indre).
Neuillé (Maine-et-Loire).
Neuilly (Eure).

Rappelons avant de terminer que le mot latin *aqua* (eau) se retrouve dans le Midi sous les formes *ague, aigue, aigue, egua, eigue,* et qu'il entre dans la composition d'

Acq (Pas-de-Calais).
Ascq (Nord).
Aix (Nord, Pas-de-Calais, Somme, Drôme, Corrèze, etc.).
Yguerande (Saône-et-Loire).
Ygrande (Allier).
Eygurande (Corrèze, Dordogne).
Aigurande (Indre).
Eyquières (Bouches-du-Rhône).
Aiguebelle (Drôme, etc.).
Aiguemorte (Gironde).
Aubaignes (Hérault).
Aiguenoire (Isère).
Aigueperse (Puy-de-Dôme).
Aiguevive (Lot-et-Garonne).
Ayguetinte (Gers).
Bellaigues (Suisse).
Aquitaine, pour l'*Aguienne*, qu'on écrit aujourd'hui sans tenir compte de son origine, la Guyenne.
La *Guisane*, rivière du Briançonnais, appelée autrefois *Aguisiana, Aguisana.*

M. Houzé que j'ai déjà eu le plaisir de citer avec éloge, a démontré que le verbe armoricain *bera*, qui signifie *couler*, d'où *di-bera*, découler, *adbera*, affluer, *kem-bera*, confluer, se retrouve dans quelques mots de la langue géographique, tels que *ad-ber*, qui a fait *aber*, embouchure, aujourd'hui le Havre ; *kem-ber*, confluent qui a formé *Quimper* et *Quimperlé : Quimper*, situé au point de réunion de l'Oder et du Steir ; *Quimperlé*, au débouché de l'Isole dans l'Ellé.

Condat qui en celtique a la même valeur que *confluent*, se retrouve dans les nombreux *Condat* (Lot, Corrèze); *Condé* (Cher, Oise, etc.); *Condette* (Pas-de-Calais); *Condas*, ville située au point où la Vienne se réunit à la Loire.

Le *confluens* latin a fourni les noms des lieux appelés *Conflans* (Loiret, Moselle, Sarthe, Seine, etc.). *Confluent*, hameau situé au point de jonction de la Creuse et de la Gartempe.

Le mot *embouchure* se dit *mund* en allemand, *mond* en flamand, et *mouth* en anglais.

Je citerai comme exemples :

Deule*mont* (Nord), à l'embouchure de la Deule.
Tenre*monde* (Belgique), à l'embouchure de la Dendre.
Ysse*l*monde (Belgique), à l'embouchure de l'Yssel.
Rure*monde* (Belgique), à l'embouchure de la Roer.
Rupel*monde* (Belgique), à l'embouchure de la Rupel.

Ply*mouth*, Ports*mouth*, etc., doivent leur nom à la même influence.

Le mot de basse latinité *baia*, d'où vient notre mot *baie*, se retrouve dans :

Bage (Pas-de-Calais).   Les *Bajettes*, commune de Saint-Folquin (Pas-de-Calais).

Je pourrais étendre ces citations, mais elles suffisent pour marquer l'importance que l'eau a eue dans la formation des noms de lieux.

§ 2. — *Des bois.*

L'influence des arbres dans la formation des noms ethniques est considérable. Dans l'antiquité orientale et occidentale, les forêts, les bois, de simples arbres ont été l'objet du culte des hommes.

En Perse, il y a des arbres couverts de clous, d'ex-voto, d'amulettes et de guenilles, sous lesquels se tiennent en extase les derviches et les fakirs. Cette coutume a du reste pénétré en Gaule, et je n'hésite pas à rattacher à la même origine ce chêne, nommé Lapalud, situé près d'Angers, et que les Angevins regardaient comme contemporain de la création de leur ville. Ce chêne, qui existait encore au commencement de ce siècle, était couvert de clous jusqu'à une hauteur de dix pieds environ, et l'usage voulait que tout compagnon du tour de France, charpentier, charron, menuisier, maçon, etc., qui passait près de cet arbre, y fichât un clou.

Qui ne connaît le dattier du Nadjran dans l'Yemen, autour duquel on célébrait tous les ans, avant l'islamisme, une fête religieuse et que l'on couvrait de vêtements et d'étoffes précieuses? Il n'y a pas longtemps encore que le cyprès de Passa était, de la part des Musulmans, l'objet d'un pèlerinage célèbre.

Les forêts du Mazanderan servaient de retraite aux *dives* ou démons.

L'olivier, le dattier, le nakhl, le kharma étaient des arbres sacrés appelés *mubareck*.

Chaque village de l'Hindoustan a un *ficus indica*, et l'on sait que dans ce pays le figuier, qui atteint une vieillesse prodigieuse, se repique de lui-même dans la terre sans se séparer de la tige mère. Il finit même par former de véritables forêts et une ramure tellement épaisse qu'une armée entière peut s'abriter dessous. Le plus célèbre est le *bogaha*, ou arbre vénéré, rejeton du figuier d'Ourouwela sous lequel Gotama atteignit la dignité de Bouddha, et qui est planté à Anouradhapoura. Cet arbre surnommé *victorieux*, *illustre*, *sacré*, *vénérable*, est adoré par les pèlerins boudhistes de toute l'Asie depuis vingt et un siècles [1] !

Dans le Caucase, le dieu des forêts s'appelait *Meste*.

En Grèce, les oracles étaient placés dans le voisinage des forêts sacrées.

Sylvain en Italie et dans toutes les autres contrées de l'Europe soumises à l'empire romain, les *Faunes* des Apennins, les *Gobelins*, les *Follets*, les *Trolls*, les *Kobalds*, les *Elfs*, les *Banshee* étaient les génies inférieurs de cet Olympe feuillu. Ils présidaient à tous les poétiques mystères de la nature et semblaient protéger quelquefois les âmes des morts, identifiées au souffle que le mourant exhale dans l'atmosphère.

Où se trouve aujourd'hui le tombeau de saint Pierre, à la place même du palais papal, sur le mont Vatican, existait, du temps de Pline, un chêne vert que l'on disait plus vieux que Rome, et qui portait une inscription étrusque, pour rappeler aux libres-penseurs du temps qu'il était l'objet d'un culte.

En Gaule, les Celtes appelaient *nemet* ces sanctuaires forestiers, où ils allaient cueillir le gui sacré.

Nemet est entré dans la composition de plusieurs villes gauloises appelées alors *Nemetacum*, *Nemetocenna*, *Nemetobriga*, *Nemetodurum* (Arras), *Nemetes* (Spire).

1. Voyez à ce sujet l'intéressant *Voyage dans l'Inde* de M. Grandidier.

Si je ne craignais d'être accusé de faire ici de la mythologie au lieu de la philologie que je dois enseigner, je pourrais rappeler ces contes populaires, ces légendes singulières, ces histoires de revenants des forêts, auxquels a donné lieu un nombre incroyable de mythes orientaux, germaniques et scandinaves. J'essaierais de démontrer par exemple que le *chasseur infernal* ou *chasseur éternel*, ou *grand veneur*, appelé dans certaine partie de la France *Hellequin* ou *Hennequin*, n'est qu'une altération du mot allemand *Erl-Konig*, le roi des Erles ou des Elfes, et qu'après avoir cessé d'occuper l'imagination des poëtes et des enfants par ses courses nocturnes, il a laissé son nom, d'un côté, aux feux follets, qu'on appelle encore *arlequins* dans nos campagnes, de l'autre, au théâtre où, sous le même nom, il continue ses chasses vagabondes et fantastiques.

Des preuves si incontestables de la vénération ou, ce qui revient quelquefois au même, de la terreur des peuples pour les forêts en général et les arbres en particulier, on peut tirer cette conséquence que beaucoup de noms de lieu ont dû se ressentir d'un culte si profondément enraciné.

En effet, la France est couverte de villes, de villages et de hameaux, dont les noms rappellent leur origine forestière, l'essence des arbres qui y viennent naturellement, ou simplement un arbre particulier, objet d'un culte ou d'une vénération quelconque.

Quelques lieux s'appellent, les uns :

La *Forest* (Nièvre).   La *Forestière* (Marne).
Le *Forêt* (Loir-et-Cher).   Les *Forets* (Yonne).
Le *Forestel* (Seine-Inférieure).   La *Forêt*-Auvrai (Orne).

d'autres :

L'*Arbre* (Somme).
Les *Arbres* (Cantal).
Arbresec (Ille-et-Vilaine).
L'*Arbret* (Pas-de-Calais).

Le mot latin *sylva* (forêt) a formé les noms de :

Selve (Aisne).
Pleine-Selve (Aisne).
Selven (Moselle).
Selvigny (Nord).
Silvarouvre (Haute-Marne).
La *Silve* (Basses-Alpes).
La *Silve-Bénite* (Isère).
Silveréal (Gard).
La *Seauve* (Haute-Loire).
Les *Seauves* (Var).
Sauve (Gard).
Sauve-Majeure (Gironde).
Sauveplane (Nièvre).
Seouves (Var).
Scouze (Gironde).
Souvan (Jura).
Souvigni (Indre-et-Loire).
Souvignargues (Gard), etc., etc.

Toute l'étendue boisée comprise entre le Laonnois et le Parisis s'appelait autrefois *Silvacum* ; ce *Silvacum* est devenu *servais*. Il y a encore :

Servais (Aisne).
La Chapelle-en-*Serval* (Oise).
Serval (Aisne).
Servas (Ain et Gard).
Servance (Haute-Saône).
Servenches (Dordogne).
Servange (Côte-d'Or).
Servant (Puy-de-Dôme).

Le celtique *Caill* qui a la même signification que *Sylva*, a produit les formes *Seille* et *Chayle*.

Nous avons :

Le *Seil* (Maine-et-Loire).
Haute-*Seille* (Meurthe).
Baseille (Orne).
Haseille (bois dans l'Ardenne).
Saillac (Lot).
Sailly [1] (Aisne).
Sailly-le-Sec (Somme).
Sailly-Salllizel (Somme).

Nous avons aussi :

Chaillant (Nièvre).
Caillouel (Aisne).
Caillac (Lot).
Cailly (Eure).
Chalay (Rhône).
Chaillac (Indre).

1. *Sailly* pourrait aussi désigner un lieu planté de saules et venir d'une forme de *salicetum*.

— 28 —

Chailey (Yonne).
Chaley (Ain).
Challex (Oise).
Chalias (Ardèche).
Chalèze (Doubs).
Chaliargues (Puy-de-Dôme).
Chailly-le-Bas (Côte-d'Or).
Chailloy (Nièvre).
Challuy (Nièvre).
Le Chaillou (Eure-et-Loir).
Les Chailloux (Nièvre).
Le grand et le petit Chailloux (Nièvre).
Chailluée (Nièvre).
Cheille (Indre-et-Loire).
Cheilly (Saône-et-Loire).
Chilly, autrefois Chailly (Seine-et-Oise).
Chaillot (à Paris).
Le Chaillois (Eure-et-Loir).
Le Chaillouet (Eure-et-Loir);
Calloet en 1080.

Le cornique *cuit* (*coed* en cambrien, *koat* ou *koad* en armoricain, d'où le mot de basse latinité *cotia*) signifie aussi bois. On le retrouve en Bretagne sous les formes *coet, couet, coé, coit, quoet, quoit, coat, hoit, houet*. Nous lui devons :

Cui (Orne).
Cuis (Marne).
Cuy (Yonne).
Cuisc (Oise).
Cuisery (Saône-et-Loire).
Cuisy (Meuse).
Cusy (Yonne).
Cuisia (Jura).
Cuisiat (Ain).
Cuissai (Orne).
Cuiseaux (Saône-et-Loire).
Coëtmaloen (Côtes-du-Nord).
Les Couëts (Morbihan).
Er-Hoët (Morbihan).
Coetanfao (Morbihan).
Coetbo (Morbihan).
Coetmen (Côtes-du-Nord).
Coetmieux (Côtes-du-Nord).
Choisy (Oise, Seine, etc.).
Choisies (Nord).
Choisel (Seine-et-Oise).
Choiseul (Haute-Marne).
Choisey (Jura).
Choiseau (Côte-d'Or).
Chouzé (Indre-et-Loire).
Couziers (Indre-et-Loire).

Il est plus que probable que les *Soisy* viennent de la même source.

Le germanique *Busch* (en basse latinité *boscus*) a formé *bois;* le diminutif *bosquetus* a fait *bosquet.* La racine *bos, boc, boisc, bosche, bosc, bou, busche,* se retrouve dans une quantité innombrable de noms de lieux, tels que :

Le Boc (Seine-Inférieure).
Bos (Dordogne).
Le Bosc (Ariége, Aveyron, Eure, etc.).

Le *Bost* (Allier, Nièvre).
Le *Bois* (Eure, Orne, Meuse).
Boisyvon (Manche).
Bœschepe (Nord).
Boissac (Haute-Vienne).
Boissay (Eure-et-Loir).
Le *Boisse* (Ain).
Boissé (Sarthe).
Boisseau (Loir-et-Cher).
Boissède (Haute-Garonne).
Boissei (Orne).
Boissel (Tarn).
La *Boisselle* (Somme).
Boisset (Cantal, Gard, etc.).
Boissets (Seine-et-Oise).
Boissettes (Seine-et-Marne).
Boisseuil (Haute-Vienne).
Boisseuilh (Dordogne).
Boissey (Ain, Calvados, etc.).
La *Boissière* (Eure, Oise, etc.).
Les *Boissières* (Creuse).
Boissieux (Creuse).
Boissy (Oise, Loiret, etc.).
Le *Boichot* (Jura).
Le *Bouch* (Moselle).
Bouchain (Nord).
Bouchage (Charente).
Bouchat (Nièvre).
Bouchot (Nièvre).
Le *Bouchet* (Nièvre).
Le *Buc* (Aude, Lot-et-Garonne, etc.).
Bus (Somme).
Busset (Allier).
Bussy (Calvados, Cher, etc.).
La *Bussière* (Creuse, Loiret, etc.)
Buxy (Moselle, etc.).
Buxeuil (Indre).
Buxière (Aube).
Dickebusch (Flandre occid.).

•Quelquefois au mot de *Bois* se joignait le nom du possesseur, comme le *Bois-Raoul*, le *Busmenard*. Dans ce cas-là, le radical est quelquefois tellement absorbé, qu'il est difficile de le reconnaître à première vue. Comme exemple, je citerai *Barrault* (Yonne), qui vient de *Boscum Raaudi*.

J'ajouterai qu'à moins d'avoir des textes très-anciens, on peut confondre aisément les termes françai, qui viennent soit du *bois*, soit du *buis*.

Le flamand *Holt*, qui se rattache au germanique *Holz*, lequel signifie *bois*, se trouve dans Worm*hout* (Nord), *Hout*kerque (Nord), *Holt*becke, aujourd'hui *Holle*becke (Flandre occidentale).

Madriacus, qui signifiait lieu abondant en bois, nous a donné *Madrid* dans la forêt de Rouvray, aujourd'hui le bois de Boulogne; *Merei*, dans le département de l'Eure; *Méré*, dans le département de l'Yonne; le *Méré* est d'autant plus intéressant que dès le douzième siècle on l'avait surnommé *servosum* (*madriacus*, puis *meriacum servosum*) autrement dit le Bois-boisé, les habitants avaient perdu la signification de *Méré* et lui avaient adjoint un qualificatif qui, sans le savoir, était un synonyme du nom qu'ils ne comprenaient plus.

Garenna ou *Warenna*, dérivé du germanique *Waren* (Défense), avait le même sens que *forestella*, diminutif de *foresta*, forêt. Nous avons un nombre considérable de *Garenne* et de *Varenne* dans plusieurs départements de la France.

La garenne était aussi appelée au moyen âge un *Brolium* ou *Brogilum*. A Constantinople, d'où il nous a été apporté par l'entremise des Lombards et des Francs Carlovingiens, il signifiait un parc fermé et planté. Le *breuil* se distinguait de la garenne en ce qu'il dépendait de l'habitation.

Il y a une quantité innombrable de *Breuil*, je citerai :

Breuil (Aisne, Indre, etc.).
Breuillet (Seine-et-Oise, etc.).
Breuillot (Haute-Saône).
Bruel (Aveyron).
Brullioles (Rhône).
Brouille (Aube).
Broullet (Marne).
Le *Breuilaufa* (Haute-Vienne).
Le *Breuilh* (Dordogne).
Le *Breuillat* (Charente-Infér.).
Breuillaud (Charente).
Le *Breuille* (Nièvre).
Bruille (Nord).
Les *Brules* (Nièvre).
Les *Brulées* (Nièvre).
Les *Brulis* (Yonne).
Le *Bruit* (Nièvre).
Bruix (Landes).
Le *Brouillat* (Nièvre).
Le *Brulat* (Var).
Brielen (Flandre occidentale).
Graenen*briel*, à Gand (Belg.).
Hout*briel*, à Gand (Belgique).

On le retrouverait difficilement dans *Saint-Denis-du-Behellan* (Eure), si on n'avait pas les formes anciennes de ce nom.

En effet, *Behellan* s'est écrit autrefois *Boherlant*,

Bruerlant, Bruellant et *Breellant*, ce qui revient à dire le breuil ou le parc d'Herland.

On sait que le mot *breuil* passé en Italie sous la forme *broglio* a été repris par nous dans le composé *imbroglio;* notre verbe *embrouiller* n'a pas d'autre origine. Il y a en effet un rapport étroit entre la confusion d'une affaire et les désordres des bois remplis de ronces ou d'épines.

Les mots de basse latinité *broca* ou *brossa* appartiennent à la même famille que *brogilum*. Ils signifient aussi broussailles ou buisson, et ils entrent dans la composition d'une grande quantité de noms de lieu, tels que :

Broc (Maine-et-Loire, Var, etc.).
Brox (Aveyron).
*Brox*cèle (Nord).
*Brux*elles (Belgique).
La *Broque* (Vosges).
Brocas (Landes).
Brocotte (Calvados).
Broquiers (Oise).
Broquiès (Aveyron).
La *Broquinière* (Loire).
Brocourt (Meuse).
La *Broche* (Eure).
Les *Broches* (Seine-Inférieure).
Brochon (Côte-d'Or).
La *Brosse* (Aube, Eure, etc.)
Les *Brosses* (Orne, Loiret, etc.).
Brossay (Maine-et-Loire).
Brossets (Seine-et-Oise).
Les *Brossiers* (Yonne).
La *Brossière* (Vendée).
Brossac (Charente).
Brossart (Isère).
Brousse (Aveyron, Creuse, etc.).
Brousses (Aude).
Broussey-en-Blois (Meuse).
Brouzet (Gard).
Le *Broussant* (Var).
Broussy (Marne).
Brouchy (Somme).
Bruc (Ille-et-Vilaine, Tarn, etc.).
Bruch (Lot-et-Garonne).
Bruchet (Isère).

Les terrains couverts de broussailles, de taillis, de racines d'arbres, habités d'abord par de simples bûcherons, et qui ont formé plus tard des hameaux, des écarts, quelquefois même des villages, portaient les noms les plus divers.

Nous citerons comme venant :

De *grava*, qui signifie *bois*, et qu'il ne faut pas confondre avec *grave*, synonyme ethnique de gravier, dont je parlerai plus tard : (Voyez p. 71.)

Grave (Allier).   *Graveron* (Eure).

De *vaura*, qui a le double sens de terre inculte et de mauvais bois :

La *Vaur* (Tarn).   *Vaureix* (Creuse).
Vaure (Haute-Garonne).

De *concisa*, bois, taillis :

La *Concie* (Oise).   *Concize* (Vendée).
Concise (Aube).   *Conceze* (Corrèze).

De *halotus*, dérivé du bas latin *hasla*, branche.
En Normandie, on appelle une branche un *hasier*, et en Picardie un *hallo*.

Les *Hallots* (Eure).   Le *Hallier* Seine-et-Oise).
La *Hallotière* (Seine-Inférieure).   Le *Hazay* (Seine-et-Oise).
Halloy (Oise).   Le *Hazé* (Eure).
Hallu (Somme).   Le *Hazeau* (Marne).
Le *Hallet* (Marne).   *Azay*-le-Rideau (Ind.-et-Loire).

De *choca*, souche :

Chocques (Pas-de-Calais).   Le *Chouquet* (Seine-Infér.).
Le *Choquel* (Pas-de-Calais).

De *boelea*, bois, taillis :

La *Boula* (Basses-Pyrénées).   *Bohas* (Ain).
Boeilh (Basses-Pyrénées).   *Bouelle* (Seine-Inférieure).
Bohal (Morbihan).   *Boil*-Grenier (Nord).
Le *Bohalle* (Maine-et-Loire).   *Boille* (Seine-Inférieure).

De *branda*, broussailles :

La *Brande* (Meuse et Moselle).   *Branderion* (Morbihan).
Brandelle Seine-et-Oise).   *Brandon* (Saône-et-Loire).
Les *Brandes* (Cher).   *Brandonnet* (Aveyron).
Brandeville (Meuse).   *Brandonvillers* (Marne).

De *sartus*, bois défriché :

Les *Essards* (Jura, Charente-Inférieure, etc.).
Essart (Pas-de-Calais).
Les *Essarts* (Doubs, Eure, etc.).
Essarteaux (Creuse).
Essartiers (Calvados).
Les *Essartons* (Seine-et-Oise).
L'*Essert* (Yonne, Haut-Rh., etc.).
Essertaux (Somme).
Certaux (Aisne).
Certeau (Aisne).
Essertenne (Saône-et-Loire, Haute-Saône).
Essertey (Haute-Saône).
Essertine (Loire, etc.)
Assars (Nièvre).
Grand*sars* (Somme).
Rain*sart* (Nord).
Saclas (Seine-et-Oise), autrefois *Sarcleyum*).

Du germanique *rœgen, reden,* synonyme d'essart :

Roye (Oise, Somme, etc.).
Rœulx (Nord).
Rœux (Nord).
Rost-Warendin (Nord).
Rueil (Eure-et-Loir, Seine-et-Oise).
Ruel (Calvados, etc.).
Rhode-Saint-Genest (Brabant).

Dans le Languedoc, *bartas* est synonyme de buisson, d'où les nombreux *la Barthe, le Barthas,* que l'on rencontre dans le midi. (Voyez p. 58.)

Dans le Nord, il y a une différence entre le *sart* et l'*essart*. Le premier est une terre stérile, une terre de broussailles, le second est une terre défrichée. Beaucoup de noms de lieu proviennent précisément de l'état plus ou moins bon de la terre. N'avons-nous pas les

Tout-y-va (Yonne).
Tout-y-croit (Basses-Pyrénées).
Toutifaut (Eure-et-Loir).
Tout-y-faut (Char.-Inférieure, Yonne).

Dans l'idiome celtique, *Bali* signifie une allée d'arbres de haut jet conduisant à une habitation, à peu de chose près le synonyme d'avenue.

Le mot *Bali* est entré dans la composition des noms de lieu appelés :

Bailli (Eure, Oise, etc.).   *Baillon* (Seine-et-Oise).
Bailleau (Seine-et-Oise, etc.).   *Baubrai* (autrefois *Balbretum*),
Bailleul (Somme, Nord, etc.).   c'est-à-dire allée fangeuse.
Bailleval (Oise).   *Baillau*-le-Pin (Eure-et-Loir);
Baillolet (Eure-et-Loir).   *Baliolus* en 977.
Baillou (Loire-et-Cher).

Le mot *loo* provenant tantôt de *locus* (lieu), tantôt de *lucus* (bois), se trouve dans plusieurs localités de la Belgique, et s'applique souvent à des hauteurs boisées, telles que :

Loo*ven* (Louvain).   Wester*loo* (Belgique).
Ven*loo* (Belgique).   Cals*loo* (Belgique).
Water*loo* (Belgique).   *Loos* (Nord).

§ 3. *Des Arbres.*

Passons maintenant aux différentes espèces d'arbres qui ont donné naissance à un grand nombre de noms de lieu. Ce sont en France le chêne, le hêtre, le tilleul, l'érable, l'aune, le bouleau, le châtaignier, le charme, le sapin, l'orme, le saule, le frêne, le tremble, le noyer, l'épine, le houx, le buis, le jonc, le pommier, le poirier, le prunier, le cerisier, la vigne.

Le Chêne. Dans le nord de la France, dit très-bien M. Houzé, et dans la Belgique wallonne, le mot *chien* se dit *tien, qien, tchien;* ces trois formes différentes d'un même nom expliquent pourquoi *Thenay* (Indre), *Quenay* (Calvados), *Chenay* (Marne), représentent tous trois une chênaie; pourquoi *Thenailles* (Aisne) est identique à *Chenailles* (Loiret), et *Theneuil* (Indre-et-

Loire), à *Casneuil* ou *Casseneuil* (Lot-et-Garonne). Cela ne préjudicie en rien à l'autre changement du T armoricain en D, voire en S, de telle façon que *Tannec* (Morbihan), *Tannois* (Meuse), *Quennois* (Belgique), le *Chanois* et le *Chenois* (Meurthe), *Xenois* (Vosges), *Sannois* (Seine-et-Oise) représentent tous cinq la même chose, c'est-à-dire une chênaie.

Le mot *Sannois* qui s'éloigne de son origine par la permutation de T en S, et dans lequel il est difficile de retrouver au premier abord le *tannetum* (de l'armoricain : *tann*, chêne), lieu planté de chênes, a égaré bien des philologues. Au moyen âge les latinistes s'en étaient tirés par un calembour et traduisaient *Sannois* par *centum nuces*, autrement dit *Cent-noix*.

A l'aide de l'article AR, nos ancêtres disaient indifféremment :

Ar-*dennes* (Aveyron).
Ar-*quennes* (Belgique).
Har-*tennes* (Aisne).
Ar-*cenay* (Côte-d'Or).
Ar-*denay* (Sarthe).

Ar-*tenay* (Loiret).
Ar-*quenay* (Mayenne).
Echenoy (Haute-Marne).
Esquennoy (Oise).

Enfin *Deneuille* dans l'Allier est le même mot que *Theneuille*, également dans l'Allier, le même mot peut-être que *Seneujols* ou *Seneuille* dans la Haute-Loire. Dans le Béarn on appelle encore le chêne *Cassou*, dans le Rouergue on nomme *Causses* les terrains où le chêne pousse facilement.

Ajoutons à ces formes :

Caisnel (Aisne).
Cassan (Hérault).
Causses (Hérault).
Caussenes (Hérault).
Quesnoy (Nord).

Chessenaz (Haute-Savoie).
Chasseneuil (Indre).
Tanay (Côte-d'Or).
Les *Chaineaux* (Yonne).
La *Chainée* (Yonne).

Cheney (Yonne).
Les Chesnez (Yonne).
Cheneviron (Yonne).
Stenay (Meuse).
Staneux (Belgique).
Thennelieres (Aube).
Echenay (Haute-Marne).
Echenoz (Haute-Saône).
Chasnay (Nièvre).
Chassenay (Nièvre).
Chassagne (Nièvre).

La Chassaigne (Nièvre).
Chasseigne (Yonne).
Seigne, autrefois Chasseigne (Nièvre).
Chassignelles (Yonne).
Cassagnol (Hérault).
Caussiniojouls (Hérault).
Quenne (Yonne).
Varinchanot de Garini Quercetum en 1180 (Meurthe).

Le mot latin *robur*, chêne, a formé *Roboretum*, lieu planté de chênes, d'où la forêt de *Rouvroy*, autrefois le bois de Boulogne :

Le *Rouvre* (Aube, etc.).
Roure (Haute-Loire).
Rouves (Meurthe).
Rouvray (Seine, Yonne, etc.).
Rouvres (Loiret, Calvados).
Rouvret (Loiret).
Rouvroy (Somme).
Rouvron (Orne).
Rouère (Hérault).
Rouire (Hérault).

OEsculus, variété de chênes, a formé les lieux dits *Écueil*, *Ecuelin*.

En allemand chêne se dit *eiche*, en anglais, *oak*, en hollandais, *aik*, *eike*, *eck*, flamand, *ecke*, d'où :

Eecke (Nord).
Eckehout (Hainaut).

Esquebaque, autrefois *Eckelsbeke* (Nord).

A *jarro*, espèce de chêne, on peut rattacher les noms de localités suivants :

Jarret (Hautes-Pyrénées).
Jarey (Saône-et-Loire).
Le *Jarrey* (Seine-et-Oise).
Le *Jarry* (Seine-et-Marne).
Les *Jarrys* (Yonne).
Le *Jarrie* (Yonne, Isère, etc.).
Le *Jarry* (Nièvre).
La *Jarrerie* (Nièvre).

De *blacha*, jeune chêne, proviennent les lieux dits :

La *Blache* (Isère).
La *Blachere* (Ardèche).
La *Blaquiere* (Hérault).
Blachou (Basses-Pyrénées).

Le Hêtre. Le hêtre se disait en latin *fagus, fagitellus*, et un lieu planté de hêtres se nommait *fagetum* ou *faiacus*, d'où :

La *Fage* (Aude, Corr., Lot, etc.). La *Fauga* (Haute-Garonne).
Fagès (Lot). *Faujas* (Drôme).
Le *Faget* (Gers, etc.). *Faumont* (Nord).
Fageole (Cantal). Les *Faus* (Aveyron).
Fac (Meurthe). Le *Faut* (Basses-Alpes).
Faxe (Meurthe). Les *Faux* (Lozère).
La *Faix* (Yonne, Côte-d'Or, etc.) *Laffaux*, autrefois *Leucofao* (Aisne).
Failly (Moselle).
Failloué (Ardennes). Le *Faou* (Finistère).
Faillouel (Aisne). Le *Faouet* (Côtes-du-Nord, Morbihan).
Fajac (Aude).
La *Fajolle* (Aude, Lot, etc.). *Fou* (Basses-Pyrénées).
Le *Fay* (Nièvre, Meurthe, etc.). Le *Foux* (Var, Gard, etc.).
Le *Fey* (Nièvre). *Beaufou* (Calvados).
La *Faye* (Nièvre, Doubs, etc.). *Foug* (Meurthe).
Fayes (Isère). Le *Fougerais* (Vendée).
Fayet (Aisne, Aveyron, etc.). Les *Fougerets* (Morbihan).
Le *Fayel* (Eure, etc.). La *Fous* (Var).
La *Fayelle* (Somme). *Foussais* (Vendée).
La *Fayette* (Puy-de-Dôme). *Foussat* (Lot-et-Garonne).
Fayolle (Dordogne, Vienne). Le *Fousseret* (Haute-Garonne).
Fays (Yonne, Vosges, etc.). *Fousserie*[1] (Lot-et-Garonne).
Ferfays (Pas-de-Calais). *Fousson* (Lot-et-Garonne).
Rougefays (Pas-de-Calais). La *Foutelle* (Yonne).
Le *Fayt* (Nord). *Fouterielle* (Yonne).
Feyt (Aveyron). *Futeau* (Meuse).
Le *Fau* (Tarn-et-Garonne). La *Futelaye* (Eure).

Le Tilleul. L'arménien *diliai* répond au latin *tilia*, à l'armoricain *til*, à l'irlandais *teile*. Tous ces mots désignent la substance souple avec laquelle on fait des cordes et des nattes, l'aubier du tilleul.

Du latin *tilia* sont venus :

1. *Foussemagne*, du Haut-Rhin, n'appartient pas à la même origine ; c'est la forme romanisée de *fuchsmeng*.

Teil (Ardèche, Creuse, Lozère et Tarn).
Theil (Calvados, Creuse, Eure, Yonne, etc.).
Teillan (Gard).
They (Meurthe).
Theilloux (Creuse).
Thilouze (Indre-et-Loire).
Thil (Ain, Aube, Eure, etc.).
Marthil (Meurthe).
Thilay (Ardennes).
Thillay (Seine-et-Oise).
Thilleux (Haute-Marne).
Thilliers-en-Vexin (Eure).
Thillot (Meuse).
Thilloy (Pas-de-Calais).
La Thieuloye (Pas-de-Calais).
Thelices (Tilliciæ) dans le Gard.
Thureau-du-Bar (Thul), forêt dans l'Yonne.

De l'anglo-saxon et scandinave *lind* (tilleul), qui vient de l'ancien allemand *lind*, signifiant la douceur et la mollesse, on a :

Limbeuf (Eure), autrefois Lindebue.
Lindebœuf (Seine-Inférieure).
La Linde (Dordogne).
Le Lindois (Charente).
Lendelade (Flandre occident.).

L'ÉRABLE. On a proposé deux étymologies du mot *érable*. La première, d'après laquelle *érable* viendrait des deux mots latins *acer* (érable), *arbor* (arbre); la seconde, que je préfère à la première, et qui vient de *rabl*, mot armoricain signifiant *érable*. *Érable* vient de l'article *ar* (le) et du mot *Rabl* : *Ar-rabl*, c'est-à-dire l'érable, d'où :

Arblay (Yonne)
Rablay (Maine-et-Loire).
Herblay (Loiret et Seine-et-Oise).

L'AUNE. Le latin *alnus* a formé un nombre prodigieux de :

Alnes (Nord).
L'Aulne (Manche).
Les Aulneaux (Sarthe).
Les Aulnès (Vosges).
Aulnats (Puy-de-Dôme).
Aulnay (Aube, Eure, etc.).
Aulnois (Aisne, Marne, etc.).
Aulnoy (Nord, Seine-et-Marne).
L'Aune (Sarthe).
Aunat (Aude).
Aunay (Nièvre).
Auneau (Eure-et-Loir).
Aunette (Seine-et-Oise).
Auneuil (Oise).
Aunou (Orne).
Aunoux (Moselle).
Auneux (Belgique).
Oneux (Belgique).
Loneux (Belgique).
Lonneux (Belgique).
L'Honneux (Belgique).
Launay (Nord).

L'armoricain *Gwern*, qui signifie aussi *aune*, d'où *Gwerneck*, l'aunai, en latin *Vernus* d'où *Vernetum*, n'a pas été moins prolifique, et l'on trouve partout des :

Guern (Morbihan).
Le *Guerno* (Morbihan).
Vern (Ille-et-Vilaine, Lot, etc.).
La *Verne* (Nièvre, Doubs, Var, etc.).
Verné (Indre-et-Loire).
Vernes (Saône-et-Loire).
Le *Vernet* (Allier, etc.).
Les *Vernets* (Nièvre).
Le *Verney* (Loire).
Vernez (Nièvre).
Verneix (Allier).
La *Vernède* (Gard).
Verneil (Sarthe).
La *Vernelle* (Indre).
Les *Vernelles* (Deux-Sèvres).
Verna (Lombardie).
Vernas (Isère).
Les *Vernades* (Var).
Vernassal (Haute-Loire).
Le *Vernais* (Nièvre).
Vernay (Isère, Loire, etc.
Vernayaz (Suisse).
Vernois (Nièvre, etc.).
Vernoil (Maine-et-Loire).
Vernols (Cantal).
Verneuil (Indre-et-Loire, Allier, etc.).
Verneiges (Creuse).
Verneuses (Eure).
Verneujol (Cantal).
Verneugheol (Puy-de-Dôme).
Vernesson (Nièvre).
Verneou (Nièvre).
Vernhes (Aveyron).
Vernhales (Aveyron).
Vernou (Indre-et-Loire).
Vernoux (Deux-Sèvres).
Vernouillet (Seine-et-Oise).
Vernoy (Yonne).
Vernois (Nièvre).
Vernon (Eure).
Les *Vergnes* (Corrèze).
Vergnies (Belgique).
Vergnolles (Aude).
La *Vernie* (Loire).
Verniette (Sarthe).
La *Vernière* (Nièvre).
Vernières (Nièvre).
Vernilla (Nièvre).
Vernilloux (Nièvre).
Vernines (Puy-de-Dôme).
Vernisy (Nièvre).
Vernio (Toscane).
Verniolles (Ariège).
Vernioz (Isère).
Vernix (Manche).
Vernuche (Nièvre).
Vernusse (Allier, Indre, etc.).
Verny (Moselle).

En saxon *alr* ou *elr* désigne l'aune que les Flamands nomment *essche* ou *else*. Il sert de préfixe à beaucoup de noms de lieux des Pays-Bas (*Har*lem, *Har*lingen et *Her*laar) et de l'Allemagne (*Er*lach, *Erle*bach et *Er*langen).

En général, il s'associe avec un mot qui signifie eau :

*Harle*beke (Flandre occidentale), c'est-à-dire ruisseau des aulnes

Le Bouleau. Du latin *Betula*, les Gallo-Romains avaient fait le collectif *Betuletum*, la Boulaye. On a les formes :

Le *Boulay* (Nièvre, Moselle, etc.)
La *Boulay* (Eure).
Les *Boulayes* (Seine-et-Marne).
Les *Boulet* (Nièvre).
Le *Bouley* (Eure).
Les *Boulas* (Nièvre).
Boulède (Lot-et-Garonne).
Belloy (Pas-de-Calais, Oise, etc.)
Bellay (Marne).

M. Leprévost voit dans les mots *barc* et *barquet* (Eure) une parenté avec le *bark* scandinave qui signifie écorce, et le *boork* qui veut dire bouleau.

Le Chataignier. De *Castanetum*, lieu planté de châtaigniers, on a eu :

Castanet (Gard).
Castenières, autrefois *Castenariæ* (Nord).
Le *Châtenet* (Indre).
Les *Châtenets* (Nièvre).
Chateney (Haute-Saône).
Châdenet (Lozère).
Chadeniers (Charente-Infér.).
Chatenay (Nièvre).
Chatenoy (Loiret).
Châtain (Nièvre).

Il n'est pas besoin de dire que les *châteigneraies* abondent dans la géographie de la France.

Quistinic, en bas-breton, répond à notre *Châteigneraie*. Il y a plusieurs localités de ce nom dans le Morbihan.

Le Charme (en latin, *carpinus*, d'où *carpinetum*, lieu planté de charmes), a produit :

Carpineto (Corse).
Carnet (Manche).
Carnette (Seine-et-Oise).
Charme (Ain, Jura, etc.).
Charmé (Charente).
La *Charmée* (Saône-et-Loire).
Charmeil (Allier).
Le *Charmel* (Aisne).
Charmes (Nièvre, etc.).
Charmoilles (Doubs).
Charmoise (Marne).
Carnetin (Seine-et-Marne).
Carme (Gard).
Les *Carmes* (Jura).
Charmois (Meurthe).
Charmesseux (Aube).
La *Charmoise* (Marne).
Charnoy (Nièvre, Aube, etc.).
Calmels (Tarn, etc.).
La *Calmette* (Aude, etc.).
Chalmoux (Saône-et-Loire).
Chalmettes (Hautes-Alpes).
Le *Chalmelle* (Marne).

Le Sapin. Le latin *pinus* a produit *le pin* (Jura, Vienne, etc.) les *pins* (Isère, Nièvre, etc.); puis, changeant sa terminaison *us* pour prendre les finales collectives *etum* ou *acus*, il est devenu *pinetum* ou *piniacus*, lieu planté de sapins, de même que fagus s'était transformé en fa*getum*, vernus, en verne*tum*, etc., etc., *Pinetum* se retrouve dans

Pinet (Nièvre, etc.).
Pinas (Hautes-Pyrénées).
Pinay (Loire).
Le *Pinel* (Ille-et-Vilaine).
Piney (Aube).
Pineuilh (Gironde).
Pinols (Haute-Loire).
Pignol (Nièvre).
La *Pinede* (Gard).
La *Pinée* (Hautes-Alpes).
Pignelin (Nièvre).

Le bois blanc se disait *albaretum*, les lieux dits *aubray* et quelquefois même *bray* (Voyez p. 18, note.) viennent de là.

Dans le Languedoc, le peuplier blanc se dit *aoubo*, d'où *aoubieiro*, lieu planté de peupliers blancs. C'est de là que vient

Loubatières (Hérault).

L'orme. Cet arbre qui a été l'objet d'un culte tout particulier, en France, se retrouve sous différentes formes. Le latin *ulmus* (orme), d'où *ulmetum*, a fourni :

Ulm (Allemagne).
Ulmes (Maine-et-Loire).
Olme (Loire).
Les *Olmes* (Rhône).
Lomme (Nord).
Les *Homs* (Gard).
Orme (Seine-et-Marne).
Ormes (Eure).
Lormes (Nièvre).
Ormeoux (Nièvre).
Ormesson (Seine).
Ormeteau (Indre).
Ormeville (Eure-et-Loire).

Le latin *ulmetum*, lieu planté d'ormes, se retrouve dans :

Ulmoy (Marne).
Olmet (Hérault).
Olmeta (Corse).
Olmeto (Corse).
Olmi (Corse).
Ormoy (Yonne).
Lormoy (Seine-et-Oise).
Lormois (Eure).
Lourmois (Ille-et-Vilaine).
Lormaye (Eure-et-Loir).
Ormoye (Haute-Marne).
Osmoi (Eure).

En Flandres, il existe une espèce d'ormeaux qu'on nomme *Ypereaux*, en flammand *appenboomen*. *Yperen*, que nous écrivons *Ypres*, vient de là. L'*Yperlee* qui baigne la ville a la même origine.

Le SAULE, vient du latin *salix*, qui vient lui-même du sanscrit *sâla*, arbre, lequel dérive de *sala*, eau, d'où *salika*, aquatique. Le saule est en effet l'arbre des eaux. On le retrouve dans tous les lieux humides, et il entre dans la formation des noms suivants :

Salces (Pyrénées-Orientales).
Sals (Lot).
Les Salses (Hérault).
Salza (Aude).
Saulce (Yonne).
Saulces Champenoises (Ardennes).
Saulcy (Meurthe, Vosges, etc.).
Saussy (Côte-d'Or).
Sauchy (Pas-de-Calais).
Saulcet (Allier).
Saulchery (Aisne).
Le Saulchoy (Somme).
Le Saulcois (Jura).
Saule (Nord).
Saules (Doubs).
Sauliac (Lot).
Saula (Tarn-et-Garonne).
Le Saulais (Indre-et-Loire).
Saulx (Haute-Saône).
Saulxures (Vosges).
Saulxerotte (Meurthe).
Saulzais (Cher).
Saulzet (Allier).
Saulzois (Nord).
La Saulsotte (Aube).
Saux (Allier, Lot, etc.).
La Saussaye (Eure, Seine-et-Oise).
Saussé (Bouches-du-Rhône).
Sausses (Basses-Alpes).
Saussette (Seine-et-Oise).
Sausseuil (Ardennes).
Saussey (Côte-d'Or).
Saussiers (Seine-et-Oise).
Sceaux (Seine et Yonne).

Le FRÊNE, en latin *fraxinus*, d'où *fraxinetum*, lieu planté de frênes; on retrouve la présence de ces arbres dans les lieux dits :

Fraisnes (Meurthe).
Franois (Jura, Doubs, etc.).
Frasnay (Nièvre).
Franoy (Nièvre).
Fragny (Nièvre).
Fraisse (Loire, Tarn, etc.).
Fraissines (Aveyron).
Fraissinel (Lozère).
Fraissinet (Aveyron).
Les *Fraissinets* (Aveyron).
Fraissinous (Aveyron).
La *Fraissinie* (Basses-Alpes).
Fresnes (Yonne).
La *Fresnaye* (Sarthe).
Fresnay (Loiret, Marne, etc.).
La *Fresnais* (Ille-et-Vilaine).
Fresney (Eure).
Fresnoy (Aube).
Fresnières (Oise).
Frenai (Orne).
Frenay (Indre).
Le *Freneau* (Seine-Inférieure).
Frenel (Seine-et-Oise).
Frenois (Ardennes).
Frenoy (Meuse).
Le *Freney* (Isère).
Freneuse (Seine-et-Oise).
Fernex (Ain).

Le TREMBLE. *Tremulus* a formé *tremuletum*, lieu planté de trembles, d'où :

La *Tremblade* (Charente-Inférieure).
Tremblais (Côtes-du-Nord).
Tremblay (Nièvre).
Le *Trembleaux* (Seine-et-Oise).
Tremblecourt (Meurthe).
Tremblois (Ardennes).
Tremblout (Nièvre).
Transloy (Pas-de-Calais).
Tremblesseau (Seine-et-Marne).
Tremel (Côtes-du-Nord).
Tremouille (Cantal).
Tremouilles (Aveyron).
Tremoulet (Ariége).

Le NOYER, *nucarius*, d'où *nucetum*, *nucelletum* et *nugaretum*, lieu planté de noyers. On trouve en France des :

Noyers (Yonne).
Noroy (Oise).
Norrat (Ariége).
Norrey (Calvados).
Norroy (Meurthe).
Nozay, autrefois *Noray* (Seine-et-Oise).
La *Nozaye* (Seine-et-Marne).
Les *Nozées* (Yonne).
Nozeroy (Jura).
Nozeyrolles (Haute-Loire).
Nozieres (Gard).
Nogaret (Lozère).
Nogarède (Haute-Garonne).

En Flandre, il y a des lieux dits *le Goguier*. C'est le nom patois du noyer.

En Bretagne, on dit *knaoun* ou *kraoun* pour noix, d'où :

Ker-*ganô* ou Ker-*gneu*, la maison aux noix (Morbihan).
Ros-*kano* ou Ros-*kneu*, le tertre aux noix (Morbihan).
Bôd-*kanô* ou Bod-*kneu*, le buisson de noix (Morbihan).

L'ÉPINE. Le nom latin d'épine, *spina*, a formé *spinetum*, lieu planté d'épines, d'où sont venus ces localités si nombreuses qui portent le nom d'

Epine (Seine).
Epinay (Eure, etc.).
Pinet (Nièvre).
Epineau (Yonne).
Epinette (Nord).
Epenède (Charente).
Epineu (Sarthe).
Epineuil (Yonne).
Epineuse (Oise).
Epineux (Mayenne).
Epineville (Seine-Inférieure).
Epiney (Eure-et-Loire).
Epinouze (Drôme).
Epenoux (Haute-Saône).
Epenouse (Doubs).
Epinoy.
Epenoy (Doubs).
Spincourt (Meuse).

La racine celtique *Spern*, qui signifie aussi *épine*, a fourni les *Epernay* (Côte-d'Or), *Epernon* (Eure-et-Loir), etc.

En Bretagne, *Drennec* est synonyme d'Épinay.

LES HOUX. L'ancien haut allemand *Hüliz* (allemand moderne *Hülse*) qui s'est transformé en bas latin en *Hulsetum*, lieu planté de houx, a donné des :

Houssay (Loir-et-Cher).
La *Houssaye* (Eure).
Le *Housseau* (Mayenne).
Housset (Aisne).
La *Houssière* (Vosges).
La *Houssiette* (Seine-et-Marne).
Houssaye (Oise, etc.).
Oussoy (Loiret).
Hulst (Flandre zélandaise).

En Bretagne le houx se nomme *quelen*, d'où :

Quelen (Morbihan).
Quelenec (Morbihan).
Quellenec (Morbihan).
Quelenes (Morbihan).

LE BUIS. De *Buxus* sont venus *Buxetum* et *Buxeria*, lieu abondant en buis, d'où :

Le *Bouis* (Allier).
Boussais (Deux-Sèvres).
Boussois (Nord).
Boussey (Eure, etc.).
Boussy (Seine-et-Oise).
Bussières (Nièvre).
Buxières (Gard, Oise).

Et probablement *Bussy*. Je dis probablement, parce

qu'on peut confondre aisément les mots qui viennent de *Buxetum*, et ceux qui dérivent de *Buxiacum*, qui signifie bois, et qui a formé les *Boissy*, *Boissières*, *Buxeuil*. (Voyez plus haut, p. 28 et 29.)

Le JONC. Le mot latin *Juncus*, d'où *Juncariæ*, produit :

Jonchère (Côte-d'Or).
Jonchères (Drôme).
Joncherey (Haut-Rhin).
Jonchery (Haute-Marne).
Le *Jonquier* (Var).
Jonquière (Nord).
Jonquières (Gard, Oise).
Jonqueiras (Yonne).
Les *Joncheries* (Seine-et-Marne).
Les *Joncherets* (Orne).
Joncheroie (Yonne).
Jonchaire (Meuse).
La *Joncière* (Nièvre).
Jonches (Yonne).

Un mot d'origine normande, *livot*, signifie jonchay. Il y a en effet en Normandie des *livaie* (Orne), *livarot* (Calvados), *livet* (Orne), etc., etc.

Le celtique *Brœennec* a donné les *Brehemont* (Indre-et-Loire), *Bernezay* (Indre-et-Loire).

Le *Sagno* du Languedoc a produit les :

Sagnes (Hérault).
Suigne de Gos (Hérault).
Saigne verte (Hérault).

Le POMMIER, *pomerium*, d'où *pomeretum*, qui signifie *pommeraie*, non-seulement avec le sens de lieu planté de pommiers, mais encore de verger, et de terrain vague, a formé les lieux dits :

Pomet (Hautes-Alpes).
Les *Pomets* (Var).
Les *Pommais* (Nièvre).
Pommeray (Nièvre).
La *Pommerée* (Nièvre).
Pomiers (Gard, etc.).
Pommiers (Aisne, etc.).
Pommera (Pas-de-Calais).
Pomarel (Isère).
Pomeraide (Aude, etc.).
Pomarez (Landes).
Pommeraie (Yonne).
Pommeraye (Calvados, Vendée, etc.).
Pommereau (Calvados, etc.).
Le *Pommeret* (Seine-et-Oise).
Pomemreuil (Nièvre).
Pommereux (Oise).
Pommery (Oise).
Pommerit (Côtes-du-Nord).
Pommeuse (Seine-et-Marne).
Pomoy (Haute-Saône, etc.).

Le Poirier, *Pirus*, d'où *piretum*, a formé les mo

Poiré (Vendée).
Le *Poirier* (Pas-de-Calais).
Poirol (Nièvre).
Poiroux (Vendée).
Piré (Ille-et-Vilaine).
Pirey (Doubs).
Pirou (Manche).
Piry (Nièvre).

Il ne faut pas confondre ces mots avec les *perray*, qui désignent les lieux remplis de pierres. (Voyez plus loin, p. 74.)

Le Prunier, de *prunus*, d'où *prunetum* et *prunaretum*, se retrouve dans :

Pournoy (Moselle).
Prunoy (Yonne).
Prunarède (Hérault).
Prunaret (Ardèche).
Prugnères (Hautes-Pyrénées).
Prunelas (Charente-Inférieure).
Prunières (Isère).
Pruniers (Indre).
Prunelles (Yonne).
Prenereau (Yonne).
Preny, appelé *Prunidum* en 745 (Meurthe).

Le Cerisier, *Cerasus*, d'où *Ceresarius*, a fourni plusieurs localités des noms de :

Cerisay (Deux-Sèvres).
Cerisé (Orne).
Ceriseaux (Seine-et-Marne).
Cerisy (Somme).
Cerisiers (Yonne).
Cerizay (Deux-Sèvres).
Cerizières (Haute-Marne).
Cerizols (Ariége).
Cérisemont ou *Kirshberg* (Meurthe).

La Vigne. La vigne, *vinea*, d'où *viniacum* et *vineale*, lieu planté de vignes, se retrouve en France sous la forme :

Vigne (Nièvre).
Le *Vignac* (Landes).
La *Vignelle* (Nièvre).
Vignaul (Nièvre).
Les *Vignaux* (Aube, etc.).
Vigneules (Meurthe).
Vigny (Yonne, Eure, etc.).
Vignay (Seine-et-Oise).
Le *Vigneau* (Ariége).
Vigneaux (Gers, Htes-Alpes).
Vigneux (Seine-et-Oise).
Vignoc (Ille-et-Vilaine).
Vignec (Hautes-Pyrénées).
Vignieu (Isère).
Veigné (Indre-et-Loire).
Vinas (Hérault).
Vinax (Charente-Inférieure).
Vinade (Charente).

...gy (Isère).
Vignal (Lot-et-Garonne).
...gnol (Nièvre, Ardèche, etc.).
...gnols (Corrèze).
La Vignon (Isère).
Le Vignan (Landes).
Vignonet (Cantal).
Vignot (Meuse).
Vignoux (Cher).
Vignoles (Haute-Garonne).
Vignolles (Aisne, Côte-d'Or, Charente, etc.).

Les jeunes vignes étaient quelquefois désignées sous le nom de *plantade*, comme les localités appelées :

Les *Plans* (Ardèche, Doubs, Gard).
La *Plantade* (Aveyron).
Plantadès (Haute-Vienne).
Le *Plantay* (Ain).
Le *Planté* (Gers).
Le *Plantis* (Orne).
Planty (Aube).

§ 3. — *Arbustes et Plantes.*

Les arbrisseaux les plus ordinaires, les plantes les plus simples ont laissé des traces de leur culture ou de leur réserve naturelle dans les noms d'un grand nombre de localités. Je citerai :

Les NOISETIERS et COUDRIERS (*Corylus*, d'où *Corylétum*), dans :

Le *Coudrai* (Seine-Inférieure).
La *Coudraie* (Nièvre).
Les *Coudrais* (Sarthe).
Coudray (Nièvre, Eure, etc.).
Coudre (Aube, etc.).
...ré (Deux-Sèvres).
...dreceau (Eure-et-Loir).
...drecieux (Sarthe).
Coudrey (Seine-et-Marne).
Caudry (Nord).
Coudrie (Vendée).
Coudron (Cher).
Coudrot (Eure-et-Loir).
Coudroy (Loiret).
Caurois (Nord), *Colroi* en 1185.
La *Queudre* (Nièvre).

Les COGNASSIERS (*Cotoneus*, d'où *Cotonariæ*), dans :

...ners (Sarthe).
...nières (Haute-Saône).
...nardière (Loire-Inférieure).
Cognet (Nièvre).
Cougny (Nièvre).

Les Cornouilliers (*Cornus,* d'où *Cornetum* et *Corniculum,* d'où *Corniculetum*), dans :

Cornet (Puy-de-Dôme).
Les *Cornets* (Eure).
Corneuil (Eure).
Corneux (Haute-Saône).
Cornod (Jura).
Cornou (Puy-de-Dôme).
Cornot (Haute-Saône).
Corniou (Hérault).
Cornus (Aveyron).
Corny (Eure).
Cornouiller (Seine-et-Oise).
Cornoy (Seine-et-Marne).

Les Alisiers. (*Alierius* et *Alizeriæ*), de l'ancien allemand *Eliza*, dans *Alizay* (Eure).

Les Néfliers (*Mespilum,* d'où *Mespiletum*) dans :

Nesploy (Loiret).
Nespouls (Corrèze).
Nepoulas (Haute-Vienne).
Nepoux (Haute-Vienne).
Mepillat (Ain).
Mespel (Tarn).
Mesples (Allier).
Mesplède (Basses-Pyrénées).
Mespauliès (Lot).
Le *Népier*, à Dehéries (Nord).

Les Sureaux (*Sambucus,* d'où *Sambucetum*) dans :

Suzoy (Oise).
Suzay (Eure).
Sussat (Allier).
Sussaut (Basses-Pyrénées).

Les Osiers (*Ozillarium*) dans :

Oisay (Indre-et-Loire).
L'*Ozier* (Isère).
Ozières (Haute-Marne).
Oziliac (Charente-Inférieure).
Ozerailles (Moselle).
Ozenay (Saône-et-Loire).

Le mot latin *Viminetum* qui signifie lieu planté d'osiers, a formé les lieux dits :

Vimenet (Aveyron).
Viminiès (Tarn-et-Garonne).

Les Genêts (*Adjotum,* champ de genêts) dans :

Les *Adjots* (Charente).
Ajou (Eure).
Ajoux (Ardèche).
Val d'*Ajol* (Vosges).
Val d'*Ajou* (Aveyron).

Les Chardons (*Carduus,* d'où *Cardinetum*) dans :

— 49 —

Cardonnoy (Seine-Inférieure).
Cardonnette (Somme).
Cardonnet (Lot-et-Garonne).
Cardonne (Haute-Garonne).
Cardonville (Calvados).
Chardogne (Meuse).

Chardonnay (Saône-et-Loire).
Chardonnet (Loire, etc.).
Chardonville (Seine-et-Oise).
Chartonnerie, au dixième siècle
Cardonaratœ (Yonne).

Les RONCES (*Ronchus, Runchi, Roncia*) dans :

La *Ronce* (Yonne).
Roncenay (Yonne).
Ronceray (Seine-Inférieure).
Ronchaux (Doubs).
Ronchois (Seine-Inférieure).
La *Roncière* (Seine-et-Oise).
Roncières (Oise).
Ronsière (Yonne).
Ronchères (Yonne).
Roncherolles (Seine-Inférieure).
Ronzières (Puy-de-Dôme).
Ronquerolles (Oise).

Ronquette (Aveyron).
Ronqueux (Seine-et-Oise).
Runckelon (Belgique orientale).
Roussay (Seine-et-Oise, etc.).
Rousseix (Haute-Vienne).
Rousselots (Marne).
Rousseloy (Oise).
Les *Rousses* (Aveyron, etc.).
Rousset (Hautes-Alpes).
Roussey (Saône-et-Loire).
La *Roussière* (Eure).

Les ORTIES (*Urticetum*) dans *Orcet*, (Puy-de-Dôme).

Les BRUYÈRES (*Brugariœ*, du Kymri *brwg*, buisson), dans :

Brue (Var).
Le *Bruel* (Aveyron).
Bruère (Cher).
Les *Bruères* (Indre-et-Loir, Nièvre).
Brugeas (Gard).
La *Brugère* (Creuse).
Brugers (Lozère).

La *Bruyère* (Oise, Calvados, etc.).
Les *Bruyères* (Nièvre, Isère, etc.)
Brure-Langeron (Nièvre).
Bruyres (Isère).
La *Breviaire* (Oise).
Les *Breviaires* (Seine-et-Oise).
La *Brevière* (Calvados).

Les *Bruyères* étaient quelquefois appelées *Calmœ*, d'où sont venus les noms des localités dites :

La *Calm* (Aveyron, Tarn).
Calmels (Aveyron, Tarn).
La *Calmette* (Gard).
Chalmette (Hautes-Alpes).
Chalmazelle (Loire).
Chalmoux (Saône-et-Loire).
Chaum (Haute-Garonne).

La *Chaume* (Charente-Inférieure, etc.).
Chaumeil (Corrèze).
Chaumes (Seine-et-Marne).
Bas *Chaumie* (Basses-Alpes).
Chaumot (Nièvre, Yonne).
Chaumoux (Cher).
Chaumoy (Saône-et-Loire).

LANGUE FRANÇAISE. II.

Les Fougères (*Filix*, d'où *Filicariæ* et *Fulgariæ*) dans :

Le *Falga* (Ariége, Haute-Garonne).
Falgairac (Haute-Garonne).
Folgueyrat (Dordogne).
Falguière (Lot).
Falguières (Gard, Aveyron, etc.).
Fougères (Indre, etc.).
La *Fougère* (Nièvre).
Le *Fougerais* (Vendée).
Fougeray (Ille-et-Vilaine).
Fougeré (Maine-et-Loire).
Fougerets (Morbihan).
Fougereux (Nièvre).
La *Fougereuse* (Deux-Sèvres).
Fougeirolles (Hérault).
Fougerolles (Indre-et-Loire).
Fouguerolles (Lot-et-Garonne).
Fougueyrolles (Dordogne).
Feuchères (Ardennes).
Feucherolles (Eure-et-Loir, etc.).
Feugarolles (Lot-et-Garonne).
Feuges (Aube).
Feugères (Manche).
Le *Feugeret* (Orne).
Les *Feugerets* (Orne, etc.).
Feugerolles (Loire).
Feugieres (Isère).
Feugnerolles (Eure).
Feuguerolles (Eure, Calvados, etc.).
Feugrolles (Calvados).
Feuquières (Oise, Somme).
Feuquerolles (Somme).
Flesquières (Nord).

En bas-breton *Radenec* est synonyme de *fougeraie*.

Le Chanvre (*Cannabis* d'où *Canaveriæ*), dans :

Chenevelle (Saône-et-Loire).
Chenevelles (Vienne).
Chenevière (Marne)
Chenevières (Meurthe).
Chenevrey (Haute-Saône).
Chanvre, commune de Perusson (Saône-et-Loire).

Dans le Midi, les terres à chanvre se nommaient *Cambones*, d'où :

Cambo (Gard, Basses-Pyrénées).
Cambon (Aveyron, Hérault).
Cambot (Lot-et-Garonne).
Cambons (Hérault).

Le Froment (*Frumentum* d'où *Frumentariæ*), dans :

Froment (Nièvre).
Fromental (Puy-de-Dôme).
Fromenteau (Indre-et-Loire).
Fromentières (Marne, etc.).

Le Blé (*Spica* d'où *Spicariæ*), dans :

Espieds (Loiret).
Espieilh (Hautes-Pyrénées).
Espiet (Gironde).
Epiais (Loir-et-Cher).
Epieds (Eure, etc.).
Epiez (Meuse, etc.).
Spycker (Nord).

L'Avoine (*Avena* d'où *Avenariæ*), dans :

Avesne (Pas-de-Calais).
Avesnes (Nord).
Avesnelles (Nord).
Avènes (Sarthe).
Les *Avenières* (Isère).
Avennes (Sarthe).
Les *Avoignières* (Nièvre).
Les *Avoiniers* (Nièvre).
Avenelle (Orne).

Les Fèves (*Faba* d'où *Fabariæ*), dans :

La *Favière* (Jura).
Favières (Calvados, Meurthe, etc.).
Faveraye (Maine-et-Loire).
Favray (Nièvre).
Faverelles (Loiret).
Faverolle (Aube).
Faverolles (Aisne, Orne, etc.).
Faveyrolles (Aveyron).

Les Pois (*Pisum* d'où *Pisetum*), dans :

Pis (Gironde, Gers, etc.).
La *Pise* (Allier).
Piseux (Eure).
Pisieu (Isère).
Le *Pizay* (Ain, Loire).
Pizieux (Sarthe).
Le *Pizou* (Dordogne).
Pizy (Yonne).
Pes (Gironde).
Le *Peze* (Aube).
Peseux (Doubs, Jura).
Peyzieu (Ain).
Pezai-le-Joly (Indre).
Pezè-le-Robert (Sarthe).
Pezeau (Cher).
Pezieux (Ain).
Pezènes (Hérault).
Pezon (Loir-et-Cher.)

Les Lins (*Linum* d'où *Linariæ*), dans :

La *Linière* (Vendée).
Liniers (Vienne).
Linieyroux (Aveyron).
Liniez (Indre).
Lignières (Aube, Cher, etc.).
Ligniers (Vienne).
Lignoreilles (Yonne), Lineriliæ en 864.

Les Olives (*Oliva* d'où *Olivariæ*), dans les :

L'*Olivet* (Hérault).
Mas d'*Olivet* (Hérault).
Olivier (Hérault).
Ollioules (Var).
Ollières (Var).

Dans les départements situés en dehors de la Provence et du Languedoc, les localités appelées :

Olivet (Loiret). Les *Oullières* (Nièvre).
Ollières (Meuse).

doivent cette dénomination soit aux moulins à huile qui s'y trouvaient, soit à la culture du pavot, connu sous le nom d'œillette.

Le Houblon (*Humulus* d'où *Humolariœ*), dans :

Homblières (Aine). La *Houblonnière* (Calvados).
Hombleux (Somme).

Le Millet (*Milium* d'où *Miliaretum*), dans :

Miliac (Hérault), *Miliacus* en 804. La *Millière* (Seine-et-Oise).
Milly (Yonne), *Miliacus* au VIIe siècle. Les *Millières* (Jura).
La *Millerette* (Eure).
Millay (Nièvre), *Milliacus* au XIe siècle.

Le Chou (*Caulis* d'où *Cauletum*), dans :

Cholet (Maine-et-Loire). *Choly* (Yonne), *Cauliacus* au
Chollets (Yonne). moyen âge.
Choloy (Meurthe).

Nous pouvons encore citer :

Le Fenouille, dans :

Fenouillère (Hérault).

Le Figuier, dans :

Figairolles (Hérault).

L'Oignon, dans :

Lezignan-de-la-Cèbe (Hérault).

Comme on le voit, ce qui sort des entrailles de la

terré donne naissance à un nombre considérable de localités. Je vais démontrer maintenant que la nature elle-même n'a pas joué un rôle moins important dans la formation des noms de lieu.

Je m'occuperai successivement de l'influence géologique, c'est-à-dire des noms produits par les montagnes et les vallées, les plaines, les champs, les rochers et les pierres.

§ 5. — *Montagnes et vallées.*

L'aspect d'un lieu, sa configuration géographique, doit naturellement servir à le désigner.

Ce qui change à l'infini la physionomie des noms de lieu ayant une même signification, c'est non-seulement l'emploi de mots d'origine différente, mais aussi l'adjonction à ces mots d'adjectifs qualificatifs ou de suffixes collectifs.

Ainsi, la montagne, *mons*, se trouve sous cette forme correcte à quelques lieues de Paris (Athis-*mons*); mais cette forme est rarement seule, et on la trouve qualifiée de belle, de dénudée, de brûlante, d'élevée, de fortifiée, etc., sous les formes de *Beaumont*[1], *Cau*-

---

1. Il y a dans la Moselle un village appelé *Beaumont*, qui n'a pas l'origine que je lui donne ici, il vient de *Bibonis-mons*. Il y a un autre *Beaumont*, dans la Meurthe, qui vient de *Samboldi mons* (1106) et qui s'appelait encore Sambeaumont en 1614. Ce sont des exceptions qui montrent avec quel soin on doit toujours chercher les anciennes formes des noms de lieu pour en déterminer l'exacte valeur.

mont, *Chaumont*, *Hautmont*, *Montfort*, *Montpeyroux*, etc., etc. Un suffixe collectif varie la physionomie du mot, qui se transforme, selon les provinces en :

Montignac (Aveyron, Gironde, Lozère, Charente, etc.).
Montigné (Maine-et-Loire, Deux Sèvres, Mayenne, etc.).
Montigny (Meurthe, Allier, Nord, Deux-Sèvres, Moselle, etc.).

Quelquefois même le mot s'altère au point de devenir méconnaissable, comme *Moivrons* (Meurthe) de *Mons-Vironis*, le *Montheu* (Meurthe) de *Mons acutus* en 875.

Il y a aussi des noms qui semblent au premier abord formés par le mot *mont* et qui n'en proviennent pas comme :

Montlheu (Yonne), autrefois *Monasterium Luperii*.
Montmercy (Yonne), *Mamarciacus* au vi° siècle.
Montereau (Yonne), *Monasteriolum*.

Le diminutif *monticellus*, petite montagne a donné naissance aux nombreux :

Le *Moncel* (Meurthe, Oise, Seine-et-Oise, etc.).
Le *Monchel* (Oise).
Monchelet (Somme).
Monchiet (Pas-de-Calais).
Montceaulx (Nièvre).
Moncheaux (Nord, etc.).
Moncheux (Moselle).
Monchy (Pas-de-Calais).
Le *Mouceau* (Eure-et-Loir).
Mouceaux (Eure).
Le *Mouchel* (Eure, etc.).
Mouchy (Somme, Oise).
Le *Mousseau* (Nièvre).
Les *Mousseaux* (Seine-et-Oise).
Moussel (Eure, etc.).
Monteil (Loire, Dordogne, etc.).
Monteils (Ardèche, Aveyron, etc).
Monteille (Calvados).
Monteiller (Aveyron).
Le *Montel* (Somme).
Montels (Ariége, Aveyron, etc.).
Montils (Loir-et-Cher, etc.).

Mais, comme on l'a vu précédemment, tous les noms géographiques ne proviennent pas du latin.

En Bretagne, *kreac'h* qui s'écrit *crach* dans le pays de Vannes, et qui signifie tertre, se retrouve dans :

Crach (Morbihan). *Crach*-guen (Morbihan).
Crach-coat (Morbihan). *Crach*-gouillen (Morbihan).

Ros qui, dans le même pays, signifie tertre, couvert de fougère ou de bruyère, entre dans la composition d'un grand nombre de mots, tels que :

Ros (Morbihan). Le *Roz* (Morbihan).
Le *Ros* (Morbihan). *Roscoet* (Morbihan).
Roz (Morbihan).

Les Celtes avaient, pour désigner une élévation, les mots *dun* et *briga*. Nous avons plusieurs :

Dun (Ariége). *Châteaudun* (Eure-et-Loir).
Dun-le-Roi (Cher). *Dunkerque* (Nord).
Les *Dunes* (Nord). *Dune-les-Places* (Nièvre).
Dunet (Indre). Le *Donon*, haute montagne de
Dun-sur-Meuse (Meuse). la chaîne des Vosges (Meur-
Duneau (Sarthe). the).

Quant au mot *Briga* qui semble avoir eu la double acception de montagne et de château fort, il se retrouve sous la forme *Briga, Brigogilus* dans les plus anciens noms de lieu de la Gaule.

Les Bretons appellent *menez*, une montagne, une grande masse de terre ou de roche, fort élevée au dessus du sol. Dans le pays de Treguier et de Cornouaille on dit *méné*, dans le pays de Vannes, *mané*. Plus de deux cents localités portent ce nom auquel est joint un qualificatif quelconque, d'où :

Le *Mané* (Morbihan). *Mané*-coh-*quer* (Morbihan).
Le *Méné* (Morbihan). *Mené*-penderf (Morbihan).
Mané-bihan (Morbihan).

Les Germains se servaient du mot *berg*, et nous possédons des :

Berg (Moselle, Bas-Rhin, etc.).   *Bergheim* (Haut-Rhin).
Bergues (Nord).   *Grimberg* (Haut-Rhin).

Les Flamands employaient aussi dans le même sens le mot *loo*, mais il est assez difficile de citer des preuves incontestables de cet emploi, si on se rappelle que *loo* avait aussi la double acception de *locus* (lieu) et de *lucus* (bois). Voyez ce que je dis au sujet de *loo*, p. 34.

Alp, en gaulois, signifie montagnes. Tous nos lecteurs connaissent les *Alpes*. Ce nom est donné dans le Dauphiné et dans la Suisse française à toutes les montagnes propres à faire paître le bétail.

Les Celtes donnaient aux collines le nom de *alt*. On retrouve cette racine dans *Auteuil*, autrefois *Altogium*, et dans les congénères *Autheuil*, *Authuil*, *Autouillet*, etc.

Gresium a la double acception de montagne et de lieu pierreux. Il a formé les :

Grès (Aube).   Le *Grezet* (Lot-et-Garonne).
Grez (Oise).   *Greziat* (Ain).
Gretz (Seine-et-Marne).   *Grezieu* (Loire).
Grezac (Lot-et-Garonne).   *Grezieux* (Rhône).
Grezes (Lot).

Podium, qui signifie élévation, a produit de l'autre côté de la Loire un nombre considérable de noms de lieux appelés :

Le *Pech* (Ariége, Lot-et-Garonne).
Le *Pecq* (Seine-et-Oise).
Le *Piechaigu* (*podium acutum*).
Le *Pioch* (Hérault).
Le *Picredon* (*podium rotondum*).
La *Poua* (Hautes-Alpes).
Poey (Basses-Pyrénées).
Peynier (Bouches-du-Rhône).
Peipin (Bouches-du-Rhône).
Pouech (Ariége).
Le *Pouey* (Hautes-Pyrénées).
La *Pouèze* (Maine-et-Loire).
La *Pougade* (Haute-Vienne).
Le *Poujol* (Hérault).
Poujols (Hérault).
Poujolet (Hérault).
Pouget (Lot, Cantal, Aveyron).
Pougues (Nièvre).
Puch (Ariége, Gironde, etc.).
Puech (Gard, Aveyron, etc.).
Les *Puèches* (Gard).
Puget (Vaucluse, Var).
Pugey (Doubs).
La *Pujade* (Haute-Garonne, etc.).
Pujol (Haute-Garonne, Landes, etc.).
Les *Pujolles* (Gers).
Pujols (Gironde).
Le *Pujolet* (Haute-Garonne).
Pujos (Gers).
Le *Puy* (Haute-Loire).
Puisserguier (Hérault).
Puits-hault (Hérault), de *podium altum*.

Dans le bas languedoc, on désigne une montagne calcaire sous le nom de *causse* d'où les nombreux *le Causse, le Caussi, la Caussine, la Caussade*, du département de l'Hérault.

L'allemand *hoch*, le haut allemand *hoh* et *houg* qui signifie hauteur, se retrouve surtout en Normandie, où on compte :

Les *Hogues* (Isère).
La *Hogue* (Manche).
La *Hoguette* (Calvados).

La forme allemande *hohe* entre dans la composition des lieux dits :

Hohatzenheim (Bas-Rhin).
Hohengoefft (Bas-Rhin).
Hohroth (Haut-Rhin).
Hohwald (Bas-Rhin), etc.

Le haut allemand *felise*, qui a produit *fels* en allemand moderne et *fâlije*, carrière de pierres en wallon, a produit :

Falaise (Ardennes, Calvados).
Felza (Haut-Rhin).
*Fels*bach (Haut-Rhin).
Houf*falise* (Belgique orientale).

L'anglo-saxon *tor*, l'allemand *hart* servaient à désigner, le premier une petite montagne, le second une montagne boisée. Le gaulois *pen*, qui a la même signification, rappelle les *Apennins* autrement dit les *Alpes Pennines* ainsi que les lieux dits :

Le *Pen* (Morbihan).	*Penn*avayre (Aveyron).
Pen ar-guen (Morbihan).	*Penh*ars (Finistère).
La *Penne* (Drôme, Tarn, etc.).	*Pen*marck (Finistère).
Les *Pennes* (Drôme).	*Pen*vern (Morbihan).
*Penne*depie (Calvados).	*Pannes* (Meurthe), *Penna* en 745.

Dans la même langue, le mot *agaunum* signifie roche, il y a encore le monastère de Saint-Maurice d'*Agaune*, aujourd'hui Saint-Maurice-en-Valais, *Agon* dans le département de la Manche, *Acon* dans le département de l'Eure et *Agonès* dans l'Hérault.

Le mot de basse latinité *molaris* qui a le sens de tertre, s'est transformé en *Molard* (Drôme, Loire, Saône-et-Loire).

Dans le Nord les lieux dits *Crinquet*, *Rideau*, *Havrée*, et *Deuve* signifient crête ou talus. Dans le Midi, ils ont *la Serre*, qui vient de l'espagnol *sierra*; la *mâta* qui en languedoc signifie butte, tertre, d'où les nombreux *la Matte* (Hérault), *le Mathas* (Hérault). Quelquefois *mathas* et synonyme de *barthas* et signifie hallier. (Voyez plus haut p. 33.)

Dans les Basses-Pyrénées on donne le nom d'*aldudes* à toutes les montagnes qui bornent la vallée de *Baïgorry* du côté de l'Espagne.

C'est en général sur les hauteurs que le vent se déchaîne avec le plus de violence, et que l'air atteint son plus haut degré d'âpreté. Certaines localités rappellent cet état atmosphérique. Ce sont :

Hurtebise (Charente, Meuse, Nord).
Heurtebise (Seine-et-Marne).
Heurtevent (Calvados, Seine-Inférieure).
Hurtevent (Nord).

Les montagnes renferment des cavernes [1] naturelles que l'on appelait dans le latin du moyen âge *Crota* [2] et *Balma*.

Le mot de basse latinité *Crota*, et ses variantes les mots *Crotum* et *Crosum*, dérivés de *Crypta*, se retrouvent dans le vocabulaire géographique dans les lieux dits :

Cros (Gard, Hérault, etc.).
Les *Croses* (Hérault, Isère, etc.).
Le *Crost* (Loire).
Crot (Nièvre).
Crotelles (Indre-et-Loire).
La *Crotte* (Nièvre).
Les *Crottes* (Loiret, Vaucluse).
Les *Creuttes* (Aisne).
Crotoy (Somme).
La *Croux* (Aveyron).
Le *Crouzet* (Doubs).
Acroux (Nièvre).
Les *Crouzets* (Aveyron).
Les *Crouzettes* (Tarn).
Les *Crozes* (Ain).
Les *Crozets* (Jura).
Croutes (Aube, Gers, etc.).
Crouttes (Aisne, Orne, etc.).
Croutoy (Aisne).
Les *Groux* (Charente).
La *Groute* (Cher).
Groutel (Sarthe).

Le mot *balma* existe sous la forme :

Balma (Haute-Garonne).
Balme (Ain, Aveyron).
Balmes (Lozère).
Balmelles (Lozère).
Baulme (Côte-d'Or).
Baume (Gard).
Baumettes (Var).
La *Sainte-Beaume* (Var).

Les termes qui désignent une vallée sont beaucoup plus rares que ceux choisis pour exprimer le sens de hauteur ou d'élévation.

---

1. On les appelle *cave* dans le département de l'Aisne.
2. Je dois ajouter que *crota* avait quelquefois le sens de *maison*.

Chez les Celtes, *nant* était l'équivalent du *Vallis* latin. On le retrouve dans *Nantuna*, *Nanterre* (Seine-et-Oise).

Le mot *vallis* est celui qui est le plus répandu et qui entre soit comme racine soit comme finale, dans un nombre incalculable de noms de lieu :

Le *Val* (Eure, Calvados, Meurthe, etc.).
Le *Val* des Ecoliers (Haute-Marne).
Bel*val* (Oise).
La *Vallée* (Meuse).
Les *Vaux* (Meurthe).
Vallières (Aube, Moselle).
Vanoise de *vallis noxia* (Nièvre).
Vallère (Indre-et-Loire).
Valleret (Haute-Marne).
Valloire (Drôme).
Sexeles (Corrèze), autrefois *Sicca vallis*.

Une vallée formée entre deux montagnes, une plaine étroite, s'appelait, surtout dans le midi de la France, *Comba*, d'où est venue cette quantité innombrable de :

Combas (Gard).
La *Combe* (Aude, etc.).
Combes (Doubs, etc.).
Combelles (Aveyron).
Combet (Lot-et-Garonne).

qui se rencontre dans le dictionnaire géographique de la France.

Le mot latin *fundus*, et ses dérivés de basse latinité *fundalia*, *funcia*, etc., qui avaient le sens de vallée, se retrouve dans :

Fond (Hautes-Alpes, Seine-Inférieure, etc.).
Les *Fonds* (Aveyron, Ardèche, etc.).
Fondat (Landes).

Le mot latin *cavea* a formé les nombreux *Cavée*, *Cavin*, *Chaye*, qui existent au centre et dans le nord de la France.

En Flandres, et surtout en Alsace, la vallée est représentée par les mots d'origine germanique *thal* et *dal*, d'où :

Wolfsthal (Vallée des Loups) (Meurthe).
Rosendal (Vallée des Roses) (Nord).
Nor-den-Thal (Vallée-du-Nord).
Dalhunden (Bas-Rhin).
Dalstein (Moselle).
Thal-Druling (Bas-Rhin).
Thal-Marmoutier (Bas-Rhin).

On en rencontre même en Normandie où se trouve le lieu dit *Darnetal*.

La *Dala*, vallée célèbre qui mène à Louesche en Suisse, a conservé sa forme archaïque.

Hol, chez les Norvégiens et *hohl* chez les Allemands a le sens de profondeur, de cavité. *Hœhle* signifie une caverne, et l'enfer se dit *Hœlle*. Ainsi, *Holletot* (basse-maison), *Houllebec* (basse-rivière). Nous avons :

Houlbec-Cocherel (Eure).
Holbach (Moselle).
Holving (Moselle).
Hulluach (Pas-de-Calais).
Houlle (Pas-de-Calais).

D'après M. Houzé, la pointe d'une colline entre deux vallées ou la langue de terre renfermée entre deux cours d'eau et se terminant en pointe, s'appelait *kon* (pron. *cogn*) chez les Gaulois :

Cognat (Allier).
Cougny (Rhône).
Cognac (Haute-Vienne).
Cognan (Nièvre).
Cognel (Isère).
Le *Coigné* (Seine-et-Oise).
Coigneux (Aisne).
Coigny (Manche).
Cugney (Haute-Saône).
Cugny (Aisne).
Cuigny (Oise).

proviennent de ce mot.

Les lieux bas, par conséquent humides et paludéens étaient autrefois désignés par les termes *baissa* (Voyez p. 69.), *augia*, *gorretus*, *bodium* et *bova*.

Augia se retrouve dans la vallée d'*Auge* (Calvados) et dans les lieux dits :

Auge (Creuse).
Augé (Deux-Sèvres).
Augès (Basses-Alpes).
Augers (Seine-et-Oise).
Augeres (Creuse).
Augerolles (Puy-de-Dôme).
Augies (Lot).
Augiard (Nièvre).
Oye (Pas-de-Calais).
Eu (Seine-Inférieure).

Gorretus, mot de basse latinité dérivé de *gurges*, se traduit par :

Gorre (Haute-Vienne).
Gorron (Mayenne).
Gorrevod (Ain).

Dans le Nivernais, on appelle *gourds*, des espèces de *gouffres*, remplis d'eau et très-poissonneux.

En Bretagne, ces gouffres s'appellent *poull*, qui a la septuple signification de *creux, cavité, fosse, profondeur, étang, lac* et *lavoir*.

Le *Poul* (Morbihan).
Le *Pouleno* (Morbihan).
Poul er Gumeren (Morbihan).
*Poulg*uern (Morbihan).
Poulo (Morbihan).
Le *Poul*-rû (Morbihan).

De même que *podium* a formé *Puy*, *bodium* a formé *Bouy*. Il y a des *Bouy* dans le Cher, dans l'Aube, dans la Marne, l'Yonne, etc., etc., *Bouhy* (Nièvre).

Bova qui est probablement une forme latine du Kymri *Baw*, qui signifie *boue*, a donné naissance aux lieux dits *Boves* (Somme), *Bovelles* (Somme), etc.

§ 6. — *De la terre considérée comme surface.*

Ces vastes étendues de terres, labourables ou non, que nous désignons par ce mot à la fois si simple et si expressif, les *champs*, ont été désignés au moyen âge par une foule de termes qui se retrouvent aujourd'hui dans nos noms de lieux.

Les champs, dans le sens de terre ou de territoire mal défini, d'espace vague et indéterminé, se disaient *Campus, Campellus, Magus, Feld* ou *veld, Fundalia, Freta, Aera, Beria, Gascaria* et *Jascheria, Lande, Lann, Laer, Riveria, Concha;* dans le sens de pré : *Pratum, Pratellum, Vescheria, Verdonum, Bessæ, Coudercum;* de champ cultivé : *Cultura, Versana, Tilia;* de terre arable entourée d'arbres ou de fossés : *Cadenaria*, *oschia* et *olca;* de domaine rustique : *Cassina*.

Campus et son diminutif *campellus* se retrouvent dans :

Champs (Nièvre).   Champignelles (Yonne).
Champel (Meurthe).   Champigneulles.
Champey (Meurthe).   Champignolle (Nièvre).
Champagne (Nièvre).   Champigny, etc., etc.
Champeaux (Nièvre).   Champrosé (Seine-et-Oise).

Mag est un mot gaulois qui répond à notre mot français *lieu;* il terminait dans l'ancienne Gaule celtique, la plupart des noms de lieux, et on le trouve ainsi comme suffixe dans Rouen (*Roto-magus :* la ville du chemin), Noyon (*Novio-magus*), Riom (*Rico-magus*), etc., etc. Nous pouvons citer encore : *Maing* (Nord), *Meung*-sur-Loire (Loiret), autrefois *Magus*.

Le flamand *veld* ou le germanique *feld* s'employait souvent au moyen âge dans le sens de *villa* (voyez ce mot p. 83) se retrouve dans :

Ghyvelde (Nord).   Feldkirch (Haut-Rhin).
Feldbach (Haut-Rhin).

Freta ou *Frecta*, qui a le double sens de terre inculte et de haie, dans :

La *Frette* (Orne, Isère, etc.). *Frettemole* (Somme).
Frettes (Haute-Marne). *Fretin* (Nord).
Fretoy (Nièvre, Oise, etc.). Les *Fretils* (Eure).
Frettemeule (Seine-Inférieure).

Aera, aeria, aria, variantes de basse latinité du mot *area*, signifient tantôt *nid*, tantôt *place à battre* le blé, quelquefois *étable à porcs* et le plus souvent, *emplacement non cultivé*; dans ce sens ils ont formé :

Aire (Ardennes, Landes, etc.). *Airion* (Oise).
Airel (Manche). *Airon* (Manche).
Les *Aires* (Hérault, Lozère, etc.) *Airoux* (Aude).
Airon (Vienne).

Beria, qui signifie plaine, dans :

Berre (Bouches-du-Rhône). *Berrieux* (Aisne).
Berriac (Ardèche). *Berru* (Marne).
Berriac (Aude). *Berry* (Aisne, Cher, etc.).
Berrien (Finistère). *Berric* (Morbihan).

Il y a un mot germanique *gwast, wast*, d'où *wastjan*, qui signifie *ravager*, auquel doit se rattacher notre verbe *vastare*, et qui a formé en français les mots *gâter* (en picard *water*), *jachères* (du bas latin *gascaria* pour *wastaria*) et *gâtines* (du haut allemand *wastinna*).

Rien n'a été plus facile que de rattacher à l'idée de dévastation les terrains qui ressemblaient à de véritables déserts, et de donner ensuite aux terres labourables qui n'étaient pas ensemencées, un nom qui rappelait le triste état des lieux abandonnés. C'est ainsi que le radical qui se trouve dans dévaster, se retrouve dans *jachères* et dans *gâtine*.

Le *Gast* (Calvados et Orne).
Le *Gat* (Isère).
Les *Gats* (Seine-et-Oise).
Gastes (Landes).
Le *Gastet* (Landes).
Gastins (Seine-et-Marne).
Gastine (Deux-Sèvres).
Gastines (Sarthe).
Gâtine (Seine-et-Oise).
Les *Gâtines* (Eure, etc.).
Le *Gâtinais* (France).
Les *Gâtineaux* (Eure-et-Loir).
Gâtinaud (Haute-Vienne).
Le *Wast* (Pas-de-Calais).
Watten (Nord).
*Watten*dam (Pas-de-Calais).
Wattignies (Nord).
Watines (Nord).
La *Vatine* (Seine-Inférieure).
Le *Vast* (Manche).
Sotte*vast* (Manche).
Martin*vast* (Manche).
Hardin*vast* (Manche).
Les *Vatis* (Seine-Inférieure).
Le *Wast* (Pas-de-Calais).
La *Wattine*, en patois l'*Wottène* (Pas-de-Calais).
Waesten (Flandre occidentale).
Le *Vateland* (mot à mot *Waestland*, terre déserte), commune de Surques (Pas-de-Calais).

Le mot de basse latinité *riesa*, synonyme de terre en friche, qui n'est pas cultivée, a formé :

Le *Riez* (Nord).
Les *Riez* (Nord).
Le *Riez*-Charlot (Nord).
Beau*riez* (Pas-de-Calais).

Le mot d'origine germanique *Land*, qui a le sens de terre inculte, se retrouve dans :

La*lande* (Yonne).
La *Lande* (Eure, Charente, Yonne, etc.).
Landes (Maine-et-Loire, Loir-et-Cher, etc.).
Le *Landel* (Seine-Inférieure).
La *Landelle* (Calvados, Oise, etc).
Landelles (Eure-et-Loir, etc.).
Les *Landais* (Marne).
Landau (Haut-Rhin).
Le *Landon* (Jura).
Landos (Haute-Loire).
Landogne (Puy-de-Dôme).
Landoy (Seine-et-Marne).
Le *Lendin* (Eure).
La *Londe* (Eure).
Le *Londel* (Loire-Inférieure).
Londeau (Seine).

En celtique le mot *lann* répond au *land* germanique et signifie tantôt territoire vague et indéterminé, tantôt terre couverte de bruyères.

Un grand nombre de localités de Bretagne portent les noms de :

Lann-bel (Morbihan).
Lann-bihan (Morbihan).
Lanne (Morbihan).
Lannec (Morbihan).
Lannic (Morbihan).

Le mot de basse latinité *larricium* provenant du teuton *laer*, désigne tantôt une pâture publique, une prairie communale, tantôt les lieux incultes et vagues, il est synonyme de *landes*. Très-répandu sous la forme primitive en Belgique et en Hollande, on le retrouve dans le département du Nord, dans les lieux dits :

Ox*elaere* (Nord).
L*eers* (Nord).
Dou*rlers* (Nord).
Le *Lart* (Pas-de-Calais).

Le *Nart*, aujourd'hui Saint-Martin-au-Laert (Pas-de-Cal.)
Li*erettes* (Pas-de-Calais).
Li*ères* (Pas-de-Calais).

On le retrouve sous cette dernière forme dans le centre de la France :

Lier (Landes), plus connu sous le nom de Saint-Jean-de-Lier.
Liers, hameau de Sainte-Geneviève-des-Bois (S.-et-Oise).
Lierres (Eure).

Quant aux mots venant de *larricium*, on peut citer :

Lorry (Moselle).
Lorrey (Côte-d'Or).
Lorre (Morbihan).

Larran (Basses-Pyrénées).
Leri (Eure).

Frostium, qui est synonyme de *Laer*, se retrouve dans :

Frossa (Vendée).
Frossay (Loire-Inférieure).
Frotey (Haute-Saône).

Frou (Eure-et-Loir).
Les *Frossards* (Nièvre).
Le *Froust* (Orne).

Riveria, qui dans la basse latinité a le sens de *plaine*, désignait quelquefois une plaine où l'on chassait à l'oiseau, comme on le voit dans ce passage de *Partonopeus* que j'accompagne d'une traduction pour les lecteurs peu habitués à la langue du moyen âge.

Mais ce me dites, se vos plest,	Mais, dites-moi s'il vous plaît,
S'ires demain en la forest,	Si vous irez demain en forêt,
Quel vie volres demener	Quelle vie voulez-vous mener?
En bos et en *riviere* aler.	En bois ou en *plaine* aller?
Se vos voles aler en bois...	Si vous voulez aller en bois...
Dont veres venir liemiers,	Alors vous verrez venir les [limiers,
Et chiens gentils et bons levriers	Les chiens gentils et les bons [lévriers...
Et s'aler voles en *riviere*,	Si vous voulez aller en *plaine*
En une cambre ça ariere	Dans une chambre, là derrière,
Troveres esperviers, ostors,	Vous trouverez des éperviers, [des autours,
Girfaus et gentils et pluisors.	Des gerfauts, et gentils et en [nombre.

Rivcier était alors synonyme de chasser en plaine. Du côté de Brioude, *Riberia*, dans le patois du pays, désigne les plaines bordant les cours d'eau. Ce mot se retrouve dans les localités appelées :

Rivière (Basses-Alp., Doubs, etc.) La *Rivoire* (Isère).
Rivières (Gard, Jura, etc.). Haute-*Rivoire* (Rhône).
Hautes-*Rivières* (Ardennes). Les *Rivoires* (Isère).
Rivery (Somme, Seine-Infér.). Le *Rivier* (Isère).
Riverie (Rhône). La *Repara* (Drôme).

Dans le sens de rive, de bord de l'eau, nous avons les nombreux *rive* et *rives* et les composés :

Rive haute (Basses-Pyrénées). *Autreppes* (Aisne).
Hautes*rives* (Loire). *Autripe* (Nord).
Ribaute (Hérault). *Otreppe* (Belgique).

Pratum, pré, et son diminutif, *pratellum*, petit pré, a fourni au langage géographique un contingent des plus considérables :

Le *Prat* (Côtes-du-Nord, Hautes-Pyrénées, etc.). *Protx* (Aude).
Les *Prats* (Basses-Alpes, Dordogne, etc.). *Prads* (Basses-Alpes).
Le *Pras* (Loire).
Pratz (Jura, Haute-Marne). *Bras* (Calvados, Var).
Pray (Loir-et-Cher, etc.).

La *Praye* (Meurthe, Saône-et-Loire).
Prayes (Saône-et-Loire).
Les *Prayed* (Isère).
Prayols (Ariége).
La *Breoble* (Basses-Alpes).
La *Prahas* (Cher).
Praiaux (Nièvre).
La *Prade* (Gironde, Charente, etc.).
Prades (Ariége, Hérault, etc.).
Pradeau (Creuse).
Les *Pradeaux* (Puy-de-Dôme).
Le *Pradel* (Gard).
La *Pradelle* (Aveyron, Aude).
Les *Pradelles* (Nord, Aude).
Pradère (Haute-Garonne).
Pradeux (Creuse).
Pradier (Cantal).
Pradières (Ariége).
Pradials (Aveyron).
Les *Pradiès* (Lot).
Pradinas (Aveyron).
Pradines (Aveyron, Corrèze, etc.)
Pradine (Aude).
La *Pradinerie* (Seine-et-Marne).
Prodons (Ardèche).
Pradou (Tarn).
Pradoux (Dordogne).
Praelle (Ardennes).
Praesles (Yonne).
Brasles (Aisne).
Prailles (Deux-Sèvres).
Le *Pré* (Jura, Nièvre, Seine-et-Oise).
Bré (Côtes-du-Nord).
La *Prée* (Indre, Seine-Infér.).
Brée (Maine-et-Loire, Mayenne).
Les *Prés* (Drôme, Hautes-Alpes, etc.).
Bréal (Ille-et-Vilaine).
Préau (Ain, Orne).
Les *Préaux* (Calvados, etc.).
Le *Bréau* (Gard).
Les *Bréaux* (Yonne).
Preseau (Nord).
Presailles (Haute-Loire).
Presles (Yonne).
Bresles (Oise).
Bresle (Somme).
Prele (Meurthe).
Pretz (Meuse).
Prez (Marne).
Prey (Eure).
Prehy (Yonne), de *pratilis*.

Souvent le mot *pré* a été accompagné d'un qualificatif, comme dans :

Beaupré (Doubs).
Lompré (Somme).
Prémol (Isère), de *pratum molle*.

Souvent il a été accolé au nom d'un propriétaire comme :

Prabert (Isère), de *pratum* Alberti.

Verchiera, d'où vient le vieux mot *verchière*, autre forme de *verger*; ou terre cultivée, joignant à la maison, se retrouve dans :

Les *Verchers* (Maine-et-Loire). *Verchery* (Rhône).

Bessa ou *Baissa*, signifie, en général, lieu bas, marécageux. En Auvergne, les pâturages s'appellent encore *Besses*, d'où :

Bais (Mayenne).
Baix (Ardèche, Isère).
La *Besse* (Tarn, Var, etc.).
Bessé (Charente, Dordogne).
La *Bessée* (Hautes-Alpes).
Bessède (Tarn, Aude).
Bessege (Gard).
Besses (Gard).
Le *Besset* (Loire, Lozère, etc.).
Bessey (Loire).
Besseyre (Haute-Loire).
Le *Bessière* (Aveyron, Tarn, etc.)
Bessins (Isère).
Bessine (Deux-Sèvres).
Bessines (Haute-Vienne).
Bessoles (Loire).
Besson (Allier).
Bessons (Lozère, etc.).
La *Bessonnière* (Vendée).
Bessou (Lot).
Bessuge (Saône-et-Loire).
Bessy (Aube, Yonne).
Bessac (Charente, Haute-Loire, etc.).
Le *Bessat* (Loire).
Bessas (Ardèche).
Baixas (Pyrénées-Orientales).
Bessay (Loire, Vendée, etc.).
La *Bessayre* de Lair (Cantal).

Coudercum, qui a aussi le sens de pâturage, a donné son nom :

Couderc (Aveyron).
Le *Couderc* (Dordogne, Lot, etc.)
Le *Coudere* (Corrèze, Lot).
Le *Coudert* (Haute-Vienne).

Cultura a formé les nombreux :

Cultura (Jura).
La *Couture* (Eure, Loir-et-Cher, Lot-et-Garonne, etc.).
Coutures (Dordogne, Meurthe, etc.).
Couturelle (Pas-de-Calais).

Versana était une mesure agraire fort employée dans le Midi, et on a désigné certains lieux sous le nom de *la versane*, comme on dit ailleurs *les arpents*. *Versane* d'ailleurs signifiait aussi terre préparée pour la semence. On trouve dans le dictionnaire géographique les lieux dits :

La *Versanne* (Loire).
Moulin de la *Versaine* (Nièvre).
La *Verseigne*, terre du territoire de Vetrigne (Haut-Rhin).

Tilia, qui, selon Ducange, s'appliquait à une certaine mesure de terre ou de vigne, était employé dans les environs de Saint-Omer, sous la forme *Tille*, pour désigner une portion quelconque de terre cultivée au milieu d'autres qui ne l'était point.

Cadenaria, terre entourée de haies, et qui vient probablement du mot *cade*, espèce de genévrier, employé pour former des haies et qu'on retrouve dans la poésie provençale :

Prendetz la goma del genebre,	Prenez la gomme du genévrier,
So es albre...	C'est un arbre...
Et, en la nostra parladura,	Et, en notre langue,
A nom *cade*.	Il se nomme *cade*.

Il est plus que probable que les mots suivants proviennent de *cadenaria* :

Caden (Morbihan).	*Chaudeney* (Meurthe).
Cudenac (Haute-Garonne).	*Chadeniers* (Charente-Infér.).
Cadenet (Vaucluse).	*Chaniers* (Charente-Inférieure).
Chadenne (Charente-Inférieure).	*Chaniez* (Aveyron).
Chadenet (Lozère).	*Chaniat* (Haute-Loire).

§ 7. — *De la terre*
considérée au point de vue géologique

La nature du sol a contribué à enrichir la nomenclature géographique, et l'on trouve partout des lieux qui rappellent :

Le Sable (de *Sabulum*) dans :

Sable (Eure).
Sablé (Sarthe).
Sablat (Lot-et-Garonne).
Sables (Calvados, Isère, etc.).
Sablet (Vaucluse).
Le *Sablier* (Loire).
Sablières (Ardèche).
Le *Sablon* (Indre-et-Loire, etc.).
Les *Sablons* (Loiret, Seine, etc.).
Le *Sablonet* (Isère).
La *Sablonnière* (Aisne, etc.).
Le *Sablou* (Dordogne).
Les *Savelons* (Aisne, Pas-de-Calais).

Il y a une localité dans la Moselle qui porte aussi le nom de *Sablon*, mais qui a une tout autre origine : ce *sablon* vient de *savelonis vinea*, la vigne de Savelon : Savelon seul est resté et s'est contracté en Sablon.

De *arena* sont venus les lieux dits :

L'*Arenas* (Gard). Les *Arenas* (Gard). *Arènes* (Gard).

Le Gravier (du radical *grav* ou *graw* qui se trouve dans le bas-breton *grouau*, sable, et le kymris *grou*, que l'on peut faire remonter au sanscrit *Gravan*, pierre) dans :

Le *Crau*, le *campus lapideus* des anciens, immense plaine pierreuse près d'Arles (Bouches-du-Rhône).
La *Grée* (Morbihan).
Les *Grées* (Morbihan).
La *Grave* (Allier).
Gravelle (Ain, Calvados).
Gravelotte (Moselle).
La *Graverie* (Calvados).
La *Gravette* (Lot-et-Garonne).
Les *Gravettes* (Seine-Inférieure).
Gravioc (Lot-et-Garonne).
Le *Gravier* (Cher).
Gravières (Ardèche).
Gravelines (Lot-et-Garonne).

Le *Gravelines* du département du Nord, que l'on pourrait supposer appartenir à la même racine, n'est qu'une forme romane du mot germanique *Graveninghem* qui signifie domaine du comte ; ce qui prouve une fois de plus que des origines différentes produisent des mots semblables et qu'on ne peut affirmer la signification d'un nom de lieu qu'en connaissant les plus

— 72 —

anciennes formes de nom et la situation de la localité qu'il représente.

L'ARGILE (du latin *argilla,* formé sur le grec *argillos,* provenant d'*argos,* blanc) dans :

Argilly (Côte-d'Or).
Argilliers (Gard).
Argelliers (Hérault).
Les *Argelas* (Gard).
Argilès (Gard).
L'*Argiliquière* (Gard).
Argillières (Haute-Saône).
L'*Argillois* (Jura).
Les *Ardillats* (Rhône).
Ardilleux (Deux-Sèvres).
Ardillières (Charente-Infér.).
Ardilleires (Seine-et-Oise).
Arzillières (Marne).

L'ARDOISE (du bas-latin *ardesia*) dans :

Ardisas (Gers).
L'*Ardoise* (Loir-et-Cher).
Ardoix (Ardèche).

La MARNE (du gaulois *Marga,* admis sous cette forme dans la latinité et employé par Pline) appelée en picard *marle* et *merle,* en normand, *mâle,* à Namur *maule,* en Flandres *maie,* se retrouve dans :

Marne (Doubs, etc.).
Marnes (Seine-et-Oise, etc.).
Marné (Nièvre).
Marnet (Nièvre).
Les *Marnettes* (Eure).
Marnay (Nièvre, Haute-Marne).
Marnac (Dordogne).
Marnas (Drôme).
Marnesia (Jura).
Marnières (Eure).
Marnoz (Eure).
Marle (Aisne).
Marles (Pas-de-Calais).
Marlhes (Loire).
Marly (Seine-et-Oise, etc.).
Marliac (Haute-Garonne).
La *Marlière* (Marne).
Marlieux (Ain).
Les *Marlots* (Nièvre).
Marlotte (Seine-et-Marne).
Marlaye (Loire-Inférieure).
Marlay (Moselle).
Marloz (Haute-Saône).
Marlanges (Creuse).

Le SEL (du latin *sal* et de ses dérivés, *salinæ, salinarium*), dans :

Salins (Jura, Cantal).
Salières (Basses-Alpes).
Saulnes (Moselle).
Saulnay (Indre).
Saulnières (Eure-et-Loir, etc.).
Saulnot (Haute-Saône).
Les *Saulniers* (Yonne).

Le CHARBON (de l'accusatif latin *carbonem*) et ses dérivés dans :

Carbon-Blanc (Gironde).
Carbonne (Haute-Garonne).
La *Carbonnière* (Eure).
Charbogne (Ardennes).
Charbonnier (Creuse, etc.).
Les *Charbonniers* (Jura).
La *Charbonière* (Isère).
La *Charbonnière* (Loire, Nièvre, etc.).
Charbonnières (Doubs, etc.).
Charbonnat (Saône-et-Loire).

Les lieux où se faisait le charbon, portaient quelquefois aussi les noms de *fourneau*, *fournel*, etc., mais ils se confondent avec les localités qui portent le même nom à cause des forges qui s'y trouvaient.

Les MEULIÈRES (du latin *Mola* et de son dérivé *Moleria*), dans :

Meulières (Marne).
La *Moulière* (Var).
Les *Moulières* (Hérault, Jura).
La *Molière* (Aveyron, Eure, etc.).
Les *Molières* (Seine-et-Oise, Gard, Drôme, etc.).

Les GRÈS (des mots bas latins *Gressius*, *Gresum*, dérivés de l'ancien haut allemand *Griez*), dans :

Les *Grès* (Aube, S.-et-Oise, etc.).
Grèses (Haute-Loire).
Les *Gresillons* (Seine-et-Oise).
Gresse (Drôme, Isère, etc.).
La *Gréssée* (Seine-et-Oise).
Les *Gressets* (Seine-et-Oise).
Gressey (Seine-et-Oise).
Gressy (Seine-et-Marne).
Grez (Oise).
Les *Grez* (Seine-et-Marne).
La *Grez* (Tarn-et-Garonne).
Grèzes, (Lot, Aude, etc.).
Grezels (Lot).
Grezes (Dordogne, Lot).
Le *Grezet* (Lot-et-Garonne).
Grezian (Hérault).
Greziat (Ain).
Grezien (Loire).
Grezieux (Loire, Rhône, etc.).
Grezillé (Maine-et-Loire).
La *Grezille* (Maine-et-Loire).
Le *Grezy* (Tarn-et-Garonne).
Grezolle (Loire).

La PIERRE se retrouve dans des mots fort différents

de forme et d'origine, les uns provenant du latin *petra* et *quadraria*, les autres du celtique *clap* et *cair*.

De *Petra*, nous avons les lieux dits :

La *Pierre* (Ardèche, Isère, etc.).
Les *Pierres* (Isère).
Pierrebénite (Rhône).
Pierrefitte (Corrèze, Creuse).
Pietra (Corse).
Le *Peyre* (Aveyron).
Peyrefitte (Aude).
Le *Peyré* (Lot-et-Garonne).
Peyrat (Gironde, Creuse, etc.).
La *Peiratte* (Deux-Sèvres).
Peyraud (Ardèche).
Peyrens (Aube).
Peyréou (Haute-Garonne).
Peyresq (Basses-Alpes).
Peyret (Gard).
Perreux-les-Bois (Yonne).
Perreuse (Yonne).
Peyreusse (Gers).
Peyriac (Haute-Garonne).
Peyriat (Ain).

La *Peyrière* (Tarn).
Les *Perrières* (Nièvre).
Peyriolles (Haute-Garonne).
Peiron (Var).
Peyrole (Var).
Peyrols (Bouches-du-Rhône).
Peyroles (Gard).
Peyrolles (Bouches-du-Rhône).
Peyrots (Ariége).
Le *Peyroux* (Corrèze).
Les *Peyroux* (Creuse).
La *Peyrouse* (Ain).
Perrouse (Haute-Saône).
Les *Peyrouses* (Haute-Garonne).
Perruel (Eure).
Peyrus (Drôme).
Peyrusse (Aveyron).
Peyrusses (Haute-Loire).
Le *Peyrusel* (Dordogne).

De *Quadraria* sont venus les lieux dits :

La *Carrière* (Lot, Aveyron, etc.).
La *Charrière* (Isère).
Les *Carrières* (Oise, etc.).
Carrière-sous-Bois (S.-et-Oise).

Les *Charrières* (Creuse).
Queyrières (Hautes-Alpes et Haute-Loire).

A *Cair* on rattache les localités appelées :

Caire (Var).
Beaucaire (Gard, Gers, etc.).
Belcaire (Aude).
Caramaurel (Aveyron).
Caralp (Ariége).
Caragoude (Haute-Garonne).
Cheyrouse (Cantal).

Carnac (Morbihan).
Carennac (Lot).
Carisey (Yonne).
Quierzy (Aisne), autrefois *Carsiacum*.
Quercize (Côte-d'Or).

De *carn*, rocher, qui doit appartenir à la famille de *cair*, on peut citer :

Carnac (Morbihan).
Carné (Morbihan).

Carnoet (Morbihan).

De *Clap* :

La *Clap*e (Basses-Alpes).
*Clep*pe (Loir).
Le *Clap*ier (Aveyron).
Le *Clap*pier (Loire).
*Clap*iers (Hérault).
La *Clap*ière (Hautes-Alpes).
Les *Clap*ières (Var).
*Clap*ouze (Gard).
*Clap*arade (Aveyron).
*Clich*y-la-Garenne, autrefois
*Clip*iacus (Seine).

Les Germains appelaient *Stein*, *Steen*, *Sten*, ce que nous appelons *pierre*, seulement dans les noms de lieu, *Stein* a souvent la signification d'édifice de pierre, de forteresse, etc.

Nous citerons :

*Steen*e (Nord).
*Steen*e (Flandre occidentale).
*Steen*woorde (Nord).
*Steen*werch (Nord).
*Steen*becque (Nord).
*Stein*bach (Moselle).
*Stein*bach (Vosges et Haut-Rhin).
*Stein*bourg (Bas-Rhin).
*Stein*brunn (Haut-Rhin).
*Stein*grub (Haut-Rhin).
*Stein*matt (Haut-Rhin).
*Stein*selt (Haut-Rhin).
*Stein*sultz (Haut-Rhin).
*Stem*bech (Moselle).
*Steen*kerque (Hainaut belge).
*Steen*berg (Brabant).
*Steen*weg (Brabant).
*Stin*zel (Meurthe), déformation de *Stein*saale, salle de pierre.

On trouve *Stein* comme suffixe dans les noms suivants :

Turque*stein* (Meurthe).
Heiligen*stein* (Bas-Rhin).
Wind*stein* (Bas-Rhin).
Wilden*stein* (Haut-Rhin).

On peut citer encore Aumelas (Hérault) d'*amenlarius*. On appelle dans le Languedoc *amëule* un rocher, une sorte de marbre du genre des breches, formé de plusieurs cailloutages qui imitent grossièrement des amendes.

CHAPITRE II

Influences politiques

J'appelle influences politiques les diverses influences qui naissent de l'état de sociabilité sous l'empire duquel vivent les hommes civilisés.

Nous avons vu jusqu'à présent les villes, villages ou hameaux emprunter leurs noms aux objets les plus primitifs et les plus visibles. L'eau, les arbres, les plantes, les montagnes, les vallées, les champs, les plaines, l'état même du sol facilitent aux pionniers d'une civilisation la dénomination des lieux où ils s'arrêtent, des colonies qu'ils fondent, des établissements agricoles qu'ils créent, des carrières ou des mines qu'ils exploitent, des forêts qu'ils défrichent.

Mais ces moyens, aussi variés que faciles, de désigner un point quelconque du territoire occupé, ne sont pas les seuls capables d'enrichir la technologie ethnique. En effet, d'autres termes, nombreux aussi, naissent pour ainsi dire des usages, des coutumes, des travaux d'un peuple qui se développe.

Ce sont ces usages, ces coutumes, ces organisations territoriales que je considère comme des influences politiques.

Avant d'entrer directement dans mon sujet, je demanderai à mes lecteurs la permission de dire un mot sur les grandes villes de France, dont presque tous les noms sont dus aux influences politiques qui les ont vus naître sous les Gaulois, les Romains et les Africains.

La signification des villes fondées en Gaule dans des temps que je pourrais qualifier de pré-historiques, c'est-à-dire à l'époque incertaine où Gaels et Kimris se partageaient le nord et le centre de la Gaule, et où les Euskes débordaient de l'Ibérie pour envahir le territoire compris entre les Pyrénées et la Garonne, la signification de ces villes, dis-je, est fort difficile à expliquer, nos connaissances des langues celtique et ibérienne étant encore fort incomplètes.

Quelques savants, cependant, ont cherché à découvrir la signification de ces mots primitifs. Zeuss entre autres, dans sa grammaire celtique, nous apprend que *Parisiens* (Parisii) voulait dire vaillants; *Suessions* (Suessones), bien placés; *Bituriges*, rois du monde et *Catalauni*, joyeux au combat.

Il y a une remarque curieuse à faire au sujet de ce dernier mot, c'est qu'en cherchant dans les langues tudesques son équivalent, c'est-à-dire les mots correspondants au celtique *kat* (combat) et *lawn* (joyeux), on trouve *Gar* (*war* en anglais, *guerre* en français) et *bald* (heureux, gaillard et dispos), d'où est venu le mot germanique très-usité de *garbald*, heureux à la guerre, qui entre dans la composition de plus d'un nom d'homme, et entre autres de l'une de nos plus grandes célébrités contemporaines qui ne se doute probablement pas d'être si bien nommé, je veux parler de Garibaldi.

Avant la conquête de César, la Gaule renfermait plus de trois cents peuples divers. Chacun de ces peuples habitait des villes qui portaient des noms particuliers, tels que *Lutetia* (Paris), *Samarobriva* (Amiens), *Bratuspantium* (Beauvais), *Noviodunum* (Soissons), *Durocrotorum* (Reims), *Agendicum* (Sens), *Nemetacum* (Arras), etc., etc.

Au quatrième siècle, on trouve les noms des peuples unis à ceux des villes, qui s'appelèrent *Lutetia Parisiorum* (Lutèce des Parisiens), *Samarobriva Ambianorum* (Samarobrive des Ambiens), *Bratuspantium* ou *Cæsaromagus Bellovacorum* (Cæsaromagus des Bellovaques), *Noviodunum*, puis *Augusta Suessionum* (Noviodunum des Suessions), *Durocortorum Remorum* (Durocort des Rémois), *Agendicum Senonum* (Agendicum des Sénonais), *Nemetacum Attrebatum* (Nemetacum des Attrébates). Puis le nom de la ville disparut, ne laissant que celui du peuple, et c'est ainsi que sur le déclin de l'empire *Paris* succéda à *Lutèce*, Amiens à *Samarobrive*, Beauvais à *Cæsaromagus*, Soissons à *Augusta*, Reims à *Durocortorum*, Sens à *Agendicum*, Arras à *Nemetacum*, etc., etc.

Les noms de ces peuples ne disparut pas complétement, plusieurs d'entre eux se sont perpétués dans un grand nombre de localités, telles que *Auvergni* (Alverniacus), le domaine de l'Arverne ; *Bretigni*, le domaine du Breton ; *Ivri*, le domaine de l'Ibère ; *Morainville*, *Morgni*, le domaine du Morin ; *Flamanville*, le domaine du Flamand, etc., etc.

Les Romains, comme tous les vainqueurs, détruisirent autant qu'ils purent les souvenirs patriotiques des Gaulois, soit en changeant les noms de leurs cités, soit en les engageant à se consacrer à César ou à son héritier, soit enfin en déplaçant les villes qui pour la plupart, situées sur des hauteurs, descendirent dans les vallées. C'est ainsi que *Bibracte,* qui avait déjà pris la qualification de *Julia* sous César, devint *Augustounum,* aujourd'hui *Autun;* que *Climberri* devint *Augusta* des Auskes, aujourd'hui *Auch;* que *Gergovie,* l'illustre Gergovie des Arvernes, la patrie de Vercingétorix, fut abandonnée pour une ville nouvelle dédiée à Auguste, *Augustonemetum*, aujourd'hui Clermont. C'est ainsi que *Bratuspans* fut remplacée à quelque distance par *Cæsaromagus* (Beauvais), *Noviodunum* par *Augusta Suessonium* (Soissons). C'est pour une cause semblable que la *Genabum* des Carnutes (Genabum Carnutum) devint *Aurelianum,* ville dédiée à Aurélien, aujourd'hui Orléans, etc.

Lorsque les Germains firent irruption dans les Gaules, il y eut encore des changements et plusieurs villes d'origine celtique furent débaptisées pour prendre les noms d'origine germanique, telle qu'*Argentorat* qui devint *Stratzburg,* aujourd'hui Strasbourg.

C'est ainsi que sous la République, tous les noms de lieu qui rappelaient l'ancien régime et le culte défendu, changèrent de noms [1], et que par un décret du 1er juin 1793, la Convention nationale changea :

---

1. Nous ne donnons ici que les changements les plus caractéristiques.

Argenton-le-Château	en	Argenton-le-Peuple.
Cateau-Cambresis	en	Fraternité-sur-Selle.
Châteaudun	en	Dun-sur-Loir.
Bourbon-Lancy	en	Bellevue-les-Bains.
Château-Meillant	en	Tell-le-Grand.
Château-Thierry	en	Égalité-sur-Marne.
Dunkerque [1]	en	Dune libre.
Guise	en	Réunion-sur-Oise.
Ham	en	Sparte.
Kaysersberg	en	Mont libre.
Le Port-Louis	en	le Port-de-la-Liberté.
Marly-le-Roi	en	Marly-la-Machine.
Montmorency	en	Émile.
Philippeville	en	Vedette républicaine.
Rocroy	en	Roc libre.
Roye	en	Havre libre.
Saint-Gaudens	en	Mont-d'Unité.
Saint-Denis	en	Franciade-sur-Yonne.
Saint-Etienne	en	Commune d'Armes.
Saint-Germain-en-Laye	en	Montagne-du-Bon-Air.
Saint-Gobain	en	Mont libre.
Saint-Jean-de-Luz	en	Chauvin-le-Dragon.
Saint-Laurent	en	Main libre.
Saint-Lô	en	Rocher-de-la-Liberté.
Saint-Pierre-le-Moutier	en	Brutus-le-Magnanime.
Saint-Tropez	en	Héraclée.
Saint-Wit	en	Égalité-sur-le-Doubs.

Quant aux villages nouveaux créés par les Gaulois, les Romains et les Francs sous les différentes influences

---

1. *Kerque* en flamand signifie église.

que nous avons déjà signalées, nous allons les diviser en plusieurs catégories, selon les causes qui les ont produits.

Des noms de lieu ayant la signification d'agglomération.

Nous commencerons d'abord par les lieux qui portent le nom vague et indéterminé d'agglomération. Le premier mouvement de l'homme est d'appeler les choses par leur nom, et il est naturel de désigner une agglomération d'hommes par un terme qui exprime cette idée d'agglomération.

Avant de chercher soit dans la nature, soit dans les causes premières d'une concentration d'individus, un motif quelconque pour donner un nom significatif à la localité naissante, les hommes la désignaient simplement par le mot qui dans leur langue voulait dire *lieu*. De plus, comme on pouvait confondre tous ces centres de population portant un même nom, le peuple, plutôt par instinct que par réflexion, ajouta, soit un nom d'homme, soit une qualification, au nom primitif. Quelquefois ce nom d'homme et cette qualification devinrent la partie principale du mot et l'idée d'agglomération se trouva représenté à la fin du mot par une simple désinence collective.

Nous allons passer en revue les lieux d'origine celtique, latine, germanique, anglo-saxonne et scandinave qui expriment l'idée d'agglomérations.

Les noms celtiques conservés surtout en Bretagne

sont les suivants : *Ker, bôd* et *bot, ran, tref, trev, treo, treu, gwic, plou* et *mael.*

Les noms latins sont : *Villa, vicus* et *locus.*

Les noms germaniques sont : *ham, burg, dorff, stade, tot* et *gau.*

Les noms anglo-saxons et scandinaves sont : *tofta, fœr* ou *fiord* et *boe.*

Noms celtiques. — *Ker,* synonyme de hameau, village, habitation rurale, se retrouve dans plus de trois mille noms de lieu du Morbihan, tels que :

Caer (Eure).
*Ker*bel (Morbihan).
*Ker*deff (Morbihan).
*Ker*gal (Côtes-du-Nord).
*Ker*maria (Côtes-du-Nord).
Locmaria*ker* (Morbihan), etc.

Bot, qui avait le sens de hameau, d'habitation rurale, s'est conservé dans :

Le *Bot* (Vendée).
Bothoa.
Botmel (Côtes-du-Nord).
Botsorhel (Finistère), etc.

Ran, synonyme de portion de terre, d'habitation, se retrouve dans *Randau, Ranpé, Randonne, Guerande,* autrefois *Guenran* (Morbihan).

Tref, trev, treu, trea, variantes d'un même mot, qui signifie village, se reproduisent dans :

Treffrin (Côtes-du-Nord).
Treflaouenan (Finistère).
Treflean (Morbihan).
Trevarn (Finistère).
Trévé (Côtes-du-Nord).
Treveneuc (Côtes-du-Nord).
Treverec (Côtes-du-Nord).
Treogan (Côtes-du-Nord).
Treogat (Finistère).
Treux (Somme).
Treunais (Côtes-du-Nord, etc.).

Gwick, qui a la signification de notre mot *bourg,* entre dans la composition de *Guichen* (Guic-hen, le vieux bourg), canton de l'arrondissement de Redon (Ille-et-Vilaine), *Guielan* (Finistère), etc.

Plou, qui a le sens de territoire, paroisse, campagne, village ou tribu, se retrouve sous les formes *ple, pleu, plo, ploe, ploi, plu,* dans :

Le *Plouy* (Somme, Oise).
Plois (Aisne).
Villers-*Plouich* [1] (Nord).
Le *Plouik* (Nord).
Plouec (Côtes-du-Nord).
Plouer (Côtes-du-Nord).
Ploucesat (Finistère).
Plougar (Finistère).
Plougastel (Finistère).
Plougoulm (Finistère).
Ploujean (Finistère).
Ploulech (Côtes-du-Nord).
Pleu (Morbihan).
Pleucadeuc (Morbihan).
Ploemel (Morbihan).
Ploermel (Morbihan).
Pluhodre (Morbihan).
Plumelec (Morbihan).

Mael que nous traduirions par seigneurie, se retrouve dans *Mael-Carhaix* (Côtes-du-Nord), *Mael-Pestivien* (Côtes-du-Nord).

Noms latins. — *Villa* est sans contredit l'un des termes les plus usités du dictionnaire géographique. Il doit sa fortune à ce qu'il signifiait sous les Gallo-Romains, une grande propriété particulière composée de bâtiments et de biens ruraux, et que plus tard, comme on le peut voir par l'article XLVII de la loi salique, il prit le sens de domaine collectif ou village. Sous les Mérovingiens, il signifiait une terre en général et les personnes qui l'habitaient. Sous les Carlovingiens, c'est très-souvent un village et déjà même une paroisse. Il est certain que la *villa* renfermait des propriétés agricoles, des manses, des bachelleries, des borderies, des condamines, etc. Dans un capitu-

---

1. Ce nom est curieux en ce sens qu'il associe deux termes qui ont la même signification et qui proviennent de deux langues différentes.

laire resté célèbre, l'empereur Charlemagne distingue deux espèces de *villa* royales, celles affectées à l'entretien de sa maison, et celles dont les revenus sont concédés en bénéfice à des églises, à des abbayes, à des comtes, à des vassaux.

Villa entre dans la composition de plus de mille mots géographiques.

Je citerai comme exemples :

Ville (Oise, Isère, etc.).
Villey (Meurthe).
Villours (Nièvre).
La *Villette* (Seine).
Villotte (Nièvre).

Villatte (Nièvre).
Villeneuve (Seine-et-Oise).
Neuville (Oise, Nord, Nièvre, etc.).
Villemoisson (Seine-et-Oise).

Dans le Languedoc, on ne dit pas *villa*, mais *viala*, d'où :

Viala (Hérault).
Vialanove (Hérault).

Vialaret (Hérault).

Le radical germanique *dorff* correspond au *villa* romain. On le retrouve sous des formes plus ou moins correctes *dorff, torf, trof*, dans les départements de l'Est.

Exemples :

Ober*dorff* (Haut-Rhin, etc.).
Oberbetsch*dorf* (Bas-Rhin).
Mon*dorff* (Moselle).

Sarral*troff*, en 1311 Saral*torf* (Moselle).
Al*troff*, en 1307 Al*torff* (Moselle).

Les *Villaria*, petits villages ou hameaux, étaient composés de dix à douze feux, ou familles. Ils ont formé les :

Villiers (Nièvre, etc.).
Viller (Meurthe).
Villers (Nièvre).
Biefvillers (Pas-de-Calais).

Ervillers (Pas-de-Calais).
Hautvillers (Nièvre).
Villars (Nièvre).
Villard (Nièvre, etc.).

Dans les départements de l'Est, les *Villaria* sont devenus des *Villers, Willer, Weiller, Weyer, Wihr.*

Exemples.

Willer (Bas-Rhin).
Rohr*willer* (Bas-Rhin).
Kraut*willer* (Bas-Rhin).
Morsch*willer* (Bas-Rhin).
Ing*willer* (Bas-Rhin).
Kirs*willer* (Bas-Rhin).
Neu*willer* (Haut-Rhin).

Weiler (Haut-Rhin).
Weyer (Haut-Rhin).
Leitz*weiller* (Haut-Rhin).
Rique*wihr* (Haut-Rhin).
Guebersch*wihr* (Haut-Rhin).
Wihr en plaine (Haut-Rhin).

La *Villula*, diminutif de *villa*, se retrouve dans *Vieuvireul* et *Neuvireul* (Pas-de-Calais).

Locus qui signifie *lieu*, se retrouve dans un certain nombre de localités appelées :

Lieu (Loir-et-Cher, etc., etc.).
Lieusaint (Manche).
Baslieux (Moselle).

Grandlieu (Aisne).
Gonnelieu (Nord).
Lieu-Jeannot (Nièvre).

Vicus (du grec éolien *Foïcos*, lieu habité), qui, en bonne latinité, avait le sens de rue, a fini par être synonyme de village. Nous avons des *vic* dans les départements de l'Ariége, du Gard, de l'Hérault, de la Meuse, de la Côte-d'Or, des Hautes-Pyrénées, etc., et des *vicq* dans l'Allier, la Dordogne, le Nord, etc.

On peut citer encore :

Vinneuf, autrefois *Vicus novus* (Yonne).
Neuvy (Yonne, Nièvre, etc.).
Vieuvicq (Eure-et-Loir).

Vico (Corse).
Vicnau (Gers).
Le *Vicel* (Manche).
Vichel (Aisne).

Noms germaniques. — J'ai déjà parlé des termes *dorff* et *Viller* à propos du mot *Villa*, il y en a d'autres encore plus répandus, ainsi le terme le plus usité dans les langues germaniques, comme synonyme de terrain entouré de haies, ensuite de demeure, d'habitation, enfin, par extension de bourg et de village, est sans contredit le mot *Ham* ou *Heim*, racine de notre mot *Hameau*. En Allemagne et en Angleterre, on ne peut pas faire un pas sans rencontrer une localité dont le nom termine par un *Ham* (*Bucking*ham, *Not*tingham, *Birming*ham), ou un *Hem* (*Open*heim, *Papen*heim). La France, surtout en Picardie, et Lorraine renferme de nombreuses communes appelées

Ham (Somme, etc.).
Hames (Pas-de-Calais).
Hamel (Somme, etc.).
Hamelet (Somme, etc.).
Han (Ardennes).
Han-sur-Seille (Meurthe).

Cette forme sourde se trouve dans *Grignan*, *Taulignan*, *Serignan*, mais il n'est pas certain qu'elle soit ici une forme de *Ham*. Cet *an* est peut-être un simple suffixe ethnique rattaché à un nom de personne.

En Flandre[1], ou trouve ce radical primitif *Eim*, *Hem*, *Hemmes*, *Em*, *Am*, et presque toujours augmenté d'un nom d'homme, tels sont :

Killem (Nord), demeure de Kilian.
Ledringhem (Nord), demeure de Leodro.
Pitgam (Nord), demeure du Puits.
Uxem (Nord), demeure de Hugues, etc.

1. Plus heureux que beaucoup de départements, celui du Nord a été l'objet d'un excellent travail que nous recommandons aux amateurs d'études philologiques. Cet ouvrage est intitulé : *Études étymologiques, historiques et comparatives sur les noms des villes, bourgs et villages du département du Nord*, par E. Mannier. Paris, Aubry, 1861, in-8.

Dans l'Est *Heim* en se précisant est devenu *ain* et même *om*.

Exemples.

Dalh*ain* (Meurthe), Delh*eim* en 1121.

Domn*om* (Meurthe), Domen*heim* en 1217.

Dans le Calaisis et la Flandre française *hemmes* à le sens de *polders* et de renclôture. Il vient du flamand *heym*, qui signifie clôture. Nous avons dans le Pas-de-Calais les lieux dits :

Les *Hemmes*.
Grandes *Hemmes*.
Petites *Hemmes*.
Hemmes Saint-Pol.

Le canton chez les Germains, s'appelait *Gau*. On retrouve ce nom dans le *Rhin*gau, le *Bris*gau, le *Sund*gau, le *West*gau, le *Nord*gau, le *Thur*gau, le *Speier*gau, etc.

Burgum a plutôt le sens restreint de château fortifié, de ville forte, que de lieu habité. (Voyez, plus loin, p. 114).

Enfin, je citerai le radical *stade*, *steit*, *stett*, *statt*, synonyme de station, demeure. On le retrouve dans :

Schele*stadt* (Bas-Rhin).
Reich*stett* (Bas-Rhin).
Ber*stett* (Bas-Rhin).
Alten*stadt* (Bas-Rhin).
Hoch*statt* (Haut-Rhin).
Stetten (Haut-Rhin).
Max*stadt* (Moselle).

Noms anglo-saxons et scandinaves. — Ces noms, qui ne se rencontrent qu'en Normandie, ont donné une physionomie toute particulière à un grand nombre de noms de lieu de cette province.

Le mot *tofta*, en anglo-saxon, est synonyme de cour, de masure, d'habitation. Le savant M. le Prévost pense que ce mot a été apporté par les Saxons dans les nombreux établissements qu'ils firent sur nos côtes, bien avant les invasions des Scandinaves proprement dits. Cette circonstance expliquerait pourquoi il se rencontre si fréquemment sur les bords de la mer, et particulièrement dans le pays de Caux. Quoi qu'il en soit, si ce ne furent pas les Normands qui l'apportèrent, ils l'ont au moins adopté et conservé bien longtemps, puisqu'ils l'ont employé dans la composition des mots latins, des noms chrétiens ou bien seul avec l'article *le*.

Le mot *tofta*, écrit et prononcé *tot* en Normandie, entre dans la composition des localités appelées :

Appe*tot* (Eure).
Bouque*tot* (Eure).
Bres*tot* (Eure).
Colle*tot* (Eure).
Lanque*tot* (Seine-Inférieure).

Fourme*tot* (Eure).
Rou*tot* (Eure).
Mar*tot* (Eure).
Yve*tot* (Manche, Seine-Inférieure, etc.).

On peut rattacher à ce mot la forme *Tuit*, qu'on retrouve dans :

Thuil Auger (Eure).
Thuit Signol (Eure).

Braque*tuit* (Seine-Inférieure).
Carque*tuit* (Seine-Inférieure).

Le mot danois *boe*, qui signifie demeure, et qu'on retrouve dans beaucoup de noms du Danemark (Kirkebœ, Prodebœ, Qualbœ), a été employé par les envahisseurs normands, pour désigner quelques-unes des localités qu'ils ont fondées ou baptisées. Seulement un *f* final ajouté par euphonie, a changé la physionomie du radical, et au lieu de dire comme autrefois *Pentebœ*, *Kilbœ*, *Criquebœ*, nous écrivons et nous prononçons *Paim*beuf (Loire-Inférieure), *Quille*beuf

(Eure), *Crique*beuf (Seine-Inférieure). Les lieux dits *Ma*rbeuf (Eure), *Quitte*beuf (Eure), *Dau*beuf (Eure, Calvados), etc., etc., proviennent de la même source.
Je citerai comme se rattachant au même radical le mot *bu* et *bou* que l'on retrouve dans :

Bu (Eure-et-Loir). Carque*but* (Manche).
Tourne*bu* (Calvados). Qui*bou* (Manche).

Le mot *fleur* qui sert de terminaison à tant de noms de lieu de la Normandie, a été de la part des savants l'objet de nombreuses recherches. M. Depping y voit le mot islandais *œ* (prononcez *eu*) et *œr* (prononcez *eur*), qui signifie lieu baigné par les eaux et on est en droit d'y rattacher les noms de lieu *Har*fleur (Seine-Inférieure), *Bar*fleur (Manche), *Fique*-fleur (Eure), *Vitte*fleur (Seine-Inférieure), *Fletre* (Nord), *Flers* (Nord), etc., etc. D'autres savants trouvent dans le mot danois *fiord* l'origine de la désinence *fleur*.

§ 2. — *Domaines.*

Les détails dans lesquels je vais entrer seraient difficilement compris par mes lecteurs, si je ne leur disais pas quelques mots de la condition de la propriété au moyen âge.

En effet, de nos jours où l'égalité devant la loi est un fait, où la liberté est un principe qui, juridiquement parlant, ne doit pas souffrir d'exceptions, la propriété est simplement un immeuble plus ou moins considérable qui fait partie de la fortune d'un particulier ou d'une association, que cette association s'appelle l'État, la commune, l'assistance publique ou la Compagnie immobilière. Rien de plus facile à comprendre, rien de plus aisé à retenir.

Au moyen âge, la propriété se présente sous des aspects bien plus divers, et sans parler des divisions territoriales (civitas, pagus, vicaria, etc.), sur lesquelles les érudits ne sont pas encore tout à fait d'accord, et dont nous n'avons pas à nous occuper ici, parce que les termes qui qualifient ces divisions n'ont pas influé sur la formation des noms de lieu, il y a encore beaucoup à dire sur les différents genres de propriétés possédées ou tenues sous les trois premières races.

Les terres ont été pendant longtemps divisées en trois classes :

1° Les propres, connues sous le nom d'alleux. Dans un alleu on désigne sous le nom de terre salique (Sala, terra Salica) la terre patrimoniale que le propriétaire fait valoir lui-même et qui se trouve située près de sa principale habitation. La terre salique transmissible de mâle en mâle, à l'exclusion des filles, est, sous les Carlovingiens, synonyme de domaine occupé par le propriétaire et ne pouvant pas, par conséquent, être donnée en bénéfice ou en tenure.

2° Les bénéfices, terres données par les rois, les grands ou de riches particuliers, d'abord à titre temporaire, par conséquent révocable et viager, à des hommes libres, qui en échange de ces concessions, deviennent immédiatement les vassaux de leurs bienfaiteurs. Ces usufruits avec charges libérales (les charges consistaient à assister son seigneur à la guerre ou en justice) deviennent par la suite héréditaires autant par la mauvaise foi des donataires que par la faiblesse intéressée des donateurs;

3° Les tenures, terres tributaires, cultivées à charge de redevances et de services, espèces d'établissements ruraux qui, selon les temps, les lieux et les conditions des tenanciers, varient à l'infini.

La première classe de propriétés : l'alleu et la terre salique se retrouvent dans quelques lieux de la France. L'alleu dans :

Aleu (Ariége).
L'*Aleu* (Seine-et-Oise).
L'*Alœuf* (Meurthe).
Les *Alleuds* (Maine-et-Loire et Deux-Sèvres).
Les *Alleux* (Ardennes, Ille-et-Vilaine, Somme, etc.).
Arleux (Nord).
Arleux en Gohelle (Pas-de-Calais).

La terre salique, autrement dite la terre de la maison le domaine, *Sala*, dont j'ai déjà parlé, dans :

La *Salle* (Vosges, Gard, Isère, Basses-Pyrénées, etc.).
Saales (Vosges).
Sales (Haute-Garonne).
Salha (Basses-Pyrénées).
Salaberry (Basses-Pyrénées).
Sallenave (Basses-Pyrénées).
Broxcelle (Nord).
Herzeelle (Nord).
Lederzeelle (Nord).
Strazeelle (Nord, etc.).

Le *sele* ou *zele* flamand correspondant au *saĺ* germanique.

Au cinquième siècle, la *terra salica* est désignée sous le nom de *mansus*.

Le manse, en latin *mansus*, *mansum* et quelquefois même *mansa*, en langue vulgaire *mas*, *meix* ou *mex*, était dès le cinquième siècle le principal élément de la propriété territoriale. C'était sous les Mérovingiens et les Carlovingiens une ferme ou une habitation rurale à laquelle était attachée une certaine quantité de terre déterminée, et en principe, invariable.

Les manses se divisaient en manse seigneurial et en manse tributaire.

Le manse seigneurial, administré par le propriétaire ou par un concessionnaire jouissant des mêmes droits, avait une maison appelée *Casa*.

Ce mot *mansus* a été tellement employé au moyen âge qu'on le retrouve à chaque instant sous la forme de *le Mas* et bien souvent encore sous les formes :

La *Manse* (Gers).
Mansac (Corrèze).
Mansat (Creuse).
Manselle (Aveyron).
Le *Mas* (Aveyron, Gers, Loire, etc.).
Maast-et-Violaine (Aisne).
Maisdon (Loire-Inférieure).
Chazemais (Allier).
Maizocdefroy (Nièvre), autrefois *Meix-au-Guedefroy*.
Le *Maz*-rillié (Ain).
Mazé (Maine-et-Loire).
Le *Mazel* (Gard, etc.).
Le *Mazelet* (Hérault).
Le *Mazet* (Hérault).
La *Mazette* (Hérault).
Mazeau (Lozère).
Les *Mazeaux* (Haute-Vienne).
Mazac (Gard).
Mazas (Lozère).
Mazaud (Haute-Vienne).
Mazau (Vaucluse, Ardèche).

Les *Mazes* (Hérault).
Le *Mazet* (Lozère, Aveyron, etc.).
Maze (Lot).
Le *Mée* (Eure-et-Loir), Mayenne, etc.).
Les *Mées* (Vienne, Sarthe, etc.).
Les *Meez* (Loir-et-Cher, Nièvre).
Mezauguichard (Nièvre), autrefois *Meixt-au-Guichard*.
Le *Meix* (Côte-d'Or, Jura, etc.).
Mezel (Puy-de-Dôme, etc.).
Mezeaux (Vienne).
Meys (Rhône).
Mex (Nièvre).
Gibeau*meix* (Meurthe), de *Gibbonis mansus*.
Metz (Moselle, Aisne).
Metz-le-Comte (Nièvre).
Beau*metz* (Somme).
Beau*mets* (Somme).
Beau*mais* (Seine-Inférieure).
Odo*mez* [1] (Nord).

1. Pour donner une idée de la déformation incroyable des mots, je citerai le hameau de la commune de Ruages (Nièvre), appelé *le Maréchal*, qui est une prononciation vicieuse de *Meix-Richard*, *Mansus Richardi* en 1231.

Je dois ajouter que le mot *mansus* était quelquefois synonyme de *villa*, car *Gibeaumeix* que j'ai cité tout à l'heure, s'appelait, en 707, Gibodi*villa*, et, en 965, Gibbonis *mansus*. On le rencontre fréquemment en Languedoc et en Guyenne pour désigner une maison de campagne.

Quant au mot *casa* qui désignait la maison occupée par le propriétaire du manse seigneurial, j'en ai déjà donné l'explication.

La seconde classe de biens, c'est-à-dire le bénéfice, autrement dit l'immeuble donné en usufruit à la condition que l'usufruitier se mettra dans la dépendance personnelle du propriétaire, dont il devient l'homme, n'a pas laissé de traces dans le vocabulaire géographique. Seulement, le bénéfice auquel était attaché un office s'appelait *honor* et se conserve dans le Midi dans plusieurs noms de lieu, entre autres l'*Honor de cos* dans le département du Tarn-et-Garonne.

La troisième classe de terres, ne renfermant que des usufruits concédés soit à titre perpétuel et héréditaire, soit à vie, soit à terme, à des tenanciers plus ou moins engagés dans les liens de la servitude, fournit un nombre considérable de termes qui varient selon les temps, l'origine et la condition des usufruitiers.

Vers le dixième siècle, ces usufruitiers devinrent, à l'exemple des vassaux, c'est-à-dire des bénéficiers, possesseurs des biens qu'ils ne détenaient que comme locataires.

Ces biens étaient les manses tributaires dont je parlais tout à l'heure.

Les manses tributaires se divisaient en manses ingénuiles tenus par des colons, en manses lidiles tenus par des lides et en manses serviles tenus par des serfs.

Ces manses ont dû former une grande partie des lieux dits *le Mas* que je citais plus haut en parlant des manses seigneuriaux.

Chaque manse tributaire avait une habitation appelée *Cella* ou *Sella*, avec des écuries, granges et autres dépendances nécessaires aux travaux des champs.

La *Cella* désignait sous les Romains la chambre de l'esclave, et Cicéron, dans sa seconde Philippique, emploie ce terme à propos des esclaves d'Antoine qui faisaient leurs lits avec les tapis de pourpre de Pompée. *Cella* signifiait aussi d'après Columelle, la demeure des bouviers et des bergers, et c'est probablement à cause de ce caractère agricole qu'elle devint sous les Carlovingiens l'habitation de celui qui occupait un manse. Les lieux dits :

La *Celle* (Seine-et-Oise, Yonne, etc.).
Les *Celles* (Yonne, Cantal, etc.).
Nava*celle* (Hérault). *Nova cella*.
Bau*cels* (Hérault), *Bella cella*, en 820.
Cellas (Drôme).
La *Cellette* (Creuse).
Cellettes (Loir-et-Cher).

proviennent de ce mot.

Le mot *Curtis* a quelquefois eu la signification de *mansus*, quelquefois le sens plus restreint d'habitation sans terre, quelquefois le sens plus étendu de village. Son acception la plus commune était celle de cour ou de basse-cour, comme nous disons aujourd'hui.

Le *Curtis* est un dérivé du *cohors* latin. « Ce fut, dit Max Muller, sur les collines du *Latium* que le mot *cohors* ou *cors* fut employé d'abord dans le sens de « claie, parc, enclos pour les bestiaux. » Les *cohortes*, ou divisions de l'armée romaine, portèrent ensuite le même nom ; tel nombre de soldats constituant une division d'une légion. On suppose généralement que le mot *cors* est limité en latin au sens de « cour de ferme », et que *cohors* s'emploie toujours en parlant de l'armée. C'est là une erreur. Dans ce vers d'Ovide :

> Abstulerat multus illa cohortis aves,
> (*Faste*, IV, 704.)

nous voyons que *cohors* signifie « basse-cour, » et dans des inscriptions on a trouvé *cors* avec le sens de « cohorte. » La différence entre les deux mots n'existait que dans la prononciation. De même qu'on disait *nihil* et *nil*, *mihi* et *mi*, *prehendo* et *prendo*, ainsi dans le parler des paysans italiens *cohors* a été facilement contracté en *cors*.

Après avoir signifié « cour de ferme, enclos pour les bestiaux », *cors*, *cortis* devint *curtis* dans le latin du moyen âge, et s'appliqua, comme l'allemand *hof*, aux fermes et aux châteaux bâtis par les colons romains dans les provinces de l'Empire. Ces fermes devinrent des noyaux de villages et de villes, et dans les noms modernes de *Vraucourt*, de *Graincourt*, de *Liencourt*, de *Magnicourt*, d'*Arbignicourt*, etc., on a retrouvé les noms plus anciens de *Vari curtis*, *Grani curtis*, *Leonii curtis*, *Manii curtis*, *Albini curtis*.

Enfin, après avoir signifié « château fort, place fortifiée », *curtis* s'est élevé à la dignité d'une résidence de souverain et *Cour* devint synonyme de *Palais*. Les deux mots partis d'un même endroit se sont rencontrés au terme de leur longue carrière.

Or, si quelqu'un nous disait qu'un mot qui, en sanscrit, signifie « parc aux bestiaux, » a pris, en grec, le sens de « palais », et a donné naissance à des dérivés tels que *courtois*, *courtoisie*, *courtiser* et *courtisan*, il trouverait certainement parmi nous beaucoup d'incrédules. Il est donc d'une extrême utilité de voir de nos yeux comment, dans les langues modernes, les mots sont polis et raffinés, afin que nous ayons moins de peine pour croire à un semblable travail d'attrition et d'épuration dans l'histoire des langues plus anciennes [1].

Le *Curtis* est certainement l'un des termes les plus employés dans le vocabulaire géographique, et on n'en compte pas moins de cent sans compter les lieux où il sert de finale, comme :

Angecourt (Ardennes).
Boncourt (Aisne, Eure, etc.).
Elincourt (Oise).
Grandcourt (Seine-Inférieure, Somme).

Maincourt (Seine-et-Oise).
Vroncourt (Meurthe).
Craincourt (Meurthe), *Sicramrio-curte* en 777.

Les diminutifs *Cortilis*, *Cortina*, *Curticella* a formé :

Courceaux (Yonne).
Courcelles (Nièvre, Somme, etc.)
Corcelles (Nièvre).
Courchelettes (Nord).
Courrieres (Pas-de-Calais).
Courteilles (Orne, Eure, etc.).
Courcelette (Somme).

Courcelotte (Côte-d'Or).
Courteix (Corrèze, Puy-de-Dôme).
Concevreux, autrefois *Courcevreux* (Aisne). *Curtis superior* en 876.

Je crois qu'on peut assimiler le *haus*, *hausen*, germanique au *Curtis* du moyen âge.

1. Voyez Max Muller, la *Science du langage*, t. I, p. 319.

Le *haus* se retrouve fréquemment dans les départements de l'est et quelquefois dans ceux du nord.

Kalteln*hausen* (Bas-Rhin).
Schweig*hausen* (Bas-Rhin).
Winters*hausen* (Bas-Rhin).
Futzel*hausen* (Bas-Rhin).
Mul*hausen*, que nous écrivons Mulhouse (Haut-Rhin).
Bergueneuse, autrefois Berguin-*house* (Pas-de-Calais).
Einartz*hausen* (Meurthe).

En 1525, *Einartzhausen* avait une forme anglaise et on l'appelait *Eynerhouse*.

En Bretagne, la cour, considérée non plus dans le sens de domaine, mais comme espace à découvert entouré de murs, à l'entrée d'une maison ou d'une ferme, se nomme *pors*, *porz*, *portz*, *porh*, *porch*. Ces mots ont encore quelquefois le sens de port de mer.

Le *Porh* (Morbihan).
Porh-lanu (Morbihan).
Porch-en-lanu (Morbihan).
Le *Portz* (Morbihan).
Portz-guen (Morbihan).
Le *Porz* (Morbihan).
Porz en tallec (Morbihan).
Le *Porzo* (Morbihan).

Les exploitations rurales portèrent aussi les noms de :

Mansionile, diminutif de *mansus*. C'était une petite portion de terre avec une habitation. Il a donné naissance à ces nombreux

Maisnil (Pas-de-Calais).
Mesnil (Eure, Manche, etc.).
Menil (Aisne, Calvados, etc.).
Les *Menils* (Moselle, Meu...
...the, etc.).
Menillet (Oise, etc.).
Le *Menillot* (Meurthe).
Grandmenil (Calvados).

que l'on retrouve dans tous les départements du nord de la France.

La forme *Magnilium* qui a produit *magnil* (Vendée) est-elle un dérivé contracté de *Mansionile*, ou ne doit-on pas la rattacher à la racine celtique *mag* qui signifie habitation, et qu'on retrouve dans beaucoup de noms de lieu de la Gaule, comme *Cesaromagus, Augustomagus,* etc., c'est ce qu'il est difficile de déterminer affirmativement.

Dans tous les cas, *magniacum* me paraît devoir se rattacher à ce radical *magus* et avoir produit les nombreux :

Magnies (Vendée).
Magni (Aube, Orne, etc.).
Magny (Côte-d'Or, Aisne, Aube, etc.)
Magnac (Creuse, Gironde, etc.).
Magnagues (Lot).
Magnas (Gers).
Magnat (Creuse).

Magné (Deux-Sèvres, etc.).
Magnet (Allier, Indre, etc.).
Magneux (Marne, etc.).
Magnieu (Ain).
Maigny (Loiret).
Maigné (Sarthe).
Masny (Nord).

Boeria et *Boria* sont des mots de basse latinité qui sont synonymes de *mansus* et signifient métairie. Dans le département de l'Hérault, on appelle encore *Borie* et *Barry* des fermes et des métairies.

Boeria a formé :

Boère (Loire-Inférieure).
Bouer (Sarthe).
Bouère (Mayenne).
Bohars (Finistère).
Bory (Hérault).
La Borie (Hérault, Corrèze, Dordogne, etc.).
Laborie (Lot).
Les Bories (Hérault).
Les Boris (Vaucluse).

La Boriette (Hérault).
Boiries (Pas-de-Calais).
Boiry (Pas-de-Calais).
Boheries (Aisne).
La Borio (Hérault).
Les Bouriates (Hérault).
La Bouriette (Hérault).
La Bouriotte (Hérault).
Le Barry (Drôme, Haute-Garonne, etc.).

Bari avait primitivement en languedocien la signification de mur de ville. Il rappelait l'enceinte primitive *barrum* faite avec des barres de bois ou poutres.

Les tenures plus petites s'appelaient *unciæ* et *partes*. Elles étaient composées de petites portions de terre d'une contenance variable. Les lieux dits :

Oncieu (Ain). Pars (Aube).
Oncy (Seine-et-Oise). Pert (Nièvre), *Pars* en 1346.

proviennent probablement de ces deux mots.

Bachelleria. La Bachellerie était un bien rural dont la contenance paraît avoir été la même que celle des manses, mais qui n'était occupée que par des colons ou des serfs adultes et non encore mariés. La Dordogne possède une commune nommée *la Bachellerie*.

Borderia. La Borderie était une métairie moins considérable que la manse, et dépourvue d'attelage pour le labour. Les lieux dits *la Borderie* (Lot-et-Garonne), *la Bourderie* (Isère), et *Bordères* (Landes, Basses-Pyrénées), tirent leur origine de ces sortes de métairie.

Le mot *Borde* sur lequel je reviendrai, a été souvent employé comme synonyme de *Borderie*.

La *Coterie* (coteria) qui était une tenure spéciale se retrouve dans les lieux dits :

Cottier (Doubs). Les *Coutières* (Seine-et-Oise).
Coutière (Deux-Sèvres).

Alcheria, ferme ou métairie, a probablement formé les :

Achères (Seine-et-Marne). Achery (Aisne).

En flamand, une métairie importante exploitée par des colons et des serfs se nommait *Hof* ou *Hove* d'où :

Polink*hove* (Pas-de-Calais). Volkerink*hove* (Nord).
Bavink*hove* (Nord). Œu*f*-en-Ternois (Pas-de-Cal.).

Le mot germanique *Alfa* qui signifie tout à la fois domaine, district et territoire, se retrouve dans *Bouafles* de Bod*alfa*, *Neaufles* de Ne*alfa*, *Boaffle* de Bo*alfa*, etc.

Le radical anglo-saxon *tun* ou *thun*, qui correspond au mot *villa*, dans le sens restreint de ferme ou métairie, se retrouve surtout dans les noms de lieux du Boulonnais.

Thun (Nord). Bainc*thun* (Pas-de-Calais).
Thun l'Eveque (Nord). Harden*thun* (Pas-de-Calais).
Alinc*thun* (Pas-de-Calais). Gadinc*thun* (Pas-de-Calais).
Audinc*thun* (Pas-de-Calais).

On peut ranger dans la même catégorie certaines dépendances agricoles qui, bien que peu importantes, ont cependant laissé des traces certaines de leur établissement, tels sont :

Spicarium (grange, dépôt de blé, champ de blé), qui existe, comme je l'ai dit plus haut, p. 51, sous la forme :

Epieds (Aisne), *Spicaria villa* au *Espiers* (Eure-et-Loir).
  IXe siècle. *Spycker* (Nord).
Epiais (Moselle).

Cellarium, cellier, que l'on retrouve dans :

Le *Cellier* (Isère, etc.) *Cellières* (Maine-et-Loir).
Celliers (Ardèche). *Cellieu* (Loire).

Chappa, remise des chars et charrues, qui a formé les lieux dits :

Chappe (Maine-et-Loir). Chappois (Jura).
Chappes (Allier, Ardennes, etc.)

Virgeria, synonyme de verger, qui a formé le nom des lieux dits :

Verger (Pas-de-Calais, Seine-et-Oise, etc.). Vergers (Loire, etc.).
Vergies (Somme).

Olca ou *oschia*, d'où les mots *oche* et *osche*, désignant une terre labourable entourée de haies et de fossés. On l'employait souvent comme synonyme de verger; on le retrouve dans les lieux dits :

Ouche (Loire, Allier, etc.). Leffrinkhouke (Nord).
Ouches (Indre). Houquetot (Seine-Inférieure).
Oucherotte (Côte-d'Or). Holque (Nord).
Oucques (Loir-et-Cher).

Gardinum, jardin, a fourni les localités nommées :

Le Gard (Somme). Les Jardins (Seine-Inférieure).
Le Jard (Aube, Marne, etc.). Jardinet (Seine-et-Oise).
Jordy (Seine-et-Oise). Gardin (Var).
Jardin [1] (Isère, Orne, etc.).

Le *gaard* norvégien qui a le sens d'enclos, de pro-

---

1. Dans un acte de 910 le *jardin* du département de l'Isère était encore appelé *orthis*. Le *hortus* latin a formé :

Lor (Aisne), Ortus en 1184.
Inor (Meuse) In orto au douzième siècle.
Sainte-Marie des Horts (Hérault), Beata Maria de Ortulis en 1146.
Hortus (Hérault).
Les Horts (Hérault).
Hortolès (Hérault).

priété close, a passé en Normandie, et il entre dans la composition de certains lieux auxquels il sert de finale, tel est *Epegard* dans le département de l'Eure.

Le flamand *Scheure* qui signifie tantôt *grange*, tantôt *étable*, se retrouve dans :

Buisscheure (Nord).   Ruisscheure (Nord).

Il vient du bas-latin *scura*. Le *scura* ou *scuria* a produit :

Ecuires (Pas-de-Calais).
Ecuiry (Aisne).
Ecury (Seine-et-Oise, etc.).
Ecurie (Pas-de-Calais).
Ecure (Loir-et-Cher).
Les *Ecures* (Creuse).
Escures (Basses-Pyrénées).
Ecurey (Meuse).
Ecuras (Charente).
Ecurat (Charente-Inférieure).
Ecurolles (Eure-et-Loir).
Escurolles (Allier).

Les clôtures qui entouraient les vignobles et qu'on appelait *maceries*, ont donné naissance aux lieux dits :

Mazère (Gers).
Mazière (Corrèze).
Mazères (Ariége, Haute-Garonne, etc.).
Mazières (Aveyron, Lot, etc.).
Mezères (Haute-Loire).
Maizières (Haute-Marne, Aube, etc.).
Maisières (Doubs).
Mezières (Aisne, Nièvre, etc.).
Mazerac (Gironde, Tarn-et-Garonne).
Mezerac (Aveyron).
Mezeirac (Ardèche).
Mazeras (Haute-Vienne).
Le *Madriat* (Puy-de-Dôme), de *Maceriacum*.
Mazeiras (Creuse).
Mazieras (Dordogne).
Mazerat (Puy-de-Dôme).
Mazeirat (Creuse).
Mazeyrat (Haute-Loire).
Mezeriat (Ain).
Mazeray (Charente-Inférieure).
Mezeray (Sarthe).
Maizerais (Meurthe).
Maizeray (Meurthe, Meuse, etc.).
Mazairaud (Ardèche).
Mazcireix (Haute-Vienne).
Mazerettes (Ariége).
Mazerier (Allier).
Maziers (Tarn).
Mazeroles (Aude, etc.).
Mazerolles (Ariége, Meurthe, etc.).
Mazeyrolles (Dordogne).
Mazereuille (Nièvre).

Le synonyme de *mazieres*, en allemand, est *makeren*,

il signifie la même chose que le latin *maceriæ*, une muraille de jardin en pierres sèches.

Nous citerons comme exemple :

Greven *makeren*, mot à mot la muraille du comte.
Kœnig *makeren*, mot à mot la muraille du roi.

Il y avait des vignobles dont le produit devait être partagé par moitié entre le propriétaire et le fermier. Dans les actes cette exploitation s'appelait *medius plantus*. Dans le département de l'Isère, le hameau de la commune d'Izeaux, la *mi-plaine* rappelle cet ancien usage.

Dans le Languedoc un *méjhë* était un fermier qui tenait une ferme à moitié de fruits, et les murs mitoyens s'appelaient *mejhen*. Il y a beaucoup de *Mejan*, *Mas-mejan*, *Mejanel*, etc., dans l'Hérault.

§ 4. — *Constructions à l'usage des animaux.*

Les constructions élevées par les agriculteurs pour loger leurs animaux au milieu des vastes campagnes qu'ils exploitaient portaient différents noms. C'était :
Le *Catabulum*, clôture destinée à parquer des animaux, qui se retrouve dans :

Le *Chable* (Eure).   *Chevalet* de *Chabre* (Hautes-
Chabrat (Charente).   Alpes).

Le *Cabanacum*, synonyme d'écurie, a dû se confondre souvent avec *cabana*, maison. (Voir plus bas,

p. 123.) Il est souvent difficile de distinguer entre les mots de même forme, émanant cependant d'une origine différente.

Les lieux où on élevait les chevaux, lieux que nous appelons haras aujourd'hui, étaient du reste très-nombreux en France; nous en retrouvons des traces dans *Cavoville* (cavalvilla), et quelques savants n'hésitent pas à donner la même origine aux villes qui portent les noms de *Marbeuf* (c'est-à-dire village du cheval), et *Martot* (Mar-tofta, lieu du cheval).

Le *Hangarium*, espèce de maréchalerie où l'on ferrait les chevaux, se retrouve dans le *Hangard* (Somme), à moins que ce mot ne provienne d'*angaria*, synonyme de relais, de poste aux chevaux.

Les *Stabulæ*, où couchaient les animaux domestiques, se retrouvent dans :

Etables (Yonne, Ain, Ardèche).   *Estables* (Aveyron, Haute-Loire).
Etaules (Yonne).   *Establet* (Drôme).
Etableau (Indre-et-Loire).   *Etaves* (Aisne), *Stabulæ* en 1045.

Les *bercaria* ou *berbicaria* (bergeries) ont donné naissance aux lieux dits :

Berchères (Eure-et-Loir).   *Bergiers* (Var).
Bercherie (Doubs).   *Brebières* (Pas-de-Calais).
Bergères (Aube, Marne).   *Brebeure* (Cher).
Bergerie (Moselle, Vienne, etc.).   *Brevières* (Calvados).
Bergeries (Seine-et-Oise).   *La Breviaire* (Oise).

Le *boveria*, étable à bœufs, s'est transformé selon les lieux en :

Bouverie (Marne).   *Bouviers* (Ardèche).
Bouvets (Jura).   *Bouvignies* (Nord).
Bouvesse (Isère).   *Bouvigny* (Meuse).
La Bouvière (Isère).   *Bouvancourt* (Marne).

En flamand, *Oxelaere* signifie pâtis des bœufs.

D'*armentaria*, lieu où l'on réunissait les troupeaux, est né *Armentière* (Nord, Aisne, Eure, Oise).

De *Caprariæ*, lieux où se rassemblent les chèvres, sont venus :

Cabrials (Hérault).
Cabris (Var).
Chabris (Indre).
Cabrérales (Hérault).
Cabriès (Bouches-du-Rhône).
Cabrières (Gard).
La *Chevrière* (Nièvre).
La *Chevrerie* (Charente).
Chevresis (Aisne).
Chevregny (Aisne), *Caprinia-cum* en 893.
Chevreville (Manche, Aisne).
Chevreux (Aisne).
Chevreuse (Seine-et-Oise).
Les *Chevriots* (Aube).
Chevroches (Nièvre).
Chèvres (Côte-d'Or, Aisne).
Chèvrey [1] (Nièvre, etc.).

Le nom des animaux, du reste, est entré dans la formation d'une très-grande partie de nos noms de lieu. Ainsi on retrouve :

Le Cheval, dans :

Oostcamp, autrefois *Horscamp*, ou champ des chevaux (arrondissement de Bruges, Belgique).

Le Taureau, dans :

Bolscamp, ou champ du taureau (arrondissement de Furnes, Belgique).

1. On pourrait ajouter *les Chevreaux*, climat de la commune de *Charentenay* (Yonne), si un texte du Xe siècle ne donnait la forme *Quoopertorium*, qui a dû se transformer successivement en *Couvroir*, *Chouvroir*, *Chouvroi*, *Chevroi*, pour arriver à *Chevreaux*, nouvelle preuve de la nécessité absolue de connaître les anciennes formes latines pour déterminer rigoureusement la signification d'un nom de lieu.

L'Ane, dans :

L'*Anerie* (Eure-et-Loir).
L'*Ane-benoit* (Eure-et-Loir).
Asnières (Seine, etc.).

La Vache, dans :

Vaquerie (Somme, Nord, etc.).
Vaquieres (Hérault).
Vacherie (Aube).
Vacheres (Drôme).
Vacheresses (Vosges, etc.).
Bramevaque (Hautes-Pyrénées).

Le Chien, dans :

La *Chiennerie* (Meurthe).
Le *Chien*-crotté (Nièvre).
Houdeghem (Nord).
Houdeschoote (Nord).
Houdesteirt (Nord), appelé aussi Queue-de-Chien.

Houd signifie chien en flamand.

Le Loup, dans les communes appelées :

Louverval (Nord).
Louvet (Aisne).
Louvil (Nord).
Louvois (Marne).
Louvot (Seine-et-Marne).
Chanteloup (Eure, Manche, etc.).
Chantelouve (Isère, etc.).
Canteleu (Seine-Inférieure).
Louviers (Eure), tanières à loups.
Beuche-loup (Vosges).
Hucaloup (Aveyron).
Hucleu (Seine-Inférieure).
Pisseleux (Aisne).
Pisseloup (Aisne).
Cantelou (Eure).
Louvre (Eure).
Louvetot (Seine-Inférieure).
Louvières (Orne, Eure, etc.).
Louvroil (Nord).
Louvéricourt (Oise).
Canteloup (Côte-d'Or, Manche).
Canteleux (Pas-de-Calais).
Gratteloup (Lot-et-Garonne).
Chanteheu (Meurthe).
Heurteloup (Seine-et-Oise).
Wuldenferdique en flamand : terrain des loups (Belgique).
Lophem, en flamand : demeure du loup (arr. de Bruges).

Le Porc dans :

Pixérécourt, appelé 932 *Porcerae curtis* (Meurthe).
La *Porquerie* (Nord).
La *Porcherie* (Haute-Vienne).
Porcheville (Seine-et-Oise).

Le Renard, dans :

Goupillères [1] (Eure, Calvados, La *Renarde* (Marne).
etc.), tanières à renards. Le *Renard* (Loire).
Renardière (Eure-et-Loir, etc.). *Jappe-renard*, etc.

Le Lièvre, dans :

Haringe, ou prairie aux lièvres (arrondissement d'Ypres, Belgique).

L'Oiseau, dans :

Chandoiseau (Côte-d'Or.)   Le *Chant des oiseaux* (Aisne).
Chantoiseau (Charente, etc.).

L'Aigle, dans :

Aiglemont (Ardennes).   *Aigleville* (Eure).
Aiglepierre (Jura).   *Élencourt* (Oise).

Élencourt se disait autrefois *Aiglancourt*, Aquilinicurtis. Ce nom peut aussi venir du nom d'homme *Aquilinus*.

Le Coq, dans :

Chantecoq (Loiret, Seine).   La *Fosse au coq* (Aisne).
Le *Coq hardi* (Aisne).   *Chanticoq* (Morbihan).
Le *Coq vert* (Aisne).

La Géline, dans :

Chantegéline (Dordogne).

La Perdrix, dans :

Canteperdrix, écart des Bou-   *Chanteperdrix* (Gard).
ches-du-Rhône.

---

1. Il y a des lieux dits *Goupillère* qui ne sont pas nommés ainsi à cause des tanières à renards, mais à cause du nom du propriétaire. Ainsi *la Goupillère* (Eure-et-Loir) est dû à Guillaume Goupil, qui en était propriétaire en 1513 ; la *Goupillière*, dans le même département, est dû aussi à une famille Goupil, qui y résidait dès la fin du quatorzième siècle.

— 108 —

La Grive, dans :

Lichtelvelde, autrefois *Listrevelde*, ou champs aux grives (Flandres occidentales., Belgique).

L'Alouette, dans :

Alouettes (Yonne).
Chante-alouette (Saône-et-L.).
L'*Alouette* (Nord).

Le Pigeon, dans :

Les *Pigeonnières* (Seine-et-Marne).
La *Colombe* (Indre, etc.).
Les *Colombets* (Seine-et-Oise).
Colombette (Loire).
Colombey (Meurthe, etc.).
Colombier (Allier, etc.).
Colombiers (Cher, Hérault, etc.).
Colombiès (Aveyron).
Colombine (Lot-et-Garonne).

La Grue, dans :

Chantegrue (Doubs).

La Cigogne, dans :

Cigogne (Nièvre).
Cigogné (Indre-et-Loire.)
Sognes (Yonne).
Seugnes (Saône-et-Loire).
Sogne (Moselle).
Chogne (Loire, etc.).
Sognoles (Seine-et-Oise).
Soignolles (Calvados).

Le Merle dans :

Chantemerle (Nord, Drôme, etc).
Cantamerle (Tarn-et-Garonne).
Chantemesle (Eure-et-Loir).
Chantemelle (Seine-et-Oise).
Chantemerlière (Charente-Inférieure).

L'Épervier, dans :

Haverskerque (en flamand paroissse des éperviers).

La Pie, dans :

La *Pie* (Seine-et-Oise).
Cantepie (Eure).
Chantepie (Ille-et-Vilaine, etc.).
Huchepie (Loir-et-Cher).
L'*Agache* (Nord).

Le Chat-Huant, dans :

Chanteheux (Meurthe).

Le Corbeau, dans :

Le *Corbeau* (Seine-et-Oise).
Fort du Corbeau (Finistère).
Craiwick (en flamand, bourg du Corbeau).

La Corneille, dans :

Ravensberghe (en flamand, montagne des Corneilles).

Le Pinson, dans :

Pinson (Corrèze).
Vinckem, ou champ du pinson (arr. de Furnes, Belgique).
*Pinchon*lieux, près Reumont, (Nord).
La *Pinsonnière* (Somme).

Le Grillon, dans :

Chantagret (Loire).
Cantagrel (Lot).
Grillemont (Indre-et-Loire).
Les *Grillons* (Vaucluse).
Grillot (Haute-Saône).

La Grenouille, dans :

Rennes-en-*Grenouilles* (Mayenne).
Canteraines (Ariége).
Cantereine (Somme).
Cantraine (Pas-de-Calais).
Chanterenne (Moselle).
Chantereine (Seine-et-Oise).
Chantaraines (Haute-Marne).
Chantraine (Meurthe).
Renneville (Eure, etc.).
Rennemoulin (Seine-et-Oise).
Rainecourt (Somme).

Le Crapaud, dans :

Les *Bottereaux* (Eure), *boterel* signifie crapaud.
Crapeaumesnil (Oise).

La Souris, dans :

Canterate (Ariége).

Cette liste n'est pas complète, mais les exemples que je donne suffisent amplement pour montrer l'influence des animaux dans la formation des noms de lieu.

§ 3. — *Habitations et constructions.*

La première chose que font les hommes qui s'établissent dans un lieu quelconque, c'est de s'y installer de façon à repousser les attaques des ennemis, bêtes ou hommes, qui pourraient venir les surprendre. Des haies, des fossés, des retranchements, et, si la colonie progresse, des remparts et des tours sont établis pour protéger le nouveau centre de population.

Ces lieux ainsi défendus prirent, à différentes époques du moyen âge, les noms de : *Firmitas, Burgum, Garda, Warda, Haga, Reparium, Barræ, Bastida, Condamina, Bataillæ, Camba, Bretachiæ, Plesscicium, Castellum, Mota, Turris, Hourdum.*

Plus ou moins éloignées de ces centres défensifs, des maisons s'élevaient à côté les unes des autres, s'appelant, selon le caractère d'utilité ou de plaisir qu'elles présentaient : *Habergamentum, Sala, Hala, Solares, Plexicium, Amasatus, Attegia, Borda, Camera, Casa, Casella, Foleya, Cabana.*

Quelquefois une famille obtenait une concession territoriale, établissait une ferme et défrichait son petit domaine. On l'appelait alors la ferme de la petite famille, ou simplement la petite famille, *in villa quæ dicitur minuta familia*. Cette *minuta familia* conservée dans une charte dauphinoise du 11 août 965, s'appelle aujourd'hui *Bonnefamille*, dans le canton de la Verpillière, arrondissement de Vienne.

Si l'établissement était un peu plus considérable, composé de deux maisons, par exemple, on le désignait par *les deux maisons*. C'est ainsi que s'est formée la commune du canton du Montet (Allier), appelée *les Deux-Chaises*, en latin *villa de duabus casis*, qui avait déjà une église en 636. Un autre village du département d'Eure-et-Loir, appelé *les Chaises*, a commencé aussi par s'appeler les Deux-Chaises, *duæ casæ* en 949. Deux siècles plus tard, en 1123, le nombre des maisons (*casa*) avait augmenté, on ne disait plus *duæ casæ*, mais simplement *casæ*, les chaises.

Ces dénominations changeaient souvent parce qu'elles désignaient une chose excessivement variable: la propriété. Il en est de même pour les parcelles de terre qui tirent leur nom de leur grandeur ou de leur forme.

Si on a une langue de terre, on l'appelle *la queue*: *la queue d'anguille, la queue de brai, la queue de cat;* si la terre a une contenance égale à une mesure agraire connue, on la nomme selon les pays: le *muid*, les *trois muids*, le *muid des pauvres*, le *muid Boniface*, le *jalois*, les *quarante jalois*, les *cent jalois*, la *rasière*, la *rasière au salut*, les *rasières blancs*, la *mencaudée*, les *notes-quatre* (c'est-à-dire les quatre petites mencaudées), les *cent arpents*, etc., etc.

Des grands seigneurs ne dédaignaient pas d'établir, dans leurs vastes domaines, des fermes, des métairies, désignées alors sous les noms de: *Cellarium, Choppa, Gardinum, Alcheria, Coteria, Maisnile, Virge-Virgulta, Bœria*, et les fermiers établissaient pour leurs animaux des constructions plus ou moins importantes nommées *Catabulum, Angarium, Bercaria, Boueria, Cabanacum*, etc.

Pour se rendre d'un lieu à un autre, on établit nécessairement des routes et des ponts, qui, sous les noms divers de *Via, Strata, Calceia, Beale, Pons*, l'ancien *Briva* celtique, et *Carubium* donnèrent naissance à de nouvelles localités, formées primitivement par un relais, une simple auberge, etc.

La population augmentant, des localités propres au commerce en général, à l'exploitation de certaines marchandises et à diverses industries, grandirent peu à peu sous les noms de : *Choua, Staplum, Javel, Gordus, Candorium, Forgia, Fornela, Balnei*, etc.

Enfin, des villes portèrent, d'une manière plus ou moins défigurée, des noms équivalents à ceux de centre d'agglomération, tels que *locus, vicus, pagus*, etc.

§ 4. — *Lieux clos, défendus par des haies*, etc.

J'ai dit plus haut qu'une des premières mesures prises par des hommes qui explorent une contrée, c'est de se garantir contre les attaques incessantes des animaux et des hommes. Il en est de même dans un pays habité à des époques de révolution et de barbarie.

Sous les deux premières races, la Gaule, — je dis la Gaule, parce que ce n'était pas encore la France, —

était dans un tel état de confusion et d'anarchie, que, sauf les monastères et les palais de quelques grands seigneurs, tout était à la merci du plus fort. Envahissements, attaques à main armée, dévastations, incendies, vols, rapines, se commettaient tous les jours au profit des plus puissants ou des plus habiles. Il n'y a donc rien d'étonnant que nous retrouvions dans la langue les traces de ce triste état de choses, et que les termes qui le rappellent se soient transmis en grand nombre dans la langue géographique.

Firmitas, qui avait, dans la basse latinité, la signification de notre mot *fermeté*, prit, au moyen âge, c'est-à-dire dans la basse latinité, le sens de château fort, de ville close, fermée de toutes parts. Le mot français *fermeté* était entendu de même.

Ainsi, on lit dans le roman d'Alexandre :

> C'est une *fermeté* qui moult est redoutée.

Dans le roman de Garin :

> Riches est li sires qui a tel *fermeté*.

Dans le roman d'Aubery :

> Tant vos donerai chastiax et *fermetez*
> De mon royaume serés sires clamez.

Le mot *fermeté* se raccourcit et produit le contracté *ferté*.

Dans le roman de Guillaume au court nez, on lit :

> Por l'amor Dieu qui oncques ne menti
> Guillaume prist Orenge, la tor et la *fierté*.

Dans le roman d'Aubery :

> Je vous croistrai forment vos heritez
> De deux chastiax et de quatre *fertez*.

La langue géographique a conservé les deux formes. Nous avons en France des lieux dits *la Fermeté* (Nièvre et Seine-et-Marne), et *la Ferté* (Jura, Seine-et-Oise, etc.) sans parler des *la Ferté-sous-Jouarre* (Seine-et-Marne), *la Ferté-Vidame* (Eure-et-Loir), etc.

Bur, Burch, Burg a d'abord signifié une citadelle, puis une ville défendue par une enceinte de murailles ou un château fort. Il n'a plus aujourd'hui que l'acception vague de localité.

Le nombre de lieux dans la composition desquels entre le mot *bourg* est très-considérable.

En voici quelques exemples :

Bourg (Ain, H.-Rhin, Tarn, etc.).
Bourgneuf (Charente-Inférieure).
Le *Bourgneu* (Seine-et-Oise).
Le *Bourget* (Basses-Alpes, etc.).
Le *Bourguet* (Var, etc.).
Burg (Hautes-Pyrénées).
Folgenspurg (Haut-Rhin).
Le *Bourgaud* (Haute-Garonne).

Le *Garda* ou *Warda* était une espèce de lieu fortifié. Il tirait son origine du mot tudesque *warta*, qui a le sens de protection, de garde et de surveillance. Il désignait souvent une tour du haut de laquelle on pouvait surveiller en cas de besoin les mouvements des ennemis. Les lieux dits :

La *Garde* (Meurthe).
La *Gardelle* (Aveyron, Haute-Garonne).
Les *Gardels* (Seine-et-Oise).
Gardere (Lot-et-Garonne).
Gardière (Indre-et-Loire).
La *Garderie* (Seine-et-Oise).
La *Warde* (Somme).

sont très-nombreux en France.

Un mot d'origine germanique ou d'origine celtique, *Garenne* (du bas latin *Warenna*, dérivé du haut allemand *Waran*, prendre garde, ou du kimry *Gwara*, défendre l'accès des palissades, et d'où sont venus les verbes *garer* et *garder*) a d'abord eu le sens de défense ; il a pris plus tard l'acception de bois, d'étang, auxquels était attaché un droit exclusif de chasse. Il ne signifie plus maintenant qu'un bois peuplé de lapins.

Nommons :

La *Garenne* (Seine, Var, etc.). *Varesnes* (Oise).
Garennes (Eure). *Warennes* (Seine-Inférieure).
Varenne (Côte-d'Or, etc.). *Warnes*, commune de Roquetoire (Pas-de-Calais).
Varennes (Aisne).

L'ancien haut allemand *haga*, enceinte, en général, clôture, a donné naissance aux nombreux villages qui portent le nom de :

Haegen (Bas-Rhin). Les *Hagues* (Seine-Inférieure).
Hagen (Moselle). La *Haie* (Vosges, etc.).
La *Hagède* (Basses-Pyrénées). Les *Haies* (Marne, Rhône).
Hagedet (Hautes-Pyrénées). La *Haye* (Loir-et-Cher).
Hagenbach (Haut-Rhin). Les *Hayes* (Aisne).
Haget (Gers, Basses-Pyrénées). *Haisnes* (Pas-de-Calais).
Le *Hague* (Calvados).

Les haies dites aussi *parigines* ont formé les lieux dits :

Pargny (Aisne, Ardennes). *Parignet* (Mayenne, Sarthe).
Parigny (Loire, Manche). *Parignargues* (Gard).

Dans l'origine, la *breteche* (Bretachiæ) était un appentis fait avec des planches. Il finit par devenir une tour de bois, destinée à protéger les murs d'une ville ou d'un château, et pour désigner les parties crénelées des fortifications. Les lieux dits :

La *Breteche* (Yonne, Eure, Oise, etc.) La *Bretauche* (Nièvre).
La *Brette* (Drôme).
La *Bretechelle* (Seine-et-Oise). La petite *Bertauche* (Seine-et-Marne).
La *Breteque* (Seine-Inférieure).

sont donc synonymes des lieux dits *la Tour, la Tourelle, la Tournelle, Tournehem*, etc.

Le mot *Bastida* était primitivement un lieu fortifié, il a peu à peu dégénéré et il signifie une propriété d'agrément ; nous avons beaucoup de lieux dits :

La *Bastie* (Basses-Alpes, Aveyron, etc.).
Bastide (Var, Aveyron, Gers, etc., etc.).
La *Bastidasse* (Var).
Les *Bastides* (Vaucluse).
Bastidette (Haute-Garonne).
Bastidonne (Var, etc.).
Bastille (Marne).
Le *Bastit* (Lot).

Le mot *Condamina* qui a souvent le même sens que *Bastida*, et qui désignait aussi les terres exemptes de charges, a formé les :

Condamine (Ain, Jura, etc.).
La *Condemine* (Nièvre).
La *Condemein* (Nièvre).

Le *Castrum*, château, a formé :

Châtre, aujourd'hui *Arpajon*.
Châtres (Aube, Dordogne, Loir-et-Cher, etc.).
Castera (Basses-Pyrénées).
Castres (Ain, Tarn, etc.)
Castries (Hérault).
Chastreix (Puy-de-Dôme).
Caestres (Nord).
Cassel (Nord).
Entrecasteaux (Var).
Casteide (Basses-Pyrénées).
Castet (Basses-Pyrénées).

Castellum, diminutif de *Castrum*, est l'un des mots les plus usités dans le vocabulaire géographique de la France. Je n'ai pas besoin de citer les noms de lieux qui portent ce nom et que l'on retrouve à chaque instant sous les formes :

Castel (Somme).
Chastel (Cantal, H.-Loire, etc.).
La *Castelle* (Orne).
Le *Chatel* (Ardennes, Loire, etc.)
Casteill (Pyrénées-Orientales.).
Le *Chastelas* (Ardèche).
Le *Costelas* (Var).
Castera (Landes, Haute-Garonne).
Castella (Lot-et-Garonne).
Casteras (Ariége).
Castellas (Gard).
Castels (Dordogne, etc.).
Les *Chastels* (Dordogne).

— 117 —

Le *Castelot* (Lot).
Le *Castellet* (Vaucluse, etc.)
Le *Catelet* (Aisne, Nord).
Le *Châtelet* (Aisne, Vosges, etc.)
Casterets (Hautes-Pyrénées).
Le *Catelier* (Seine-Inférieure).
Le *Chatelier* (Vendée, etc.).
Le *Chatellier* (C.-du-Nord, etc.).
Chatelot (Doubs, Aube).
Chatelou (Allier).
Chatelus (Allier, etc.).
Le *Cateau* (Nord).
Le *Château* (Oise, Isère, etc.).
Castet (Ariège, etc.).
Castets (Gers, etc.).
Castex (Gers, etc.).
Castillon (Hautes-Pyrénées, Seine-Inférieure, etc.).
Catillon (Oise, etc.).
Châtillon (Indre, Vosges, etc.).

Dans certains pays, *la motte (mota)* avait la même valeur que CASTELLUM. En effet, c'était généralement sur un tertre, sur une élévation plus ou moins factice de terrain que la tour était placée. En Normandie, un nombre considérable de tertres sont appelés *le Catelier*. Les lieux dits *la Motte* se rencontrent aussi très-souvent.

Le *Palatium* (de *pales*, divinité pastorale qui a donné son nom à l'une des sept collines de Rome, le mont palatin, *mons palatinus*), a été aussi employé, surtout sous la forme diminutive *palatiolum* qui a donné :

Palaiseau (Seine-et-Oise).
Paleyson (Var).
Paliseul (Belgique orient.).
Pals (Espagne).

Le *Hourd* (Hourdum), était un retranchement fait avec des haies que l'on garnissait de terre par derrière. Il a pris plus tard la signification d'échafaud. Nous avons encore dans le département de la Somme une commune dite *le Hourdel*; dans le Gers, un lieu dit *le Hour*.

Plessa et ses dérivés, *Plesseicium* et *Plessixium*, ont eu successivement le sens de haie, de clos cultivé, fermé de branches d'arbres pliés en formes de claies, de parc fermé de haies, de forêt, de jardin entouré de claies et de maisons de plaisance. Les nombreux *Plessis* proviennent de ce mot.

Exemples :

Plessis (Indre, Eure, etc., etc.).   *Plessier* (Aisne, Oise).
Le *Plessin* (Côtes-du-Nord).   Le *Plessiel* (Somme).
Plassis (Nièvre).   *Le Plaisir (S. et O.)*

Le *Reporium*, synonyme de maison fortifiée, se retrouve dans les communes dites :

Repaire (Haute-Vienne).   La *Reparas* (Drôme).

Barræ, qui signifiait retranchement, a formé :

La *Barre* (Var, Tarn, etc.).   Les *Barret* (Gard).
Les *Barres* (Loiret).   La *Barrète* (Somme).

Barrum a formé *Bar-sur-Aube*, *Bar-sur-Saône*, *Bar-le-Duc*.

L'anglo-saxon *Crost*, en basse latinité *Crota*, synonyme de maison ou d'enclos, se retrouve dans :

Écurqueroie (Eure), de *Stur-*   *Crost* (Loire).
creta.   Les *Croutes* (Cher).
Croth (Eure).

L'enclos, en flamand, se disait *Schoot* ou *Kote*, d'où :

Houdeschoot (Nord).   *Zuytkote* (Nord).

Enfin, je crois que les lieux dits les *Bailles*, *Batailles*, etc., proviennent du mot de basse latinité *Bataillæ*, qui signifiait fortification de villes ou de camps, barrières, etc.

Il est certain que les bourgs défendus par des enceintes plus ou moins fortes prenaient souvent leur nom de cette enceinte de murailles qui les protégeait. On connaît dans le Lot, l'oppidum gaulois de *Mursens* (commune de Cros), entouré de murs en pierres sèches, garnis de poutres fixées au point d'assemblage par de longues chevilles en fer. C'est à cette influence que sont dus les :

Morsang-sur-Orge (Seine-et-Oise).
Morsang-sur-Seine (Seine-et-Oise).
Morsan (Eure).
Morsant (Eure).
Mourcinq, en 615 *Villa de Muro cincto*.
Morsain, en 879 *Muro cinctus* (Aisne).

Murviel dans l'Hérault désigne un lieu où se trouvent les ruines d'une ville gauloise.

§ 5. — *Habitations*.

Les mots de basse latinité ayant le sens de maison sont excessivement nombreux. Les principaux sont :

1° *Habergamentum*. Il y a beaucoup de lieux appelés *Abergement* dans l'Ain, le Jura, le Doubs, la Côte-d'Or, la Saône-et-Loire, etc.

2° *Sala*, du tudesque *Sal*, signifiait primitivement domaine, puis maison, hôtel, palais. Il n'a plus aujourd'hui que le sens restreint de la pièce principale qui compose un palais : la salle des gardes, la salle des maréchaux, etc. On trouve des lieux dits [1]:

La *Salle* (Gard, Isère, etc.).
Sallebœuf (Gironde).
Sallebruneau (Gironde).

3° *Amasatus* se retrouve dans *Amazy* (Nièvre); on disait autrefois *amasement* pour bâtiment public.

4° Les *Solares*, ou *Solaris*, ou *Solarium*, qui avaient le double sens de domaine et d'édifice construit sur le sol, c'est-à-dire de rez-de-chaussée, ont eu dans la suite le sens restreint de galerie, salle, salon, etc. :

Le *Soler* (Pyrénées-Orientales).   *Solers* (Seine-et-Marne).
Solerieux (Drôme).

5° Le *Camera* était d'abord synonyme de domaine, puis de maison; il a donné naissance aux nombreux :

Chambre (Moselle, Nièvre).   *Cambry* (Aisne).
Cambre (Eure).   *Cambry*, autrefois *Cameracum*,
Les *Cambres* (Seine-Inférieure).   (Nord).
Chambrois (Eure).   *Camier* (Pas-de-Calais).

6° Le gothique *Baurd*, l'ancien scandinave *Bord*, l'ancien haut allemand *Bort*, qui signifient planche, comme le *Bord* gaëlique, ont concouru à former le mot de basse latinité *Borda*, avec l'acception de maison d'habitation, de métairie. Le mot *Borde* signifie maisonnette, métairie, ferme, on le retrouve dans les lieux dits :

Bord (Creuse, etc.).   *Bordeaux* (Gironde, etc.)
Bords (Cher, etc.).   *Bordeaux-Saint-Clair* (Seine-
La *Borde* (Corrèze, etc.).   Inférieure).
Les *Bordes* (Seine-et-Oise,   Le *Bourdet* (Deux-Sèvres).
   Yonne).   Les *Bourdets* (Lot-et-Garonne).
Bordes (Landes).   *Bourdettes* (Basses-Pyrénées).
Les *Bordiers* (Lot-et-Garonne).   Les *Bourdeaux* (Vaucluse, etc.).
Bordas (Dordogne).   *Bourdeix* (Dordogne).
Bordel (Seine-et-Marne).   *Bourdeilles* (Dordogne).
Bordeau (Seine-et-Marne).   *Bourdelas* (Haute-Vienne).

De l'ancien haut allemand *Bur*, maison, est né le

mot *Buron*, synonyme de cabane. Les Auvergnats appellent encore *Buron* leur étable à vaches, et les Normands, *Buret* un têt à porc.

Bure (Meuse, Moselle).
Buré (Orne, Calvados).
Burée (Dordogne).
Bures (Orne, Calvados, etc.).
Buret (Mayenne).
Burette (Seine-Inférieure).
Buron (Calvados, Jura, Sarthe, etc.).
Burey (Eure, etc.).
La *Burelle* (Seine-et-Marne).
Bœurs (Yonne).

se retrouvent dans le vocabulaire géographique.

Dans les contrées de l'Est, sous la forme *hof*, et dans le Nord sous la forme *hove*, on a désigné des fermes ou des métairies.

Exemple :

Jung*hof* (Haut-Rhin).
Kel*hof* (Haut-Rhin).
O*phove*, c'est-à-dire la ferme d'en haut (Pas-de-Calais).
West*hove*, c'est-à-dire la ferme de l'ouest (Pas-de-Calais).

7° Le mot *Casa* qui, en basse latinité, signifiait *maison*, désignait l'habitation occupée par le propriétaire d'une manse seigneuriale, et ses diminutifs *Casalis*, *Casalazia* et *Casella* étaient autrefois synonymes de chaumière. Les localités appelées :

Cas (Tarn-et-Garonne).
Casa (Corse).
Casanova (Corse).
Cassenove (Meurthe).
Casavecchia (Corse).
Case (Gard).
Casal (Aude).
Les *Casals* (Aveyron).
Les *Casals* (Aveyron).
Caze (Lozère).
Les *Cazes* (Aveyron).
Cazaux (Ariége).
Cazeaux (Hautes-Pyrénées).
Kessel (Belgique orientale).
Cazelles (Aude).
Cazères (Haute-Garonne).
Chaise (Indre, Aube, etc.).
Les *Chaises* (Nièvre).
Chas (Puy-de-Dôme).
Chassepierre (Belgique orient.),
 Casa petrea en 888.
Chazoy (Doubs).

Chaze (Nièvre).
Chazeau (Nièvre).
Chaseix (Creuse).
Chazelet (Indre).
Chazelle (Nièvre).
Chazeuil (Nièvre).
Chazilly (Côte-d'Or).
Cheseneuve (Ain, Ardèche).
Chaiz (Ain, Ardèche).
Chezal-Benoit (Cher).
Le Cheix (Puy-de-Dôme).

Le Chez (Creuse).
Chazelet (Doubs).
Chaselou (Cantal).
Cheze (Côtes-du-Nord).
Chezaux (Doubs).
Chezelles (Yonne).
Chez-Mallet (Haute-Vienne).
Chez-Briot (Nièvre).
Chez-Lebas (Nièvre).
Chezy (Aisne).

dérivent de ces mots.

8° *Attegia*, qui avait à peu près le même sens que *Casa*, a formé les lieux dits :

Athée (Yonne, Calvados).
Athis (Seine-et-Oise).
Athie (Yonne).
Athies (Aisne, etc.).

Attiches (Nord).
Attichy (Oise).
Etiole (*Attejiola*) (Eure).
Ethioles (Seine-et-Oise).

9° *Foleya*, synonyme de maison de plaisance, se retrouve dans :

Feuilles (Aude).
Feuillais (Indre).
Feuillade (Charente).
La *Folie* (Ardennes, Calvados, Loiret, Haute-Marne, Moselle, Seine-et-Oise, etc.).

Les *Folies* (Somme).
Folleville (Eure, etc.).
La *Feuillée* (Côtes-du-Nord).
La *Feuillie* (Manche).
Feuilly (Somme).

Il est assez difficile de savoir si *folie* est synonyme de *feuillée* ou de *sottise*. J'ai cru longtemps que le nom de folie avec son sens épigrammatique n'avait été employé que dans des temps relativement modernes, à l'époque où les fermiers généraux, les gens de finances et les parvenus faisaient construire ces petites merveilles champêtres où l'or s'engloutissait avec plus de rapidité encore qu'il n'avait été gagné; mais j'ai trouvé dans le pays chartrain la *Folie-Her-*

bault qui en 1123 s'appelait déjà *Stultitia Herlebaldi*. C'est le cas de dire que la sottise est aussi vieille que le monde, et c'est une nouvelle preuve que nos pères ne valaient pas mieux que nous.

10° Le *Hala* était primitivement une chaumière couverte de branches d'arbres. Plus tard, il est devenu synonyme de palais. En Angleterre, *Whitehall*, *Guidhall*, ont conservé ce mot dans cette acception. Comme chaumière ou plutôt comme réunion de chaumières, *halla* se retrouve dans les lieux dits :

Halle (Somme).   Hallu (Somme).
Halles (Meuse, Rhône, etc.).   Halluin (Nord).
Hallay (Marne).

11° Le mot celtique *Cab*, qui se retrouve sous la forme *caban* dans les langues néo-celtiques, a formé le mot de basse latinité *capanna*, d'où nos mots *cabane*, *cabine* et *cabinet*. Les lieux dits :

Cabane (Landes).   Chavanat (Creuse).
Cabanac (Lot).   Chevanez (Isère).
Cabanasse (Pyrénées-Orientales).   Chevenon (Nièvre).
    Chavannes (Drôme).
Cabanès (Aveyron).   Chevannes (Nièvre, Yonne).
Cabaniols (Aveyron).   Chaban (Deux-Sèvres).
Cabannes (Tarn).   Chabannes (Lozère).
Chavanac (Corrèze).

proviennent de ce mot.

12° *Baugium*, qui signifie *hutte*, se retrouve dans :

Baugé (Sarthe).   Baugy (Nièvre).
Baugey (Saône-et-Loire).

13° Certains lieux s'appellent *Baux*. Il y a dans l'Eure le *Baux de Breteuil*, les *Baux* dans les Hautes-Alpes et les Bouches-du-Rhône. Ces noms viennent du mot *Baica* synonyme de tuiles de bois. On sait qu'autrefois l'usage des bardeaux était fort répandu dans certaines provinces, et que, surtout dans le voisinage de certaines forêts, les maisons en étaient totalement recouvertes.

14° On appelait *triatorium* la place où chaque habitant d'un hameau séparait et retirait sur le déclin du jour son bétail qu'il avait donné à garder en commun avec celui d'autres particuliers. Nous trouvons cet ancien usage dans :

Le *Triadou* (Hérault), Triatorium en 1193.

§ 7. — *Ponts et chaussées.*

Les Romains avaient doté la Gaule d'un système complet de voies stratégiques dont Lyon était le centre. De ce point central partaient quatre grandes voies : la première allait aux côtes de la Manche; la seconde, à l'Océan, dans la direction de Saintes ; la troisième, aux Pyrénées; la quatrième, aux embouchures du Rhin.

La solidité de ces voies romaines, construites selon les lieux et le sol, est devenue proverbiale. Ces chemins étaient quelquefois composés de quatre couches, dont la dernière, qui formait la surface, était formée de cailloux ou de pierres, ce qui a donné à beaucoup de localités riveraines les noms de :

Caillouel (Aisne, etc.).
Cauchié (Seine-Inférieure).
La *Chaussée*-Bois-Hulin, appelée vulgairement Cauchié (Seine-Inférieure).
La *Peyrigno*, c'est-à-dire l'empierrée, près d'Agen (Lot-et-Garonne).

Des embranchements traversaient tous les points importants du pays. A ces routes que le peuple appela longtemps *chaussées Brunehaut*, s'ajoutèrent de nouvelles voies créées par les besoins de l'agriculture, du commerce et de l'industrie :

1° *Via*, ce mot, beaucoup moins employé que les autres, se retrouve dans :

Vimi (Pas-de-Calais).
Voie (Seine-et-Oise).
Voyenne (Aisne, Somme).
Treviers, en 1280 *Tres viæ* (Hérault).

2° Le mot *Strata* vient du tudesque *Strâza*, chemin. En Allemagne, les rues s'appellent *strasse*, et en anglais *street*. Les Italiens et les Espagnols ont pris ce mot et lui ont donné la forme d'*estrada*, que nous écrivons *estrade*. Nous avons des lieux nommés :

Estrade (Lot-et-Garonne).
L'*Etrade* (Haute-Vienne).
Etelles (Aube, etc.).
Estra (Loire).
Etrée (Yonne).
Etrées (Calvados).
Estrée (Pas-de-Calais).
Estrées (Aine, Nord, etc.).
Estry (Calvados).
Etréaupont (Aisne).
Estrelles (Aisne).
Estraon (Aisne).
Estrées-Saint-Denis (Oise).
Lestret (Hautes-Alpes).
Strasbourg (Bas-Rhin).
Etrun (Pas-de-Calais).
Etrœung (Nord).
Estreux (Nord).
Estaires (Nord).
Etretat (Seine-Inférieure).

3° *Calceia*, dans :

Cals (Aude).
Calce (Pyrénées-Orientales).
La *Cauchie* (Pas-de-Calais).
La *Chaussée* (Oise, Orne, etc.).
Chaux (Nièvre, Doubs, Ain, etc.).

4° *Caminum*, d'où notre mot *chemin*, se retrouve dans le glossaire géographique sous les formes :

Chemin (Jura).
Chemins (Ardèche).
Chemine (Nord).
Cheminel (Meuse).
Chemmin (Marne).
Cheminot (Moselle).

En breton *chemin* se dit *Hent* ou *Hend*, d'où :

Hent-ahès, ancien chemin romain (Morbihan).
Hent-conan, ancienne voie romaine (Morbihan).
Hent-er-bé, chemin conduisant à une grotte aux fées (Morbihan).
Le *Hento* (Morbihan).

Le mot germanique correspondant à *chemin* est *weg*. Nous le retrouvons dans :

Weckenthal (Haut-Rhin).
Werkolstein (Haut-Rhin).
Wagenbach (Bas-Rhin).
Le *Brouway*, autrefois *Borwegue* (Pas-de-Calais).

5° Le mot de basse latinité *ruata* ou *rua*, provenant du celtique, signifie chemin. On appelait autrefois *royer* ou *ruyer*, comme nous disons aujourd'hui *voyer*, l'officier chargé de la police des chemins. Il y a une soixantaine de communes qui portent le nom de :

Rue (Somme, Oise, etc.).
Ruelle (Charente).
Le *Ruel* (Eure, Calvados, etc.).

Seulement, il est assez difficile de savoir, lorsqu'il n'y a pas de textes anciens, si c'est à un chemin ou à un ruisseau (voyez plus haut, p. 15 et 16) que l'on doit faire remonter l'origine de ces mots.

6° *Carubium*, ce mot qui signifie carrefour, a formé les noms des communes dites :

Carrou (Lot-et-Garonne).
Le *Carouge* (Loiret).
Carrouges (Orne).
Carruge (Saône-et-Loire).

Les Celtes appelaient *Briva* ce que les Romains nommaient *Pons*. C'est ainsi que les villes situées sur des rivières portaient souvent alors le nom de ces rivières joint à celui de pont. Exemples : *Samarobriva*, c'est-à-dire pont sur la Somme, aujourd'hui *Amiens*; *Briva-Isara*, c'est-à-dire pont sur l'Oise, aujourd'hui *Pontoise*; *Brivodurum*, c'est-à-dire le pont sur l'eau, aujourd'hui *Briare*. Quelquefois aussi le nom de pont seul, comme *Brives*, aujourd'hui *Brioude*, le *Ponty* (Nièvre).

Les Allemands se servent du terme *Brücke* pour désigner un pont.

7° *Briva* et *Pons*. Ce moyen si commode et si nécessaire de traverser une rivière, avait, au moyen âge, encore plus d'importance qu'il n'en a aujourd'hui. En effet, les ponts, fort rares alors, étaient presque tous fortifiés et on n'y pouvait passer sans payer. *Pons* et son diminutif *poncellus* se retrouvent dans :

Pons (Aveyron, etc.).
Pont (Ardèche, Arriége, etc.).
Ponts (Manche).
Poncé (Sarthe).
Poncey (Côte-d'Or).
Poncet (Indre, etc.).
Ponceau (Yonne).
Ponceaux (Eure-et-Loir).
Le *Ponchaux* (Aisne), *Poncelli* en 1145.
Poncelle (Seine-et-Oise).
Ponchet (Pas-de-Calais).
Poucelet (Marne, etc.).
Le *Pontot* (Nièvre).
Le *Ponty* (Nièvre).
Pont-à-couleuvre (Oise).

Ce dernier mot, inscrit ainsi dans la belle carte de France publiée aux frais du ministère de la guerre par le corps des officiers d'état-major, a exercé longtemps ma patience, et si je le signale, c'est pour démontrer une fois de plus qu'il ne faut pas toujours se laisser aller aux apparences, et qu'on ne peut être sûr d'une étymologie qu'après avoir recherché dans les textes les anciennes formes du mot à retrouver.

Le lieu dit *Pont à couleuvre* désigne un terrain baigné

par l'Oise entre Noyon et Salency. Aux basses eaux, on aperçoit encore les restes d'un pont que les antiquaires qualifient de romain, et que je me contenterai de qualifier d'ancien. Rien de plus naturel, au premier abord, de supposer qu'un nid de couleuvres a pu être découvert dans les interstices de ce pont, et que les habitants, en mémoire d'une trouvaille si peu agréable, aient surnommé ce pont le *pont à couleuvres ;* mais cette supposition tombe d'elle-même lorsqu'on retrouve dans un texte une forme plus ancienne, qui est : *Pont à quileuvre.* Que veut dire *Quileuvre?* c'est ce que je n'aurais probablement pas trouvé sans un texte latin où ce lieu est appelé *Pons cui aperit*, c'est-à-dire Pont à qui l'ouvre ?

Pont à couleuvre est donc simplement un pont fermé qui s'ouvrait à ceux qui pouvaient l'ouvrir, c'est-à-dire un pont clos par des barrières, que l'on ouvrait au passant moyennant finance.

Cet exemple démontre combien il faut se défier des étymologies et de l'interprétation de mots qui paraissent les plus simples, lorsqu'on n'a pas acquis, par les textes, la certitude de l'origine du mot dont on cherche le sens.

Les difficultés de construction et les dépenses considérables que nécessite l'érection d'un pont, empêchaient l'établissement de ces moyens de communication entre deux rives opposées. On se contentait alors de chercher les endroits les moins profonds des rivières, et d'y passer comme on pouvait. Souvent, près de ces endroits recherchés, s'élevèrent des chaumières, preuve d'une future agglomération. C'est ainsi que les gués, en latin *vadum*, ont été l'origine d'un grand nombre de localités. Je citerai :

Le *Gua* (Isère).
Le *Gué*-Rottou (Nièvre).
Le *Gué* à Tresmes (Seine-et-Marne).
Le *Gué* aux biches (Loire-Inférieure).

puis, sous une forme moins claire :

Vay (Loire-Inférieure).
Le pont du *Vay* (Calvados).
Le *Vey* (Calvados).
Le *Vez* (Aisne, Oise).
Le *Wez*-Macquard (Nord).
Les *Vieux*, autrefois les *Wécs* (Seine-Inférieure).
Boué, autrefois *Bonum Vadum* (Aisne).

On a fini, dans certains cas, par oublier l'origine de *vez*, qu'on a pris pour une forme grossière de *vieil*. C'est ainsi qu'on dit *Vendin-le-Vieil* (Pas-de-Calais), autrefois *Vendin-le-Vez*, c'est-à-dire *Vendin-le-Gué*, ce lieu étant un passage sur la Deule, par lequel on communiquait de l'Artois dans la châtellenie de Lille.

On pourrait même confondre quelquefois avec *voie* certaines formes irrégulières du *vadum*. C'est ainsi pour *Consenvoye* (Meuse) qui s'écrivait *Consenwé*, en 1700, sur la carte des États, et *Consanwadum* en 973.

Les Anglais appelaient *ford* le *vadum* des Romains, *Oxford*, *Hereford*, etc. viennent de là. Les Allemands ont adopté la forme *furt*, et les Flamands le mot *woorde*. Nous avons encore Steenwoorde (Nord).

Les passages dangereux, étroits, mais par lesquels il était nécessaire de se rendre pour aller d'un endroit à un autre, portaient aussi le nom de *passus*.

Sans parler du *Pas-de-Calais*, nous citerons :

Pas-en-Artois (Pas-de-Calais).
Le *Pas*-de-Vaches (Nord).
Le *Pas*-Bayard (Aisne).
Mau*pas* (Aisne).

Plancatum. Ce mot signifie plancher. Quelques savants croient qu'avant de construire des ponts, on était dans l'usage de placer des planches sur les ruisseaux, d'une rive à l'autre, et que cet usage a formé les noms de lieux appelés :

Le *Planquay* (Eure).
La *Planque* (Aveyron).
Les *Planques* (Pas-de-Calais, Tarn, etc.).
La *Planquette* (Eure).
Les *Planquettes* (Tarn).
Les *Planches* (Orne, Seine-et-Marne, etc.).
Les *Planchetets* (Seine, Moselle).
Les *Planchards* (Nièvre).
Planchez (Nièvre).
Planchette (Nièvre).

Le lieu dit *la Planche de la Rasse*, à Thun-l'Évêque (Nord), est situé près du ruisseau de la Rasse. Les *Planques à Rieuw* étaient un pont de planches jetées sur l'Ecaillon (Nord). C'est en cet endroit que furent tués, le 6 février 1402, les députés que les chanoines de Cambrai envoyaient au comte de Hainault.

Malgré ces preuves incontestables, je crois que les noms de lieu ainsi nommés ne doivent pas toujours leur qualification aux ponts placés sur les ruisseaux, mais aux cabanes en bois que l'on construisait autrefois dans les champs, et que l'on a désignées ainsi à cause des planches qui servaient à les édifier.

§ 8. — *Commerce et industrie.*

Le développement du commerce et de l'industrie est en rapport direct avec la multiplicité des voies de communication ; en effet, plus il y a de débouchés, plus il y a de consommation. La révolution économique produite par les chemins de fer est une preuve éclatante en faveur de cette assertion. C'est pourquoi, de tout temps, les agglomérations se sont formées et développées au bord des routes, de même que les petites communes placées le long des voies ferrées s'agrandissent aujourd'hui, et prospèrent aux dépens de villes plus importantes, éloignées des grandes lignes de transport. On l'a dit depuis longtemps, et on ne saurait trop le répéter, les cités qui ne se rattachent pas à ces grandes artères ressemblent aux parties paralysées du corps humain dans lesquelles l'influx nerveux n'arrive plus.

Au moyen âge, au temps où le commerce n'avait ni la liberté ni le développement qu'il obtient de nos jours, il était naturel de distinguer les lieux spécialement destinés au trafic des marchandises, et de donner à ces localités naissantes une désignation en rapport avec la cause qui les avait fait naître.

Le principal trafic se faisait alors par eau, et les localités placées sur les bords des rivières ou des ruisseaux prenaient souvent le nom de *Port*, à l'endroit où une voie antique débouchait sur les cours d'eau. C'est ainsi que se sont formés, dans le département d'Indre-et-Loire, les lieux dits :

Port (sur la Vienne).   Le *Port* cordon (sur le Cher).
Le *Port* de piles (sur la Creuse).

Le dernier n'est plus qu'une ferme.

Un mot germanique, qui se retrouve en allemand, (*Stapel*, amas, tas, monceau, d'où *Stapeln*, amasser), en hollandais (*Stapel*, amas, chantier, entrepôt, d'où

Stapelen, entasser), en danois (*Stabel*, amas, monceau, d'où *Stabel-Stud*, ville qui a droit d'entrepôt), en suédois (*Stapel*, même signification), en islandais (*Stâbbe*, tas, monceau) et en anglais (*Staple*, entrepôt), se retrouve dans la basse latinité sous la forme de *Stapula*, avec le sens de place publique où les marchands sont obligés d'apporter leurs marchandises pour les vendre.

Le mot *Stapula* a formé deux autres mots, conservés l'un dans la langue géographique, l'autre dans la langue militaire.

Etaples, aujourd'hui canton de l'arrondissement de Montreuil-sur-Mer (Pas-de-Calais), l'*Etape* (commune du département de l'Aube), *Staple*, canton d'Hazebrouck (Nord), *Etampes* (Aisne), *Stapula* au douzième siècle, étaient primitivement des villes de commerce où l'on amassait une grande quantité de marchandises, comme on le fait aujourd'hui dans nos entrepôts.

L'*étape*, dans le langage du soldat, est le lieu désigné pour le repos, après quelques marches forcées, toutes les fois que les troupes se rendent d'une ville à une autre. Autrefois, l'étape était un lieu approvisionné, où s'arrêtaient les troupes qui étaient en marche, et où elles recevaient les vivres et les fourrages qui leur étaient nécessaires.

Les maisons de poste établies sur les grandes routes pour la commodité des voyageurs, et que les Romains appelaient *mutationes*, se retrouvent dans *Muison* (Marne), appelé *Mutatio* au neuvième siècle, *Mudaison* (Hérault), *Locus de mutationibus* en 1004.

De nos jours on désigne souvent un produit par le nom de la ville où ce produit se fabrique. C'est ainsi qu'on dit un *cachemir* parce que les shalls de l'Inde se tissent à *Kaschmir;* un *tricot* parce que ce lainage se fabriquait dans l'origine à *Tricot* (Oise) ; n'est-on pas arrivé à dire du *Sèvres,* du *Japon,* du *Chine,* pour désigner les différents genres de céramique, et de la *Malines,* de l'*Angleterre,* de la *Valenciennes,* pour distinguer entre elles les différentes espèces de dentelles ; n'appelle-t-on pas *rouennerie* les tissus imprimés à Rouen, etc. ?

Autrefois, c'était le produit qui imposait son nom aux localités. Les terrains d'où l'on extrayait les métaux, les combustibles, etc., s'appelaient *mines* (minium) ou *minières* (miniaria). L'usine où l'on transformait la fonte de fer en métal se nommait *fabrique* (fabrica) ou *forge,* autrefois *faurge* (fabrica[1]) ; enfin l'ensemble des bâtiments dans lesquels on réduit en fonte les minerais de fer à l'aide de la chaleur du charbon et de fondants appropriés, est désigné sous le nom de fourneaux (furnellus).

Ces trois mots ont nécessairement formé trois familles de noms de lieu correspondants.

C'est ainsi que l'on trouve :

De *minium, miniaria :*

Les *Mines* (Gard).
Le *Mineray* (Eure).
Les *Minerais* (Jura).
Les *Minerets* (Eure-et-Loir).

Les *Minerois* (Aube).
Le *Minier* (Aveyron).
Les *Minières* (Eure, etc.).

De *fabrica :*

---

1. Les lecteurs, étonnés de la filiation de forge avec *fabrica,* trouveront l'explication de ce phénomène dans mes *Entretiens sur la phonétique.*

— 134 —

La *Fabrique* (Hte-Saône, Aisne).
Fabrègues (Aveyron, Hérault).
Faverges (Isère).
Fabrèque (Var).
Fabre (Var).
Fabras (Ardèche).
La *Fabric* (Aveyron).
Les *Fabrics* (Aveyron).
Faur (Deux-Sèvres).
La *Faurée* (Hautes-Alpes, Isère, etc.).
Con*favreux* (Aisne), *Curtis fabrorum* en 855.
Forge (Nièvre, Loire, etc.).
La *Forge* (Loire, Dordogne).
Les *Forges* (Allier, Ardennes, etc.).
Forgès (Corrèze).
Forgeot (Saône-et-Loire).
Les *Forgets* (Saône-et-Loire).
La *Forgette* (Vosges).
Les *Forgettes* (Eure).
La *Forgetterie* (Orne).
Forgues (Landes, Lot, Haute-Garonne).
Forguettes (Lot).
Les *Fouries* (Drôme).
La *Forie* (Puy-de-Dôme).

2° De *furnellus* :

Fournels (Lozère).
Fornex (Ariége).
Fourneaux (Marne, Moselle, etc.).
Les *Fournials* (Tarn).
Fourniers (Yonne).
Fournols (Cantal, etc.).

Les mines de fer s'appelaient spécialement :

Ferrière (Vendée, Sarthe, etc.).
Ferrières (Hérault, Loiret, etc.).
Ferrieyre (Tarn).

De même que les mines d'argent s'appelaient :

Argentières (Hérault).
Argenteau (Belgique orient.).
Monetas (Hérault).

Le lieu dit *l'Argenterie*, dans le département d'Eure-et-Loir, est le résultat d'une mauvaise prononciation. C'est *la Régenterie* qu'il faudrait écrire.

La fabrication du verre a donné naissance à une grande quantité de noms de lieu appelés, *Vedrariæ*, d'où :

Verrières (Yonne, etc.).
Verrerie (Eure, etc.).
Verrie (Vendée, etc.).

On doit à la même influence :

La *Bouteille* (Aisne).

Le four dans lequel se fondait le fer s'appelait *furnellœ* aussi. Les lieux dits *fourneaux* que j'ai cités tout à l'heure peuvent donc aussi se rapporter à l'industrie des verrières.

On retrouve la fabrication des tuiles, dans les lieux dits :

La *Tuilerie* (Aisne, Jura, etc.). La *Tuilière* (Var).
La *Thuillerie* (Seine, Yonne.). *Thuilières* (Vosges).
Tuillerie (Calvados, etc.). *Tuillière* (Dordogne, Isère, etc.).
Les *Thuilleries* (Lot).

La fabrication du savon *Saponariæ*, dans les localités appelées :

Savonnière (Meurthe, etc.). La *Savonnerie* (Seine-et-Marne).

Le commerce de la garance, dans les communes appelées :

Garancières (Eure, Seine-et-Oise, etc.).

La fabrication de la bière, dans les lieux dits *Camba :*

La *Cambe* (Eure, Calvados, etc.). *Cambes* (Gironde, Calvados, etc.)

La fabrication des pots, dans les nombreuses localités nommées :

La *Poterie* (Eure, Oise, etc.). Silly-la-*Poterie* (Aisne).
Les *Poteries* (Maine-et-Loire). St-Germain-la-*Poterie* (Oise).
La *Potherie* (Maine-et-Loire). La Chapelle-aux-*Pots* (Oise).
Les *Potheries* (Aube). Conchy-les-*Pots* (Oise).
Pothières (Côte-d'Or).

La mouture des blés qui avait répandu sur la surface de notre pays un si grand nombre de moulins, a produit :

Les *Moulins* (Yonne). Les *Moulinards* (Yonne).
Molinons (Yonne). La *Moulinière* (Yonne).
Le *Moulin* (Yonne). Le *Moulinot* (Yonne).

De simples établissements privés tels que les bains, par exemple, ont laissé des traces nombreuses de leur existence.

Les Romains qui, sous le nom de *Thermes*, avaient apporté en Gaule l'usage de ces édifices vastes et spacieux, servant de cirques, de théâtres, de lieux de réunion plus ou moins convenables, en construisirent dans toute l'étendue de leur domination. En prenant une des parties pour le tout, on les a appelés tantôt thermes, tantôt arène, tantôt bains, tantôt étuves. Il ne faudrait pas conclure cependant de ce que je dis ici, que tous les lieux rappelant l'usage des bains et des étuves soient d'origine romaine; il y en a certainement qui ont une date beaucoup plus moderne.

Les thermes se retrouvent dans le département des Hautes-Pyrénées (*les Thermes*), et dans ceux des Ardennes, de l'Aube et du Gers (*les Termes*).

Les arènes ont formé :

Airaines (Somme).   *Arennes* (Gard et Tarn-et-Garonne).
Areines (Loir-et-Cher).

Dans certains cas cependant, *arène* signifie *sable* et est synonyme de grève. Ainsi, il y avait au moyen âge un port marchand sur le Cher qu'on appelait *portus Rivarennæ*, aujourd'hui *Rivarennes*. Or, *Rivarennæ* est une forme barbare et contracte de *ripa arenæ*, la rive du sable.

Les étuves (Stufæ) se retrouvent dans :

Etuf (Haute-Marne).   *Etouvy* (Calvados).
Etouvans (Doubs).   *Etuffant* que les Allemands appellent *Stauffen* (Haut-Rhin).
Etouvelles (Aisne).

Les bains ont donné naissance aux nombreuses localités appelées :

Bagneaux (Nièvre). *Bagnoles* (Aude).
Bagnères (Hautes-Pyrénées). *Bagnolet* (Seine).
Bagneux (Meurthe). *Baignollet* (Eure-et-Loir).
Baigneux (Gironde, etc.). *Bagnot* (Côte-d'Or).
Baigneux (Côte-d'Or). *Bains* (Somme).
Bagnol (Haute-Vienne). *Baden* (Morbihan).

Bagneux avait aussi le sens d'eau, d'étang, de mare. Ainsi, dans l'Hérault, on trouve un étang appelé *Bagnes*, un moulin à eau nommé *Bagnols*. Dans la Seine-Inférieure le lieu dit *Béville* est surnommé *la Baignarde*, à cause d'une mare révérée. Dans Eure-et-Loir, il y a le moulin de *Baigneaux*, un ruisseau appelé *le Baignoir*, etc., etc.

Les sources d'eau naturelle, si fréquentées, de nos jours, n'étaient pas moins recherchées du temps des Romains. Les lieux situés près de ces sources se nommaient *aquæ*. Beaucoup de ces localités ont disparu ou ont changé de nom, telles que *Bourbon-Lancy*, autrefois *Aquæ Nisincii*; *Bourbon-l'Archambault*, autrefois *Aquæ Bormonis*; *Bourbonne-les-Bains*, autrefois *Aquæ Borvonis*; *Vichy*, autrefois *Aquæ calidæ*; *Bagnères-de-Bigorre*, autrefois *Aquæ convenarum*; *Baden*, près Zurich, autrefois *Aquæ Helveticæ*; *Neris*, autrefois *Aquæ Neriomagenses*; *Saint-Galmier*, autrefois *Aquæ Segetæ*; *Chaudesaigues*, autrefois *Calidæ Aquæ*. Celles qui proviennent d'*Aquæ* ont formé :

Ax (Ariége). *Dax* (Landes).
Aix (Bouches-du-Rhône).

Il n'y a pas jusqu'aux cabarets qui laissent des traces de leur importance relative. Ainsi dans le Languedoc on appelle *Begudo* un cabaret de campagne, où les voyageurs se rafraîchissent en passant. Il y a quatre *Begudes* dans le département de l'Hérault.

CHAPITRE III

INFLUENCES RELIGIEUSES

§ 1. — *Paganisme.*

Les influences religieuses, qu'elles soient païennes ou chrétiennes, agissent sur toutes les populations du globe, et leur importance est d'autant plus grande, que le peuple qui les subit est primitif.

Des savants d'une certaine valeur ont reconnu dans beaucoup de noms de lieu les traces soi-disant certaines du culte des Gaulois pour leurs dieux. Leur érudition les a transportés dans l'Olympe des dieux celtiques, latins et germaniques, et ils en ont rapporté une collection capable de baptiser toutes les villes de l'univers. Je ne voudrais pas trancher une question si délicate, surtout ici où je ne veux constater que des faits, mais j'avoue mon incrédulité en présence de certaines origines qui me paraissent douteuses et fort incertaines. Ainsi pour n'en citer qu'un exemple, je rappellerai cette observation d'Ampère qui, dans son Histoire littéraire avant le onzième siècle, avance comme un fait certain que quelques mots français se rattachent par leur étymologie aux anciennes croyances des peuples germaniques, et que de ce nombre est *Vaudemont* (Wodanimons, le mont d'Odin). Or, *Vaudemont* tient son nom de sa situation géographique sur les flancs d'une montagne, et signifie simplement la vallée de la montagne, *Vallis de monte* (Valdemont, puis Vaudemont), origine à laquelle le dieu Odin reste complétement étranger.

Je ne parlerai donc pas ici des localités dédiées à Taranis, à Belenus, à Teutatès, à Hermès, etc., etc. Je me contenterai d'indiquer les lieux qui certainement doivent leur nom au culte de certains dieux tels qu'Esus, d'où *Oisemont* (Esimons); Jupiter, d'où *Jeumont* (Jovismons), *Alajou* (Ara Jovis) dans l'Hérault; Mars, d'où *Famars* (Fanum Martis), *Templemars* et *Talemars* (Templum Martis), *Marteville* et *Martimont* (Martis villa et Martis mons); Mercure, d'où *Mequeroil* (Mercuriolus); Thor, d'où *Thourhout* (bois consacré au dieu Thor dans la Flandre occidentale), *Tourotte* (Oise), *Turnhout*; Borvo, d'où *Bourbon-Lancy*, *Bourbonne-les-Bains*.

On peut placer dans la même catégorie le lieu dit *Champ-des-Gentils*, situé près de Verdun, et qui dans l'antiquité était un bois consacré aux divinités champêtres. La tradition païenne était encore vivante au onzième siècle, puisque Hugues de Flavigny dit en parlant de cet endroit : « Cultibus dæmonum erat profanata, quia videlicet ibi gentiles rusticani faunis et satyris vota solvebant et sacra celebrabant. »

§ 2. — *Christianisme.*

Sous l'influence du Christianisme, beaucoup de localités prennent les noms des patrons de leur église, quelquefois même celui de la divinité suprême. Les églises, les chapelles, les basiliques, les oratoires, les autels, les monastères et les abbayes, les établissements appartenant à des ordres hospitaliers et militaires fournissent aussi de nouveaux éléments à la formation des noms de lieu.

Noms de saints.

Il a dû certainement exister dans l'antiquité beaucoup de noms de lieu d'origine païenne, mais il est naturel de penser que les chrétiens s'empressèrent d'effacer les traces d'un culte encore trop vivace, et qu'ils remplacèrent par des noms de saints, les noms des dieux du paganisme, comme ils avaient construit des églises là où se trouvaient des temples dédiés aux divinités de l'Olympe; mesure aussi excellente qu'habile, puisqu'elle ne dérangeait pas les habitudes populaires et que les prières seules changeaient de direction, sans causer aux néophytes ce trouble inséparable d'un nouvel état de choses.

Rien ne pouvait plus contribuer à transformer la Gaule païenne, que de donner aux paroisses alors existantes les noms des saints qui y étaient en honneur. C'est pourquoi nous voyons aujourd'hui tant de localités porter le nom du patron de leur église.

Je ne citerai pas, bien entendu, toutes les communes qui portent des noms de saint, mais je profiterai du Traité de M. Quicherat, et de mes propres études sur la matière, pour donner des exemples curieux, des transformations que peut subir un même nom, selon les localités où ce nom est prononcé.

Je donne d'abord le nom latin qui est le même partout, et je le fais suivre des noms français qui en proviennent.

S. Adjutor.	Saint-*Ustre* (Vienne).
S. Ægidius.	Saint-*Gilles* (Gard).
	Saint-*Gely-du-Fesc* (Hérault).
S. Æquilinus.	Saint-*Aquilin* (Orne, Dordogne).
	Saint-*Aigulin* (Charente-Inf^re).
	Saint-*Agoulin* (Puy-de-Dôme).
S. Agnes.	Saint-*Agnès* (Isère, Jura).
	Saint-*Agnet* (Landes).
	Saint-*Aunès*-d'Auroux (Hérault).
S. Agrippanus.	Saint-*Egreve* (Isère).
S. Albanus.	Saint-*Alban* (Loire).
	Saint-*Albain* (Saône-et-Loire).
	Saint-*Albin* (Loire).
	Saint-*Auban* (Drôme).
S. Anastasia.	Saint-*Anastasie* (Cantal, Gard, etc.)
	Saint-*Anastaize* (Puy-de-Dôme).
	Saint-*Nitasse* (Yonne).
S. Andeolus.	Saint-*Andéol* (Rhône, Drôme, Isère).
	Saint-*Antéol* (Drôme).
	Saint-*Andeux* (Côte-d'Or).
	Saint-*Andiol* (Bouches-du-Rhône).
S. Anianus.	Saint-*Agnan* (Yonne).
	Saint-*Aignan* (Yonne).
	Saint-*Chinian* (Hérault).

S. Aper.	Saint-*Apre* (Dordogne). Saint-*Epvre* (Meurthe). Saint-*Aupre* (Isère).
S. Apollinaris.	Saint-*Apollinaire* (Côte-d'Or). Saint-*Apollinard* (Isère). Saint-*Apolinard* (Loire).
S. Arigius.	Saint-*Arey* (Isère).
S. Avitus.	Saint-*Avit* (Drôme, Eure-et-Loir). Saint-*Abit* (Basses-Pyrénées).
S. Baldomerus.	Saint-*Galmier* (Loire).
S. Balsamus.	Saint-*Baussant* (Meurthe).
S. Baudilius.	Saint-*Baudille* (Isère). Saint-*Bauzille* (Hérault). Saint-*Bauzely* (Aveyron). Saint-*Baudiere* (Nièvre).
S. Benedictus.	Saint-*Benoît* (Ain). Saint-*Benet* (Eure-et-Loir). Saint-*Bénézet* (Gard).
S. Benignus.	Saint-*Benigne* (Ain). Saint-*Benin* (Nord). Saint-*Berain* (Saône-et-Loire).
S. Bonitus.	Saint-*Bonnet-de-Galaure* (Drôme). Saint-*Bonnet* (Nièvre).
S. Brixius.	Saint-*Brès* (Hérault). Saint-*Brisson* (Nièvre).
S. Carileffus.	Saint-*Calais* (Sarthe).
S. Christophorus.	Saint-*Christô-en-Jarret* (Loire). Saint-*Christophe* (Ain). Saint-*Christol* (Hérault).
S. Columba.	Sainte-*Colomme* (Basses-Pyrénées).

S. Clodoaldus.	Saint-*Cloud* (Calvados).
	Saint-*Claud* (Charente).
S. Cucuphas.	Saint-*Cucufa* (Seine-et-Oise).
	Saint-*Cugat* (Espagne).
S. Cyricus.	Saint-*Ciers* (Gironde).
	Saint-*Cyr* (Ain).
	Saint-*Cirq* (Aveyron).
	Saint-*Cyrq* (Lot-et-Garonne).
	Saint-*Cirgues* (Tarn, Corrèze).
	Saint-*Cyrice* (Hautes-Alpes).
	Saint-*Cirice* (Hérault).
	Saint-*Chartres* (Vienne).
dominus Cyricus.	Saint-*Donceel* (Belgique).
C. Dedo.	Saint-*Don* (Meurthe).
C. Desiderius.	Saint-*Didier* (Ain).
	Saint-*Dizier* (Drôme et Meurthe).
	Saint-*Desir* (Calvados).
	Saint-*Dezery* (Corrèze).
	Saint-*Drézéry* [1] (Hérault).
	Saint-*Dierry* (Puy-de-Dôme).
	Saint-*Géry* (Lot).
E. Eptadius.	Saint-*Ythaire* (Saône-et-Loire).
E. Eugendus.	Saint-*Eugène* (Saône-et-Loire).
	Saint-*Oyen-Montbelet* (Saône-et-Loire).
	Saint-*Oyand-de-Joux*, aujourd'hui Saint-*Claude* (Jura).
	Saint-*Héan* (Loire).
	Saint-*Yan* (Saône-et-Loire).

1. *Desiderius* s'est aussi transformé en Dardier, il y a Mont*dar*dier (mons Desiderii) dans le Gard.

S. Eulalia.	Saint-*Éloi* (Ain).
	Sainte-*Eulalie* (Dordogne).
	Santa-*Olala* (Espagne).
	Saint-*Aulaire* (Basses-Pyrénées).
	Saint-*Aulaye* (Dordogne).
S. Euphemia.	Sainte-*Euphémie* (Ain).
	Sainte-*Offenge* (Savoie).
	Sainte-*Offange*.
S. Eusebius.	Saint-*Eusoge* (Yonne).
	Saint-*Usoge* (Doubs).
	Saint-*Usuge* (Saône-et-Loire).
	Saint-*Huruge* (Saône-et-Loire).
S. Eustadius.	Saint-*Ytaire* (Saône-et-Loire).
S. Félix.	Saint-*Flin* (Meurthe).
S. Ferreolus.	Saint-*Féréol* (Drôme).
	Sainte-*Feréolle* (Corrèze).
	Saint-*Ferjot* (Aude).
	Saint-*Ferjeux* (Marne).
	Saint-*Ferjus* (Isère).
	Saint-*Fargeau* (Yonne).
	Saint-*Fargeol* (Allier).
	Saint-*Fargeux* (Nièvre).
	Saint-*Forget* (Seine-et-Oise).
	Saint-*Forgeux* (Rhône et Loire).
S. Fredaldus.	Saint-*Frezal* (Lozère).
S. Fructuosus.	Saint-*Frichoux* (Hérault).
S. Gengulphus.	Saint-*Gengoulph* (Aisne).
	Saint-*Gengouet* (Nièvre).
	St-*Gengoux-le-Royal* (Saône-et-L.)
	St-*Gengox* de Scisse (Saône-et-L.)

S. Georgius.	Saint-*Georges* (Jura, Lot, etc.). Saint-*Jory*, près *Soultz* (H.-Rhin). Saint-*Geoirs* (Isère). Saint-*Geoire* (Savoie). Saint-*Geours* d'Auribat (Landes). Saint-*Jooris* (ar. de Bruges, Belg.). Saint-*Jores* (Manche).
S. Geraldus.	Saint-*Guiroud* (Hérault).
S. Guillelmus.	Saint-*Guillaume* (Isère). Saint-*Guillem* (Hérault).
S. Habundus.	Saint-*Haon-le-Châtel* (Loire). Saint-*Haond* (Haute-Loire).
S. Hermelandus.	Saint-*Erblon* (Ille-et-Vilaine). Saint-*Herblain* (Loire-Inférieure).
S. Hilarius.	Saint-*Hilaire* (Allier). Saint-*Hellier* (Côte-d'Or). Saint-*Hillier* (Seine-et-Marne). Saint-*Illiers* (Seine-et-Oise). Saint-*Ylie* (Jura).
S. Hugo.	Saint-*Hugues* (Tarn-et-Garonne). Saint-*Hugon* (Isère).
S. Illidius.	Sainte-*Allire*, faubourg de Clermont (Haute-Loire). Sainte-*Olive* (Ain).
S. Laudus.	Saint-*Lot* (Eure-et-Loir).
S. Lauterius.	Saint-*Lattier* (Isère).
S. Leodegarius.	Saint-*Lager* (Rhône). Saint-*Léger* (Loire). Saint-*Ligaire*. Saint-*Liquaire* (Deux-Sèvres).
S. Leverina.	Sainte-*Lheurine* (Charente-Infér.).

S. Licerius.	Saint-*Lezer-de-Bigorre* (Hautes-Pyrénées).
S. Maclovius.	Saint-*Maclou* (Calvados). Saint-*Malo* (Ille-et-Vilaine, Nièvre).
S. Marcus.	Saint-*Marc* (Cantal). Saint-*Max* (Meurthe). Saint-*Mard* (Meurthe).
S. Mauricius.	Saint-*Maurice* (Yonne). Saint-*Mury* (Isère).
S. Maximus.	Saint-*Maxime* (Var). Saint-*Mayme* (Aveyron). Saint-*Même* (Dordogne). Saint-*Maisme* (Basses-Alpes).
S. Medardus.	Saint-*Médard* (Gers). Saint-*Mard* (Meurthe et Oise). Saint-*Mards-en-Othe* (Aube). Saint-*Marc* (Yonne). Saint-*Mars* (Sarthe, Seine-et-Marne). Saint-*Merd* (Corrèze). Cinq-*Mars* près Langeais (Indre-et-Loire). *Damas* (Vosges).
S. Memmius.	Saint-*Menges* (Ardennes). Saint-*Menge* (Vosges). Saint-*Memmie* (Marne).
S. Moderatus.	Saint-*Moré* (Yonne).
S. Nicetius.	Saint-*Nizier* (Isère, Ain, Rhône, etc.).
S. Nonnius.	Saint-*Nom-la-Bretèche* (Seine-et-Oise).
S. Oneratus.	Saint-*Ondras* (Isère).

S. Pancratius.	Saint-*Branché* (Yonne). Saint-*Brancher* (Saône-et-Loire). Saint-*Branchs* (Indre-et-Loire).
S. Patricius.	Saint-*Parize-le-Châtel* (Nièvre).
S. Petrus.	Saint-*Pierre* (Aisne). Saint-*Père* (Nièvre). Saint-*Peyrus* (Basses-Pyrénées). Saint-*Pey* (Gironde). Saint-*Pé-de-Leren* et Saint-*Pée-sur-Nivelle* (Basses-Pyrénées).
S. Piatus.	Saint-*Python* (Nord).
S. Pontius.	Saint-*Pons* (Hérault). Saint-*Point* (Saône-et-Loire).
S. Potamius.	Saint-*Pouange* (Aube).
S. Prejectus.	Saint-*Prejet* (Lozère). Saint-*Projet* (Tarn). Saint-*Priect* (Basses-Alpes). Saint-*Priest* (Isère, Loire, etc.). Saint-*Pregts* (Yonne).
S. Priscus.	Saint-*Bris* (Yonne). Saint-*Prest* (Eure-et-Loir).
S. Privatus.	Saint-*Privat* (Hérault).
S. Quiritus.	Saint-*Xist* (Hérault).
S. Ragnabertus.	Saint-*Rambert* (Ain).
S. Rivorianus.	Saint-*Riran* (Loire).
S. Romanus.	Saint-*Romain* (Yonne). Saint-*Romand* (Hérault). Saint-*Rome* (Hérault).
S. Sabinus.	Saint-*Savin* (Drôme).
S. Salvius.	Saint-*Saire* (Seine-Inférieure). Saint-*Saulge* (Nièvre).

S. Satirus.	Saint-*Satur* (Cher).
S. Saturninus.	Saint-*Saturnin* (Lozère). Saint-*Savourin* (B.-du-Rhône). Saint-*Sernin* (Hérault). Saint-*Sorlin* (Isère, Saône-et-Loire, Ain et Rhône).
S. Scubiculus.	Saint-*Escobile* (Seine-et-Oise).
S. Sepulchrum.	Saint-*Polgues* (Loire).
S. Serenicus.	Saint-*Celerin* (Sarthe).
S. Severinus.	Saint-*Seurin* (Dordogne). Saint-*Severin* (Dordogne).
S. Sigirannus.	Saint-*Cyran* (Indre).
S. Sidonius.	Saint-*Saens* (Seine-Inférieure).
S. Sidronius.	Saint-*Cydroine* (Yonne).
S. Sirica.	Sainte-*Cerise*.
S. Soregius.	Saint-*Seriès* (Hérault).
S. Solempnie.	Sainte-*Soulline* (Cher).
S. Solemnia.	Sainte-*Solange* (Cher).
S. Stephanus.	Saint-*Etienne* (Oise). Saint-*Estèphe* (Dordogne). Saint-*Estève* (Gard). Sainte-*Estère* (Vaucluse). Saint-*Esteben* (Basses-Pyrénées).
S. Sulpicius.	Saint-*Sulpice* (Ain). Saint-*Supplix* (Seine-Inférieure). Saint-*Supplet* (Moselle). Saint-*Souplet* (Marne). Saint-*Soupplets* (Seine-et-Marne). Saint-*Sulpin* (Var). Saint-*Simple*, à Tours (Indre-et-Loire).

S. Taurinus.	Saint-*Thurin* (Loire).
S. Theothfredus.	Saint-*Chaffre* (Haute-Loire). Saint-*Theoffrey* (Isère).
S. Theuderius.	Saint-*Chef* (Isère).
S. Tiberius.	Saint-*Thibery* (Hérault).
S. Veranus.	Saint-*Véran* (Rhône, Saône-et-L.). Saint-*Vrain* (Seine-et-Oise). Saint-*Verain* (Nièvre). Saint-*Verand* (Saône-et-Loire).
S. Valerius.	Saint-*Vallier* (Saône-et-Loire). Sandweiler (Luxembourg).
S. Ymiterius.	Saint-*Hymetière* (Jura).
S. Udabricus.	Saint-*Oury* (Meurthe).

Si on n'avait pas les textes pour reconnaître les transformations singulières des noms passant du latin en français, on ne pourrait pas croire que certains saints sont devenus des saintes et réciproquement. Ainsi, *Sanctus-Illidius* a fait *Sainte-Olive* (Ain), *Sanctus-Paulus* a fait *Sainte-Pole*, *Sanctus-Petrusius* a fait *Sainte-Péreuse* (Nièvre), *Sanctus-Andreas* a fait *Sainte-Adresse*, et, par contre, *Sancta Eugenia* est devenu *Saint-Eugène* (Charente-Inférieure), *Sancta Agnes* a fait *Saint-Aunès-d'Auroux* (Hérault), et *Sancta Eulalia* a produit *Saint-Éloi* (Ain) et *Saint-Aulaire* (Basses-Pyrénées). Dans le grand-duché de Luxembourg le lieu dit *Sanct-Valer* (de *Sanctus Valerius*) est devenu *Sandweiler*.

Quelquefois la qualité du saint s'est mélangée avec un nom et a produit des mots singuliers, comme *Samer* (Pas-de-Calais), pour *Sanctus Vulmarus*; *Sammarcoles* (Vienne), pour *Sanctus Martialis*; *Smurve*

(Vienne), pour *Sancta Marvia;* *Strenquels* (Lot) pour *Sanctus Tranquillus;* *Senneterre* (Puy-de-Dôme), pour *Sanctus Nectarius;* *Sommecaise* (Yonne), pour *Sanctus Casius;* *Loctudy* (Finistère), pour *Loc. Sancti Tudeni.*

Cette disparition du mot *saint* ou sa transformation a donné lieu à des erreurs singulières et quelquefois même comiques. Une des sept merveilles du Dauphiné, comme l'appelle le savant et ingénieux Max Muller [1], est la Tour sans venin, près Grenoble. On raconte que les animaux venimeux meurent dès qu'ils en approchent. Quoiqu'on ait fait cette expérience, et qu'elle ait invariablement manqué, cependant bien des gens du pays croient aussi fermement que jamais à la vertu miraculeuse de cette localité. Ils en appellent au nom même de la *Tour sans venin,* et si les plus éclairés d'entre eux consentent à admettre que la tour a pu perdre, de nos jours, ce caractère miraculeux, ils n'en maintiennent pas moins qu'elle le possédait certainement autrefois. Cependant le véritable nom de la tour et de la chapelle qui se trouve tout près est *San Verena (Saint-Vrain),* qui, prononcé par les ignorants *San Venena,* devint *Sans Venin.*

Cette fusion du mot saint avec le nom du personnage canonisé a produit une confusion non moins singulière.

Dans une certaine partie de la France, on est très-disposé à chuinter, c'est-à-dire à remplacer le double *ss* par le *ch.* Il est arrivé naturellement que devant les

---

1. *Nouvelles leçons sur la science du langage,* huitième leçon, tome II, page 92. Ces leçons du philologue anglais ont été fort bien traduites par MM. Harris et Perrot, en 1868.

noms de saints commençant par une voyelle, on a réuni le suffixe du premier mot à l'affixe du second.

C'est ainsi que :

Sanctus Amantius, se prononçant chanctu'ch Amantius est devenu { Saint-*Chamas* (Bouches-du-Rhône), Saint-*Chamand* (Cantal).

S. Annemundus, se prononçant chanctu'ch Annemundus, est devenu Saint-*Chamond* (Loire).

S. Anianus, se prononçant chanctu'ch Anianus, est devenu Saint-*Chinian* (Hérault).

S. Electus, se prononçant chanctu'ch Electus, est devenu Saint-*Chely* (Aveyron et Lozère).

S. Eumachius, se prononçant chanctu'ch Eumachius, est devenu Saint-*Cheumassy*, aujourd'hui Saint-Chamassy.

S. Euparchius, se prononçant chanctu'ch Euparchius, est devenu Saint-*Cheybard*, aujourd'hui *Cybard*.

Quelquefois des lieux dédiés à des saints ont perdu leur titre. Ainsi, *Mamers* et *Terrehault*, près de cette ville, étaient autrefois *Sanctus-Mammès* et *Sanctus-Errehaldus* ; *Cheronvilliers* s'appelait *Sancti Carauni-Villare*.

Quelquefois, au contraire, des lieux qui n'avaient aucun droit à ce titre l'ont reçu par l'ignorance des copistes, trompés par la ressemblance des mots. Ainsi, les lieux écrits, dans les textes du moyen âge, *Cembeng*, *Suenci*, *Sidremum*, *Santinium* et *Centro*, sont devenus *Saint-Boing* (Meurthe), *Saint-Cy* (Nièvre), *Saint-Dremond* (Vienne), *Saint-Eny* (Manche), *Saint-Tron* (aujourd'hui dans Marseille) ; *Sentiniacus*, nom donné à trois lieux différents, a été sanctifié dans ces trois localités, et il est devenu *Saint-Igny-de-Roche* (Saône-et-Loire), *Saint-Igny-de-Vair* (Rhône), *Saint-Ignat* (Puy-de-Dôme). Le *Saint-Fontaine* de la Belgique est le lieu dit cent fontaines, *terra de centum fontanis;* le lieu dit *Simplex Via*, simple voie, a donné lieu à bien d'autres irrégularités. Comme il est situé dans le Limbourg hollandais on l'a appelé *Simpenveld*, c'est-à-dire simple champ, parce que les Flamands le prononçaient *Simplevei*, que les Romans avaient transformé en Saint-Plovoir. « *Ecclesiam S. Remigii de* Simplicivia, *quod in vulgari corruptè sonat* Saint-Plovoir », dit une charte de 1203.

Une singularité à signaler est la fusion des noms des saints avec un déterminatif quelconque, telle que *Saint-Peraville* (Nièvre) pour Saint-Pierre-de-la-Ville (*S. Petrus de Villa*). *Saint-Peravy* (Loiret) est la contraction de Saint-Pierre-sur-la-Voie (*S. Petrus in Via*). *Saint-Remimont* (Meurthe) est pour Mont-Saint-Remi (*S. Remigii mons*).

De même que, du neuvième au douzième siècle, on a perdu une grande partie des richesses littéraires de l'antiquité en grattant les manuscrits anciens pour y transcrire des traités de théologie ou des livres saints, de même on a perdu la trace de beaucoup de localités qui ont changé de noms pour prendre ceux des saints patrons de leurs églises.

Ce changement, qui rend les recherches historiques fort difficiles, s'est produit très-souvent. Comme exemple, nous citerons :

Accumbitum (Combres) devenu S.-Emilion (Gironde).

Agaunum	devenu S.-Maurice-en-Valais (Suisse).
Alethum	—S.-Malo (Ille-et-Vilaine).
Andra	—S.-Aubert (Nord).
Artesia	—S.-Baudry (Aisne).
Auditiacus	—S.-Galmier (Loire).
Bercuiacus (*Brecuy*)	—S.-Georges (Yonne).
Brioverum	—S.-Lô (Manche).
Catulliacus	—S.-Denis (Seine).
Condatisco	—S.-Claude (Jura).
Ecliaci-Villa	—S.-Erme (Aisne).
Flaviana Vallis	—S.-Gilles (Languedoc).
Indiciacus	—S.-Flour (Puy-de-Dôme).
Sicnii Villare, puis Sequiniacum	—Ste-Geneviève-des-Bois (Seine-et-Oise).
Bacaudarum Castrum	—S.-Maur-des-Fossés (Seine).
Villa Romanaria	—S.-Michel-sur-Orge (Seine-et-Oise).
Voginantus	— S.-Denis-sur-Loir (Loir-et-Cher).
Warbodovilla	—S.-Julien (Moselle).

Beaucoup de villages ont aussi échangé leurs noms anciens pour ceux de leurs patrons. C'est ainsi que *Severing* est devenu *Sainte-Florine; Annoilum, Saint-Martial-des-Martines-de-Veyre; Cardonetus, Saint-Hilaire*, etc.

Quelquefois il y a eu compromis, et le nom nouveau s'est accouplé au nom ancien. C'est ainsi qu'*Angeriacum* est devenu Saint-Jean-d'Angély; *Latona*, Saint-Jean-de-Losne; *Liricantus*, Saint-Mathurin-de-Larchant, *Areolæ*, Saint-Laurent-des-Eols, etc.

— 154 —

Ce qui est beaucoup plus rare, c'est de voir un nom de saint disparaître devant un nom populaire. Le fait n'est pas commun, mais cependant on en peut citer deux exemples dans le département de l'Yonne (*Chichy* et *Chitry*, auparavant Saint-Martin et Saint-Valérien), et il est probable qu'ils ne sont pas les seuls.

Quelquefois les titres de *saint* ou *sainte* étaient remplacés par celui de *dom* (domnus et domna), c'est ainsi que se sont formés :

Domalouin, (Ille-et-Vilaine), de *domnus Alanus*.
Dombasle (Meuse), de *domnus Bazolus*.
Dombrot-sur-Vair (Meuse), de *domnus Brixius*.
Dombrat (Vosges), de *domnus Briocus*, Saint-Brieuc.
Domvallier (Meuse), de *domnus Valerus*.
Domevre (Meurthe et Vosges), de *domnus aper*.
Dampleux (Aisne), *Damplou* (Meuse) et *Danloup* (Nièvre), de *domnus Lupus*, Saint-Loup.
Dammarie (Eure-et-Loir, Loiret, Meuse), *Dannemarie* (Doubs, Seine-et-Oise), *Dommarie* (Meurthe), de *domna Maria*, Sainte-Marie.
Dammartin (Doubs, Jura, Seine-et-Marne, etc.) et *Dommartin* (Ain, Doubs, Meuse, Meurthe, etc.), de *domnus Martinus*, Saint-Martin.
Dammard (Seine-et-Marne) et *Damas*, de *domnus Medardus*, saint Médard.
Dampierre (Aube, Calvados, Seine-et-Oise, etc.), *Dompaire* (Vosges), *Dompierre* (Ain, Charente, Doubs, etc.), de *domnus Petrus*, Saint-Pierre.
Damphreux (Doubs), de *domnus Ferreolus*, Saint-Ferréol.

Domptail (Meurthe), de *domnus Stephanus*, Saint-Étienne.

Domcevrin (Meuse), de *domnus Severinus*.

Doncières (Meurthe), de *domnus Cyriacus*.

Dongermain (Meurthe), de *domnus Germanus*, Saint-Germain.

Dandesigny (Vienne), de *domni Abbon et Sermen*.

Dans le midi, il y a beaucoup d'exemples de *saint* changé en *don;* c'est ainsi que, dans les Basses-Pyrénées, les habitants disent :

Don-Iban-Garaci   pour Saint-Jean-Pied-de-Port.
Don-Iban-Lohizun   Saint-Jean-de-Luz.
Don-Ist   Saint-Just.

L'emploi simultané du *dom*, du *dam* et du *saint* produit des variantes curieuses. Exemple :

Saint-Blin (Haute-Marne).
Damblain (Vosges).
Dambelin (Doubs).
Domblain (Haute-Marne).
Domblans (Jura).

Saint-Léger (Yonne).
Domleger (Somme).

Saint-Nom-la-Bretèche (Seine-et-Oise).
Domnom (Meurthe).

Saint-Paire (Calvados).
Dompaire (Vosges).

Saint-Front (Charente, Haute-Loire).
Domfront (Oise, Orne, Sarthe).

Enfin, le titre du saint disparaissait complétement, comme *Aigne* pour Sainte-Agnès (Hérault).

Lorsqu'on voit des altérations si profondes, on comprend la nécessité de recourir aux anciens textes pour retrouver des origines si défigurées dans la suite des temps.

Une des causes les plus fréquentes des changements de nom est l'érection des terres seigneuriales en baronnie, comté, marquisat, etc. Très-souvent la terre échangeait son ancien nom pour celui du nouveau possesseur. En voici quelques exemples pris au hasard :

Châtre	— Arpajon depuis le 26 octobre 1720.
Bierry	— Anstrude depuis 1738.
Louans	— Morangis depuis 1693.

Beaucoup d'écarts, de hameaux, de domaines, prennent le nom de leur propriétaire. C'est ainsi que *les Trottards*, de la commune de Bleneau (Yonne), s'est appelé *Saint-Georges*, du nom du célèbre avocat M. Marie, ancien ministre de la République, dont le véritable nom est Marie de Saint-Georges.

Du nom de la divinité.

Dieu entre dans la composition d'un certain nombre de noms de lieu, tels que : *Locdieu* (Aveyron), *Dilo*, autrefois *Deilocus* (Yonne), *Dieulouard*, autrefois *Dieulewarde*, c'est-à-dire *Dieu le garde* (Meur-

— 157 —

the), *Montdaie*, autrefois *Mons Dei* (Calvados), *Saint-Jean de Daie* (Normandie), *Chandai*, autrefois *Campus Dei* (arrondissement de Mortagne), *Chaudé* (Eure-et-Loir) *Campus Dei* [1] en 1229, *Dieu s'en souvienne* (Meuse), *Dieu le fit* (Drôme), *Dieulivol* (Gironde), *Beauciredieu* (Nièvre), *Ingoyghem*, autrefois *Ingodeghem*, mot à mot *demeure en Dieu* (arrondissement de Courtrai), *Maison-Dieu* (Creuse, Côte-d'Or et Nièvre), *les Prie-Dieu* (Seine-et-Oise), sans compter les localités qui portent le nom de *Ville-Dieu*, etc.

Des églises.

Dans bien des cas, l'église était la seule construction du village en voie de formation ; il n'y a donc rien de plus naturel que de voir des centres d'agglomération s'appeler :

L'Eglise (Hautes-Alpes, Seine-et-Oise, Seine-Inférieure, etc.)
Eglise-aux-Bois (Corrèze).
Eglise-Neuve (Dordogne).
Eglisolles (Puy-du-Dôme).
L'Echaillon (ecclesioli) dans l'Isère.
Égriselles (Yonne).
Gleyse-goue (Hérault).
Glisolle (Eure).
Huitainéglise (Somme).

En basque *eliza*, formé du latin *ecclesia*, a donné :

Eliçabelar (Basses-Pyrénées).
Eliçaberria (Basses-Pyrénées).
Elicaberry (Basses-Pyrénées).
Elissagaray (Basses-Pyrénées).

En Flandre, où l'église s'appelle *kerke*, nous trouvons :

---

1. Les lieux dits *Campus Dei* étaient des cimetières.

Dunkerque (Nord). Haverskerque (Nord).
Broukerque (Nord). Etc., etc.

Le mot allemand *kirche*, qui signifie aussi *église*, se
retrouve en Lorraine dans :

Kirch (Moselle). Illkirch (Bas-Rhin).
Neunkirch (Moselle). Kirchheim (Bas-Rhin).
Kirsch-les-Sierck (Moselle). Honskirich (Meurthe).
Kirschnaumen (Moselle).

Des chapelles.

Les causes qui ont fait donner à certaines localités le nom de *Chapelle* sont les mêmes que celles indiquées ci-dessus à propos du mot *église*. J'ajouterai seulement que le nombre des villages appelés *la Chapelle, la Capelle, la Capelette, la Chapelotte* (Yonne) sont bien plus nombreux que ceux qui portent le nom d'*église*. On sait que le mot *capella* a été primitivement employé pour désigner une petite chape, en particulier celle de saint Martin, qui était conservée dans le palais des rois, et sur laquelle on faisait prêter serment. On trouve plusieurs traces de cet usage sous la première race, et l'on voit que les rois faisaient porter cette chape devant eux, à la guerre. On a appelé depuis *chapelle* le lieu du palais où l'on déposait cette chape, et on a pris l'habitude d'en placer une dans chacun des palais royaux. La première chapelle connue et la plus fameuse est celle d'Aix-la-Chapelle.

Des basiliques.

Il y a en France une grande quantité de noms de lieu qui s'appellent :

La *Baroche* (Mayenne et Haut-Rhin).
La *Basoche* (Eure-et-Loir).
Bazauges (Charente-Inférieure).
Bazeuge (Haute-Vienne).
Bazoches (Aisne, Loiret, Nièvre, Seine-et-Oise, etc.)
La *Basoge* (Sarthe).
Bazaques (Eure).
Bazoilles (Vosges).
Saint-Jean de *Bassel* (prononcé Bassle), autrefois *Bassola*, (Meurthe).
La *Bouzule*, autrefois *Basiola*, (Meurthe).
Bozolles (Nièvre).
La *Bazouges* (Mayenne).
Bazugues (Gers).
La *Bazeuge* (Haute-Vienne).

Ces noms si divers et si baroques, — qu'on me permette ce jeu de mots, — proviennent du mot *basilica*, qui, dans les diplômes mérovingiens, désigne toujours les églises inférieures, les églises rurales, les chapelles, tandis que le mot église, *ecclesia*, est réservé pour les établissements religieux d'une certaine importance.

Ménage, dans son *Dictionnaire étymologique*, dit que *Basoche* vient de *basilica*, qui s'est transformé en *basilca, basela, basaulca, basoche;* mais il ne dit pas comment s'est opérée cette transformation. M. Houzé, qui l'a étudiée de près, prouve d'une manière évidente que la métamorphose a dû commencer par la chute du dernier *i* de *basilica*, qui est devenu *basilca*, comme *serica* et *manica*, devenus *serca* et *manca*, d'où nos mots *serge* et *manche*. L'*i* restant de *basilca* s'est ensuite changé en *e*, à l'imitation de *vitrum* devenu *verre*, de *illa* devenu *elle*, de *firmus* devenu *ferme*, et on est arrivé à *baselca*. Ici le son *el* s'est confondu avec le son *eau*, comme cela se voit dans *oiseau* pour *oisel*, dans *damoiseau* pour *damoisel*, et de *baselca* on a fait *basaulca*. Puis, comme nos ancêtres aimaient beaucoup les finales sourdes, ils ont prononcé *bazauge* au lieu de *basaulca*, et, pour se conformer à la règle qui a changé *urca* en *arche*, *bucca* en *bouche*, *musca* en *mouche*, ils ont prononcé *Basauche* ou *basoche*. Maintenant, si *basoche* s'est transformé en *baroche*, la cause en est dans l'extrême facilité qu'ont les lettres *r* et *s* à permuter entre elles, permutation dont j'ai donné déjà des exemples en parlant des mots *chaire* et *chaise* (1).

Je dois ajouter cependant que, quoique *Baroche* puisse venir très-régulièrement de *Basilica*, il peut également venir de *Parrochia*, paroisse. Ainsi dans la Meuse, il y a un village appelé *les Paroches* qu'aux dix-septième et dix-huitième siècles on nommait les *Barroches* et que les plus anciens textes désignent sous le nom de *Parrochia*.

Des oratoires.

A propos de *Lourdoueix-Saint-Pierre*, commune du département de la Creuse, M. Houzé, que je cite toujours avec plaisir, a recherché tous les noms de notre

---

1. Voyez *Origine et formation de la langue française*.

vocabulaire géographique qui provenaient du mot *oratorium*.

L'*oratorium* est à peu près synonyme de *capella*. C'est un oratoire qui a commencé par attirer autour de lui des pèlerins, des voyageurs, et qui a fini par devenir un petit centre de population. S'il n'y a pas lieu de s'étonner du nombre de ces localités, on ne peut s'empêcher d'être surpris des formes variées que le même mot a produites.

Les voici par ordre de transformation :

Oradour (Haute-Vienne, Cantal).
L'*Oradour* (Corrèze, Dordogne).
Loreux (Loir-et-Cher).
Oroer (Oise).
Oroir, aujourd'hui Villevaudé (Seine-et-Marne).
Saint-Vincent-de-Lorouer (Sarthe).
Orrouer (Eure-et-Loir).
Orrouy (Oise).
Le *Loroux* (Maine-et-Loire).
Ourouer (Cher, Nièvre).
Lourouer (Indre).
Ouroux (Nièvre).
Lourdoueix-Saint-Michel (Indre).
Ozouer-la-Ferrière (Seine-et-Marne).
Ozoir-le-Breuil (Eure-et-Loir).
Ouzouer-sur-Trézé (Loiret).
Louzouer (Loiret).
Auroir (Aisne).
Aurouer (Allier).
Auroux (Côte-d'Or).
Auzouer (Indre-et-Loire).
Yrouere (Yonne).

Le *Louroux*, du département d'Indre-et-Loire, fait exception à la règle. Il ne vient pas d'*oratorium*, comme semble l'indiquer un passage des chroniques de Touraine, auquel M. Houzé s'est rapporté, ne connaissant pas de textes plus anciens, mais bien de *Leprosum*, qui se trouve écrit ainsi dans la *Vie de saint Martin*, par Sulpice-Sévère, c'est-à-dire dès le cinquième siècle.

Des autels.

Un capitulaire de Charles le Chauve considère les *altaria*, c'est-à-dire les *autels*, comme des églises d'un ordre inférieur, des espèces de succursales. Ce qu'il y a d'assez singulier, c'est que ce mot n'a jamais été employé qu'au pluriel dans la langue géographique. La France possède quelques localités appelées :

Les *Autels* (Aisne).
Les *Autels-en-Auge* (Calvados).
Les *Autels-Saint-Éloi* (Eure-et-Loir).

Les *Authieux* (Eure-et-Loir), *Altaria* en 1215.
Les *Authieux* (Eure, Seine-Inférieure, Orne, etc., etc.).

Des ermitages.

Les lieux retirés que les ermites habitaient ont donné naissance à quelques localités appelées :

L'*Hermitage* (Côtes-du-Nord, Ille-et-Vilaine, Loir-et-Cher, etc., etc.).

Château-*l'Hermitage* (Sarthe, etc.).
Les *Hermites*, autrefois *las Hermitas* (Dordogne).

Dans le midi *monge* est un solitaire, un anachorète, la Dordogne est rempli de lieux appelés le *Monge*, les *Monges*, la *Mongie*.

En breton, le mot *ermitage* se rend par *Kill* ou par *Loc*. Nous avons :

Quillignon (Finistère).
Quillinen (Finistère).

Le *Quillio* (Côtes-du-Nord).

Locmalo (Morbihan).   Locmaria (Finistère, Morbihan).
Loc-Brevalaire (Finistère).   Locminé (Morbihan), etc., etc.

Si l'on en croit Legonidec, *lok* est une particule usitée seulement dans les noms de lieu : elle est ordinairement suivie du nom d'un saint. C'est peut-être le même mot que *lôk* ou *lôg*, qui signifie loge, cabane, cellule, grange, mot servant à désigner les premières habitations des ermites et autres saints personnages qui se cachaient dans les lieux inhabités. *Lok-Ronan, Lok-Eguinner, Lok-Tudi, Lok-Harn*, etc., sont des noms de paroisses ou succursales dont les patrons sont *saint Ronan, saint Guiner* ou *Eguiner, saint Tudi, saint Harn* ou *Hernin*, etc., tous indiqués dans la légende comme des ermites, dont les ermitages ont été transformés plus tard en églises ou chapelles.

Des abbayes ou monastères et prieurés.

Les abbayes ont joué, pendant toute la durée du moyen âge, un trop grand rôle pour n'avoir pas laissé des traces de leur importance, surtout dans les campagnes où elles possédaient de grands biens et où les moines cultivaient ou faisaient cultiver avec soin.

Le mot d'*abbaye* se trouve seul ou joint à un grand nombre de noms de lieu, tels que l'*Abbaye, Abbaye-Blanche, Signy-l'Abbaye*, etc. Mais il n'a jamais atteint l'importance du *monastère* (*monasterium* et son diminutif *monasteriolum*) qui se retrouve dans toute la France sous les formes :

Musturole (Hautes-Pyrénées).
Montreuil (Aube, Meurthe).
Montreuil-sur-Mer (Pas-de-Calais).
Monestrol (Haute-Garonne).
Montrol-Senart (Haute-Vienne).
Montrollet (Charente).
Montereau (Seine-et-Marne).
Montrieux (Loir-et-Cher).
Montrueillon (Nièvre).
Montreux (Meurthe).
Montreux-Château ou *Munstroll-die-Burg* (Haut-Rhin).
Montreux-Jeune ou *Jung-Munstroll* (Haut-Rhin).
Munster (Meurthe).
Monestier (Ain, Allier, etc.).
Monestiès (Tarn).
Monetier (Hautes-Alpes).
Monestier (Puy-de-Dôme, etc.).
Mouthiers (Aisne).
Moustier (Puy-du-Dôme).
Moutier (Seine-et-Marne).
Mouthiers (Aisne).
Moutiers-Notre-Dame (Orne).
Le *Moustoir* (Côtes-du-Nord, Morbihan).
Moustron (Basses-Pyrénées).
La *Moustoirie* (Morbihan).
Moustero (Morbihan).
Menestreau, de *Monasterellum*, (Nièvre).
Monéteau (Yonne).

Quelquefois, le mot est complétement défiguré comme dans *Montlhéri* (Yonne) qui vient de *Monasterium Luperii*[1]. Il y en a au contraire qui passeraient facilement pour être le produit d'une déformation du mot *monasterium*. Tel est *Monsteroux* (*Mons Subterior* en 1051) opposé au *Montseveroux* (*Mons Superior*), et situés tous les deux dans le canton de Beaurepaire, arrondissement de Vienne (Isère).

Le titre d'abbé, titre donné au religieux qui gouvernait une abbaye, entre aussi dans un grand nombre de noms de lieu, tels que : *Abbeville*, *Abbecourt*, *Villabé*, *Villeneuve-l'Abbé*, etc.

Du reste, au moyen âge, tous les titres des dignités religieuses ou laïques entrent dans la composition des noms de lieu; nous avons : *Villeneuve-l'Archevêque*,

---

1. Ainsi voilà donc deux noms de lieu de forme identique : l'un venant de *Monasterium Luperii*, et l'autre de *Mons Aericus!*

Ville-l'Évêque, *Villeneuve-le-Roi*, *Arnay-le-Duc*, *Villeneuve-la-Comtesse*, *Villeneuve-le-Comte*, *Vaux-le-Vicomte*, etc., etc.

Le *prieuré*, de même que l'*abbaye*, a formé quelques localités de ce nom dans l'Oise, la Seine-Inférieure, etc.

Les localités appelées *la Converserie*, c'est-à-dire habitation de frères convers (Aisne), *l'Aumônerie* (Aisne), la *Charité* (Aisne), le *Calvaire* (Aisne), la *Moinerie* (Aisne), la *Monnerie* (Dordogne), doivent toutes leur nom à des fondations monastiques.

On désignait aussi quelquefois sous le nom de *Mandra* des petits établissements religieux, des cellules isolées occupées par des moines. C'est à l'influence des croisades qu'est due l'origine de ce nom. En Orient, les habitations construites en bois, les cabanes s'appellent *mandres*, et chez les Grecs, ce mot est synonyme de monastère. *Mandres* (Eure, Seine-et-Oise, etc.) vient de ce mot.

J'ai signalé plus haut le mot *cella* comme synonyme d'habitation de celui qui habite une manse. Cette explication est exacte, mais je dois ajouter ici que beaucoup de noms de lieu proviennent aussi de la *cella* monastique, qui était une dépendance agricole d'une abbaye, et qui devint, par la suite des temps, le centre d'une population ouvrière.

Les localités qui portent le nom de *le Temple* sont d'anciennes préceptoreries dépendant de l'ordre du Temple; celles qui s'appellent *la Commanderie* ont été pour la plupart créées ou possédées par les chevaliers de l'ordre de Saint-Jean de Jérusalem, autrement dit de Malte [1]. Dans le Périgord, les lieux dits *la Cavalerie* rappellent d'anciens domaines du Temple.

Cet ordre, administré dès l'origine d'une façon remarquable, avait l'habitude, et cela dès le douzième siècle, de se servir de croix, comme de marques distinctives de ses divisions territoriales. Ces croix, qui séparaient les seigneuries entre elles, ont dû former quelques-uns des villages nommés *les Croix*. Je dis quelques-uns, car d'autres lieux du même nom doivent cette dénomination soit à des carrefours au milieu desquels on plantait des croix, soit à des calvaires, soit enfin à des circonstances particulières telles que celle qui est racontée par l'historien Orderic Vital. L'évêque de Lisieux, qu'on transportait dans sa ville épiscopale, meurt subitement dans une prairie, on élève aussitôt en cet endroit une croix que l'on appelle *Crux episcopi*, la Croix-l'Évêque, aujourd'hui le *Pré-l'Évêque*, entre Lisieux et Fort-l'Évêque.

Les ordres du Temple et de Jérusalem qui ont été créés en Orient, à l'époque des croisades, me rappellent qu'un certain nombre de noms de lieu sont dus à l'influence de ces guerres lointaines.

En revenant de la Terre-Sainte, beaucoup de seigneurs donnaient à des fiefs qui dépendaient de leurs seigneuries des noms qui rappelaient les lieux où ils s'étaient distingués par de hauts faits. Quelques-uns ont dû, en certains moments critiques, faire vœu de

---

1. On peut voir dans le très-beau et très-excellent ouvrage que M. Mannier vient de publier sous le titre de *Les Commanderies du grand prieuré de France*, des exemples nombreux de ce que j'avance ici.

donner à leur domaine le nom d'une ville sainte qu'ils avaient visitée, ou d'une bataille à laquelle ils avaient assisté.

C'est ainsi que le seigneur de Saint-Verain (Nièvre), baronnie fort importante au moyen âge, donna à certains fiefs les noms de *Bethléem* (aujourd'hui *les Berthes*, hameau de la commune de Saint-Verain) et de *Betphagé* (hameau de la même commune), et au ruisseau qui arrosait sa seigneurie le nom de *Jourdain*.

Il y a à Clamecy, un faubourg qu'on appelait *Panthenor* au douzième siècle. Ce bourg de *Panthenor* était doté d'un hôpital, fondé en 1117 par Guillaume II, comte de Nevers, et que l'un de ses successeurs, Guillaume IV, légua, étant en Terre-Sainte, à l'évêque de Bethléem dans le cas où il serait chassé de son siége par les infidèles. Ce que le comte de Nevers avait pressenti, arriva, et l'évêque de Bethléem vint s'établir à Panthenor, qui prit le nom de *Bethléem*, et qui devint le siége d'un évêché sans diocèse, jusqu'en 1792.

Dans le département de Seine-et-Oise, il y a le hameau de *Damiette*, de la commune de Gif; celui de *Jérusalem*, dans l'Aisne.

De nos jours, un même ordre d'idées a donné les noms de *Moscou*, de *Mazagran*, de *Marengo*, de *Malakoff*, de *Constantine* à des écarts du département de l'Oise, de *Constantine* à quatre écarts du département de la Meuse, de *Sébastopol*, à un écart de la Meuse; etc.

C'est à l'ordre de Saint-Lazare, qui a propagé et dirigé une grande partie des établissements hospitaliers de la France au moyen âge, que l'on doit un certain nombre de ces localités appelées : *la Maladrerie*, la *Maladerie, la Maladrie* (Meurthe), la *Maladière*, la *Charité, la Maison-Dieu* (Yonne), la *Malaudie*, les *Malaudies*, Notre-Dame de *Leydrouse*, à Périgueux; Saint-Étienne *le Droux*, en 1253, S. Stephanus *deus ledros*, la *Sauvetat*-Grasset (Dordogne), l'*Hôpital*, l'*Hospital*, l'*Hospitalet* (Dordogne, etc.).

On peut rattacher à l'influence du protestantisme les lieux dits le *Prêche*, le hameau du *Ministre* (Seine-Inférieure), les *Huguenots* (Dordogne), le *Temple*, etc.

Tels sont les principaux noms de lieu dont on peut rapporter la création à l'influence religieuse.

CHAPITRE IV

INFLUENCES ONOMASTIQUES ET SUFFIXES ETHNIQUES

Des suffixes ethniques.

On reconnaît l'influence onomastique au rôle que jouent les noms de personne dans la composition des noms de lieu.

On a vu dans les nombreux exemples que j'ai donnés précédemment, avec quelle facilité les mots les plus divers s'agglutinent entre eux.

Les noms de personnes sont ou isolés ou unis à d'autres mots. Lorsqu'ils sont isolés, ils sont suivis d'un suffixe qui leur donne une signification géographique.

Ausone nous apprend, dans l'une de ses épîtres, que son père Jules avait une terre qu'on appelait indistinctement *Villa Julii* ou *Juliacum*, et il qualifie le domaine de saint Paulin, son disciple, de *Villa Paulini* ou de *Pauliacum*.

Les Romains donnaient donc une valeur ethnique aux noms de personnes en remplaçant le suffixe ordinaire de ce nom par le suffixe ethnique *iacum* ou *acum*.

Ainsi le domaine appartenant

à :	est devenu		aujourd'hui
Albinus	Albini	acum	Aubign y (Somme).
Aper	Apri	acum	Evr y (Seine-et-Oise).
Aquilinus	Aquilini	acum	Eglen y (Yonne).
Florus	Flori	acum	Fleur y (Seine-et-Oise).
Gaius	Gaï	acum	G y-l'Evêque (Yonne).
Latinus	Latini	acum	Lagn y (Seine-et-Marne).
Magnus	Magni	acum	Magn y (Yonne).
Martinus	Martin	iacum	Martign y (Calvados).
Matheus	Mathi	acum	Mass y (Seine-et-Oise).
Montanus	Montan	iacum	Montign y (Nord).
Paulinus	Paulini	acum	Poulign y (Yonne).
Petrinus	Petrini	acum	Perign y (Seine-et-Oise).
Quintus	Quinti	acum	Quinc y (Seine-et-Marne).
Sabinus	Sabini	acum	Savign y (Seine-et-Oise).
Tigerius	Tigeri	acum	Tiger y (Seine-et-Oise).
Verus	Veri	acum	Vir y (Seine-et-Oise).

Il faut donc, lorsqu'on cherche à connaître l'origine d'un nom de lieu, savoir d'abord s'il ne porte pas le nom du premier propriétaire gaulois, romain ou germain.

Très-souvent le nom du propriétaire est uni au nom qui exprime le genre du domaine possédé, comme *villa, villare, sella, hem, hove, boscus*, etc., etc.

C'est ainsi que nous avons :

Arembouts-Capelle (Nord), de *Herembaldi capella*, c'est-à-dire chapelle d'Erembald.

Bettancourt (Marne), de *Bettonis curtis*, c'est-à-dire ferme de Betton.

Courtabon (Seine-et-Marne), de *Curtis Abdonis*, c'est-à-dire ferme d'Abdon.

Courtalain (Eure-et-Loir), de *Curia Alemii*, c'est-à-dire ferme d'Alemus.

Courtaumont (Marne), de *Curtis Osmundi*, c'est-à-dire ferme d'Osmund.

Courdoux (Aisne), de *Curtis Hrodoldi*, c'est-à-dire ferme de Rodold.

Flouville (Eure), de *Flogilivilla*, c'est-à-dire domaine de Flogilus.

Dringham (Nord), de *Dagmaringahem*, c'est-à-dire demeure de Dagmart.

Eblinghem (Nord), de *Humbaldigahem*, c'est-à-dire demeure d'Hubald.

Ermenonville (Oise), de *Herminulfivilla*, c'est-à-dire domaine d'Herminulf.

Hermonville (Marne), de *Herimundivilla*, c'est-à-dire domaine d'Herimund.

Viroflay (Seine-et-Oise), d'*Offleni villa*, c'est-à-dire domaine d'Offlen.

Orgeville (Eure), de *Otgerivilla*, c'est-à-dire domaine d'Otger.

Thionville (Moselle), de *Theodonis villa*, c'est-à-dire domaine de Theodon.

A la fin du moyen âge, un grand nombre de maisons de plaisance, de petits domaines, possédés par des bourgeois, prirent le nom de leurs propriétaires précédés de l'article pluriel. C'est ainsi que se sont formés dans le département de l'Yonne les lieux dits : Les *Adams*, les *Auberts*, les *Baillys*, les *Bazins*, les *Bernards*, les *Benoits*, les *Cochards*, les *Haberts*.

Quelquefois le nom du propriétaire fut légèrement défiguré, et de même que les Gallo-Romains avaient transformé la finale de leurs noms en y ajoutant un suffixe ethnique quelconque, comme je le démontrerai tout à l'heure, de même nos aïeux donnèrent à leurs noms de famille une finale particulière pour l'appliquer à leurs domaines. Voici une liste de propriétaires qui ont donné leurs noms aux domaines qu'ils possédaient.

Famille *Courgibet* (1513) la *Courgibet*erie (Eure-et-Loir).

Bigot la *Bigot*erie (Eure-et-Loir).
Coquart (1626) les *Cocard*eries (Eure-et-L.)
Cochet (1655) la *Cochet*erie et la *Coch*èrie (Eure-et-Loir).
Foucault (1503) la *Foucaud*rie.
Galerne (1640) la *Galern*ière.
Goistron (1492) la *Goestron*nière, autrefois la *Gouestron*nerie.
Grenêche (1737) la *Grenêch*erie (Eure-et-L.)

Souvent la famille ne gardait pas assez longtemps le domaine pour imposer le nom du propriétaire et l'ancien nom revenait. Ainsi, un lieu s'appelle *Campi* (les Champs) en 1273 : un écuyer du nom de *Robin Mouschard* vient s'y établir en 1407, et le lieu ne tarde pas à s'appeler *la Mouchardière*, dénomination qui lui reste tant que la famille habite le pays. La famille s'éteint et le vieux nom reparaît. C'est l'histoire de *Champ*, hameau de la commune de Pontzoinin (Eure-et-Loir).

Les noms d'écarts, de hameaux, formés de cette manière sont innombrables. Je citerai comme exemples :

La *Bigoterie* (Yonne).
La *Bigaudais* (Morbihan).
La *Bigotais* (Morbihan).
Les *Bigots* (Dordogne).
La *Cochardais* (Morbihan).
La *Cocharderie* (Yonne et Morbihan).
La *Bernardie* (Dordogne).
Les *Bernardis* (Dordogne).
Les *Bernardoux* (Dordogne).
Les *Bernardières* (Dordogne).
La *Cauchardière* (Eure-et-Loir).
Les *Guichards* (Dordogne).
La *Guichardie* (Dordogne).
La *Guichardaie* (Morbihan).
La *Guichardaye* (Morbihan).
La *Guichardais* (Morbihan).

Dans un même département, la Dordogne, des terres appartenant à un nommé *Guillaume* s'appellent la *Guilhe*, *lo Guilho*, *las Guillos*, le *Guilhem*, la *Guilhaumie*, *Guilhaumias*, la *Guilhoumie*, *Guilhonet*, les *Guilhonets*, *Guillalmet*, le *Guillau*, la *Guillaudie*, la *Guillaudière*, les *Guillaumettes*, les *Guillaumies*, *Guillaumot*, *Guillaumy*, la *Guillelmie*, la *Guillermie*, etc.

J'ai dit tout à l'heure un mot des suffixes, en parlant des influences onomastiques. J'y reviens, car la question est des plus intéressantes à étudier, et elle offre des problèmes qui ne sont pas éclaircis. Il y a sur ce sujet bien des obscurités à dissiper, bien des doutes à lever, bien des questions à résoudre.

Quant à présent, on peut diviser les suffixes en deux classes :

1. Les suffixes qui ont conservé une valeur significative ;

2. Les suffixes dont le sens est perdu pour nous.

De ceux-là, je n'ai rien à dire pour le moment, puisqu'on n'a pas encore retrouvé leur valeur primitive.

Quant aux suffixes qui donnent aux racines auxquelles ils sont joints une valeur propre, un sens net et précis, le nombre en est considérable, et j'en ai dressé le tableau, afin qu'on se rende bien compte de leur variété et de l'importance de l'étude de ces variétés, puisque leur forme permet presque toujours de déterminer la position géographique des lieux qu'ils servent à dénommer.

Dans le tableau qui va suivre, on remarquera la multiplicité des suffixes, mais on s'apercevra bientôt qu'on peut les ramener à un petit nombre de types.

Ainsi : *ia, iaca, iacus, iagus, iancum, iagum*, ne sont que des variantes d'*iacum* ;

Atus, iatus, adus, adius, adum, odum, ata, ada, ada, ate, ates, atio, atis, aticum, aticos, atica proviennent d'*atum* ;

Edum, idum, itum, itus, edus, eda, etia dérivent d'*etum* ;

Oilum, iolum, olium, oialum, oiolum, eolum, olum, e... lum, oialus, oilus, ellus, iciolus, ola, iola, eola, aliolia, olæ, eolæ, iolis, eolis, olicis, d'*ogilum* ;

Ingum, inium, incum, angium, encum, inga, inga, inges, ingos, inius, angus, d'*ingus*, provenant du suffixe germanique *ingen*.

Ces exemples suffisent pour démontrer avec quelle facilité les suffixes latinisés se déformaient sous la plume des scribes, et, par conséquent quelle diversité de suffixes français devait naître à côté d'eux, si tant est que les suffixes latins soient antérieurs à la formation des mots de la langue vulgaire, antériorité qui, dans beaucoup de cas, me paraît contestable.

Dans son excellent *Mémoire sur la formation française des anciens noms de lieu*, M. J. Quicherat a consacré un chapitre spécial à la désinence. Que signifient toutes ces désinences? Il serait fort difficile aujourd'hui de le dire, sauf pour certaines qui sont incontestablement le signe caractéristique d'un terme géographique, c'est-à-dire la marque distincte qui transforme un mot de la langue vulgaire et qui en fait un vocable ethnique.

Il n'y en a pas de plus fréquent, dit M. Quicherat, car elle affecte peut-être un vingtième des noms les plus anciens. Elle représente un suffixe celtique qui a servi pour la composition au moins jusqu'au septième siècle de notre ère, de sorte que ce suffixe a donné naissance à une infinité de produits hybrides par son union avec des radicaux latins, et plus tard avec des noms germaniques.

Des témoignages historiques très-anciens attestent le mode de combinaison auquel il s'est prêté. Dans la légende de saint Domitien, il est dit qu'un homme riche, propriétaire d'un domaine appelé *Calonia*, d'où sortait la fontaine *Calonna*, voulut que le domaine et la source prissent son nom, et comme il s'appelait *Latinus*, la source devint *Fons Latinus*, et le domaine *Latiniacus* (aujourd'hui *Lagneu*, Ain).

Viriziacum, Verzy, bourgade très-ancienne des environs de Reims, devait son nom à son fondateur, au dire de l'auteur de la vie de saint Basle.

Un saint Lucain fut mis à mort, en 409, par les Alains et les Suèves, dont il suivait la grande armée. Le lieu qui fut témoin de ce martyre était en Beauce.

Il porta depuis lors le nom de *Lucan*IACUM aujourd'hui *Loigny* (Eure-et-Loir).

Le *iacum* avait du reste une signification si claire, que les scribes l'employaient à la place des mots *villa* ou *curtis*, que nous avons étudiés plus haut.

Ainsi, *Chaouilley*, village du département de la Meurthe, s'appelait *Chidulfi-Villa* en 770, *Caulei-Villa* en 1018 et *Cheuliacum* en 1065.

Rembercourt, dans le même département, s'écrit en 848 *Raginbertiaca* et *Raginberticurtis*.

Acquigni, dans le département de l'Eure, est nommé *Accini-curtis* en 844, et *Aciniacus* en 876.

Le *iacum* a eu aussi la même valeur collective que *etum*, et on trouve, par exemple, aussi bien *Fraxiniacum* que *Fraxinetum*.

Quelquefois le *iacum* est abandonné et remplacé par le suffixe *iolum* (dérivé du suffixe primitif *ogilum*), comme *Bagneux* (Meurthe), qui s'appelait *Baniacum* en 836, et *Banniolum* en 863.

On trouve aussi très-souvent le *acus* remplacé par *eius* ou *eus* : *Corcher*acus se transforme en *Corcher*eius (Cuchery, Marne), *Pavili*acus en *Pavill*eus (Poilly, Marne), *Sati*acus en *Sac*ieus (Sacy, Marne).

Si les mots français se sont modifiés par l'usage, surtout par l'ignorance de ceux qui les prononçaient, les mots latins n'ont pas subi un sort plus heureux. Ce qui fait que le *iacum* se retrouve dans les textes sous les formes corrompues.

Répandue dans toute l'étendue de la Gaule, soumise par conséquent à toutes les variétés d'accentution et de prononciation, la désinence *iacum* a fléchi de beaucoup de façons différentes.

Dans le Midi, l'accent s'est porté sur *ac*, qui est devenu la finale du thème moderne. Exemple : *Albiacus*, Albiac ; *Calviacum*, Calviac.

Mais qu'on ne s'y trompe pas, le *c* est tellement adouci qu'on ne le prononce pas ; c'est ainsi qu'on dit *Berdjera* et non *Bergerac*. Le rôle effacé que remplit le *c* explique comment il peut se transformer en *g*.

Boc*iacas*, Bouss*argues* (Hérault).

L'*i* s'est perdu dans une mouillure, lorsque la désinence latine était précédée d'un *l* ou d'un *n*. Ainsi, *Casiliacum*, au lieu de produire Casiliac, a fait Cazillac ; *Aureliacum*, Aureilhac (Gard), Aurillac (Cantal), Orlhac (Lot), etc.

Lorsque les consonnes *r* ou *s* précèdent la désinence, l'*i* de celle-ci passe par un phénomène philologique appelé métathèse devant la consonne, ou bien s'élide. Ainsi, *Floriacum*, au lieu de Floriac, a fait *Floirac* (Gironde), *Florac* (Lozère), *Fleurac* (Dordogne), etc.

La prononciation *ac* a comme poussé des jets dans les pays limitrophes de la langue méridionale, de sorte qu'il y a encore des noms de lieu ainsi terminés, non-seulement dans les deux Charentes et la Creuse, mais même en deçà de la Loire.

Les anciens pays de Guienne, Auvergne, Lyonnais, Bresse et Franche-Comté, nous offrent des noms terminés par *as*, *at*, *a*, qui se prononcent tous également *á*, malgré les différences d'orthographe, et qui ne sont pas autre chose que des *ac* assourdis par l'extinction du *c*.

EXEMPLES : *Marciacum* = Marsas (Gironde), Marsat (Puy-de-Dôme) ; Ber*ciacus* = Berch*at* (Corrèze); Lobej*iacus* = Loubej*at* (Corrèze) ; Bis*iacus* = Bizj*iat* (Ain) ; *Gisiacus* = Gi*s*ia (Jura).

Dans le voisinage de la langue méridionale, la désinence *ac* du nom francisé a fléchi, soit en *ec*, soit en *ex*. EXEMPLES :

Ruffiacum = Ruffec ; *Giacum* = Gex.

Dans le Nord, le *iacum* a fait *ecque*. EXEMPLES :

Blandiacum = Blande*cque* (Pas-de-Calais).
Sperliacum = Eperle*cques* (Pas-de-Calais).
Coïacum = Coye*cques* (Pas-de-Calais).

É, ey, ez, et, ay, ain, au, eu, eux, sont des terminaisons dérivées des précédentes par l'extinction de la consonne finale. Les noms en *é* sont propres à la région occidentale, quoiqu'on en trouve quelques-uns qui s'avancent jusqu'à la Saône et à la Meuse. Les *ey* ou *ay* sont communs aux régions de l'ouest et de l'est. Les *eux*, *eu*, ne se trouvent qu'au sud-est dans les pays de l'ancienne domination bourguignonne.

EXEMPLES en *é* :

Floriacum = Fleu*ré* (Vienne) ;
Camiliacum = Chemi*llé* (Indre-et-Loire) ;
Fiacum = Fi*é* (Yonne).

EXEMPLES en *ey* :

Poliacum = Pouil*ley* (Doubs).

*Vinc*iacus = Vinc*ey* (Vosges);
*Caris*iacum = Caris*ey* (Yonne);
*Ac*iacum = Ess*ey* (Meurthe).

EXEMPLE en *ez* :

*Fla*iacum = Fl*ez* (Nièvre).

EXEMPLE en *et* :

Malh*iacum* = Maille*t* (Nièvre).

EXEMPLES en *ay* :

Alis*iacum* = Alis*ay* (Eure);
Urs*iacum* = Urç*ay* (Allier);
Saal*iacum* = Saul*ay*, aujourd'hui *Saulaies* (Nièvre).
Abund*iacum* = Ann*ay* (Nièvre);
Cassin*iacus* = Chasn*ay* (Nièvre);
Argentin*iacus* = Argenten*ay* (Yonne).

EXEMPLE en *ais* :

Masir*iacum* = Maizer*ais* (Meurthe).

EXEMPLE en *ain* :

Summentir*iacum* = Saumentr*ain* (Garonne).

EXEMPLE en *au* :

Bladen*acum* = Bladen*au*, aujourd'hui Blen*od* (Meurthe).

EXEMPLE en *eu* :

Latin*iacus* = Lagn*eu* (Ain).

EXEMPLES en *ievx* :

Flor*iacus* = Fleur*ieux* ;
Ambar*iacus* = Amber*ieux* ;
Andris*iacus* = Andrézi*eux* (Loire) ;
Ac*iacus* = Ass*ieux* (Loire).

EXEMPLE en *oi* :

Fontin*iacum* = Fonten*oy* (Meurthe).

L'accent de *iacum*, porté sur *i*, a produit les noms terminés en *i* ou *y* qui dominent dans la partie centrale et au nord de l'ancienne celtique.

EXEMPLES :

Gaud*iacus* = Jouy (Loiret) ;
Anton*iacus* = Anton*y* (Seine-et-Oise) ;
Liber*iacum* = Livry (Calvados) ;
Albin*iacum* = Aubign*y* (Nièvre) ;
Align*iacum* = Allign*y* (Nièvre) ;
Amf*iacum* = Imph*y* (Nièvre).

Quelquefois l'*i* s'est adjoint un *l* mouillé, comme dans Avr*iacum*, qui est devenu *Avril* (Nièvre).

Les accidents éprouvés par le suffixe n'excluant pas la réduction opérée dans l'intérieur des mots, il s'ensuit qu'un même type, qui a été commun à toute la Gaule, a pu fournir un nombre infini de dérivés différents.

Prenons pour exemple le nom *Cotiacum*, dans la composition duquel rentre un radical celtique analogue, pour la forme et pour le sens, au mot breton *coat*, bois, forêt, et nous verrons les transformations multiples de

Coriacum en
- Coisia (Jura)
- Cuisia (Jura);
- Cuisiat (Ain);
- Cuissay (Orne);
- Cuissy (Yonne, Aisne);
- Cuisy (Seine-et-Marne, Aisne);
- Cuise (Oise);
- Cussac (Aveyron, Cantal, Corrèze);
- Cuxac (Aude);
- Cuxac (Lot);
- Cuzieu (Loire);
- Cuzieux (Ain);
- Cussay (Indre-et-Loire, Eure-et-Loir);
- Cussey (Côte-d'Or, Doubs);
- Cusey (Haute-Marne);
- Cusset (Allier);
- Cosse (Dordogne);
- Las Cossas (Dordogne);
- Cossé (Maine-et-Loire, Mayenne, etc.);
- Coisy (Somme);
- Cussy (Saône-et-Loire, Nièvre, etc.);
- Cusy (Yonne, Saône-et-Loire);
- Choisy (Seine, Seine-et-O., Oise, etc.);
- Choisies (Nord);
- Choisey (Jura);
- Chouzey (Loir-et-Cher);
- Chouzé (Indre-et-Loire).

Les autres désinences ne sont pas moins intéressantes à étudier.

Je dirai seulement que certaines terminaisons se

transforment comme la désinence *iacum* selon les pro[vin]ces où elles sont employées.

La désinence *acum* se transforme en *ac*, dans l[e] midi et la Bretagne bretonnante ; *a, as, at*, dans l[e] centre ; *ay, ey, e*, à partir de la Saintonge jusqu'au[x] frontières du nord et de l'est.

Les désinences *ate, atis, atus*, attachées à des nom[s] d'origine gauloise ont produit les mêmes phénomène[s].

Ate, en *âs* et *ât* dans les pays du Languedoc ; [...] *ey, oy* (pron. ouai), *et, etz, er* (sourd), *è*, dans les p[ays] de langue d'oil.

La désinence *etum*, que j'ai signalée en parlant [des] influences naturelles, car elle appartient à des comp[o]sés qui désignent les plantations d'une même esp[èce] d'arbres s'est transformée aussi selon les provinces, [en] *oy, ois, ai, ais, ay, at, ai, ey*, enfin, *aye* et *ède*.

Il y a aussi une remarque importante à faire : c'e[st] qu'on ne peut établir une filiation directe et indis[cu]table entre la forme latine et la forme romane q[ue] lorsqu'on a des textes anciens, et encore ne peut-o[n] agir qu'avec la plus extrême prudence.

Les noms de lieu n'avaient pas alors comme a[u]jourd'hui une forme immuable. L'impossibilité de tro[u]ver dans des traités spéciaux un criterium qui per[met] d'écrire les noms de lieu correctement, fit qu'il [y] avait, pour ainsi dire, autant de formes que d'auteu[rs].

Ainsi César appelle, dans ses *Commentaires*, Dec[ia] *Decetia* ; l'itinéraire d'Antonin l'écrit *Degena* et *D[e]cidæ*, un acte de 1130, *Disesia*, etc., etc.

Entrains-sur-Nohain est nommé *Intaranum* dans u[ne] inscription du deuxième siècle, *Interamnium*, sixième siècle, *Interamnis*, au siècle suivant, *Intranimsis*, vers 680, *Interranum*, au neuvième siècle, *Interannis*, en 1120.

La difficulté est de savoir de quelle forme latine vient le mot populaire, et quelles sont les dégradations successives que la forme romane a subies elle-même en vieillissant. Ainsi *Spinogilum* a dû faire *Epineuil*, qu'on aura prononcé *Epinoil*. L'*l* se sera amorti : on aura dit *Epinoi*, à la façon des paysans, c'est-à-dire *Epinoué*, son intermédiaire entre l'*oi* et l'*ai*, et l'une des deux formes a triomphé dans certains pays : *Epinoi*; dans d'autres, *Epinay*. Malheureusement, les textes anciens du huitième au dixième siècle manquent presque toujours, et nous n'avons le plus souvent que des formes du treizième siècle et des siècles suivants, formes altérées, soit par l'ignorance du copiste, soit au contraire par sa trop grande prétention à l'érudition. Ainsi *Chevroches*, dans la Nièvre, vient de *Cavaroca*, qui se trouve mentionné dans un acte de 935. Si cet acte n'existait pas, nous n'aurions plus que des documents du treizième siècle, où nous trouverions les formes *Cava ruppe* ou *Cava ruppis*, qui sont des traductions fantaisistes des mots vulgaires dont le sens et l'origine étaient perdus.

On ne saurait donc trop se prémunir contre les formes du moyen âge, postérieures au dixième siècle. En effet, à l'époque où les noms de lieu avaient déjà une forme populaire, ceux qui avaient à dresser des actes ne connaissaient pas la forme latine correspondante, et ils étaient fort embarrassés de traduire en latin le nom roman qu'ils entendaient prononcer devant eux. C'est ainsi qu'en 826 nous trouvons la forme *Riogilium*, prononcée par les habitants *Reuil* ou *Rueil*, et qu'en 1113, au lieu de l'ancienne forme *Riogilum*, nous rencontrons la forme *Ruellium* dans un acte émanant de la chancellerie royale, par lequel le roi Louis VI accordait à l'abbaye de Saint-Denis la redevance d'un muid de vin qu'il percevait sur une propriété de *Ruel*.

Il ne faut cependant pas s'en rapporter toujours à la forme ancienne. Ainsi *Salvagnac* (Hérault) s'appelait *Salvaticos* en 804, ce qui aurait produit *Salvage* ou *Salvaz*, et non *Salvagnac*, qui vient certainement d'une forme *Salviniacum*. La *Castillonne*, dans l'Hérault, s'appelait, en 987, *Castellaro villa* et *Castellario*, ce qui aurait donné *Castelar* ou *Castelier*, tandis qu'en 1164, on l'appelait *Castelionem*, forme plus moderne, mais de laquelle cependant *la Castillonne* est venue.

C'est ainsi que *Roqueronde* vient de la forme *Rocca rotunda* que l'on rencontre en 1135, et non de la forme antique *Roderanicas* qu'on trouve en 974, et qui aurait fait *Roderargues*.

Il faut aussi compter sur les habitudes de prononciation provinciale dont il est quelquefois difficile de se rendre compte. C'est ainsi que *Maixe*, dans le département de la Meurthe, se prononce *Mâche*, que *Sexey-aux-Forges* se prononce *Chrey*, que *Xammes* se prononce *Chammes*, que *Xanrey*, *Xermaménil*, *Xouaxange*, se prononcent *Chanrey*, *Chermaménil*, *Chouagsange*.

Les observations qui précèdent permettront de mieux juger l'importance des suffixes réunis pour la première fois dans le tableau suivant :

TABLEAU

DE LA
TRANSFORMATION DES SUFFIXES ETHNIQUES LATINS
EN SUFFIXES ETHNIQUES FRANÇAIS

Suffixes latins.	Suffixes français correspondants.	EXEMPLES. LATINS.	EXEMPLES. FRANÇAIS.
acæ	aye	Morlacæ (670)	la Morlaye (Oise).
acelis	age	Vuardacelis (805)	Varages (Var).
acium	as	Crudacium (1069)	Cruas (Ardèche).
acum	ac	Montanacum (990)	Montagnac (Hérault).
	ague	Gallacum (1032)	Gaillague (Hérault).
	ard	Jonolacum (1150)	Genelard (Indre-et-Loire).
	as	Cabraracum (Xe s.)	Chabreiras (Puy-de-D.)
	at	Busnacum (924)	Beunas (Nièvre).
		Brennacum (Xe s.)	Brennat (Puy-de-Dôme).
	ay	Carnacum (805)	Charnay (Saône-et-Loire).
	ai	Bernacum (870)	Bernai (Eure).
	é	Miseracum (1101)	Miseré (Isère).
	e	Nassonacum (IVe s.)	Nassogne (Belgique or.).
	ei	Cennocum (1006)	Cinei (Belgique orient.).
	od	Bladenacum (870)	Blenod (Meurthe).
	ot	Stabelacum (693)	Stavelot (Belgique orient.)
	oux	Amberlacum (VIIe s.)	Amberloux (Belg. orient.)
	(disparu)	Muxacum (XIe siècle)	Moulx (Bouc.-du-Rhône).
ada	ey	Codolada (1100)	Couley (Haute-Savoie).
adæ	ades	Condadas (936)	Condades (Hérault).
radius	as	Bonus radius (1120)	Bourras-l'Abbaye (Nièvre)
adum	ey	Oscadum (Xe siècle)	Ochey (Meurthe).
dunum	un	Scadunum (1130)	Achun (Nièvre).

Suffixes latins.	Suffixes français correspondants.	EXEMPLES	
		LATINS.	FRANÇAIS.
adus	as at ez é ou	So*gradus* (799) Cun*dadus* (898) Al*biadi* (739) Li*radus* (860) Ver*nudus* (VIe siècle)	Sau*gras* (Hérault). Con*dat* (Lot). Al*biez*-le-Vieux (Savoie). Ler*é* (Cher). Ver*nou* (Indre-et-Loire).
agium	ais ay	Silv*agium* (846) Caram*agium* (902)	Serv*ais* (Aisne). Charam*ay* (Isère).
alicæ	augues	Mat*alicæ* (1044)	Maz*augues* (Var).
alicio	eillon	Am*alicione* (739)	Arm*eillon* (Nord).
aliola	ouille	Dur*aliola* (1182)	Dr*ouille* (Hérault).
allus	ail	Trep*allus* (IXe siècle)	Trep*ail* (Marne).
anegus	ergues	Caix*anegos* (804)	Couss*ergues* (Hérault).
angium	ey	Pomp*angium* (896)	Pomp*ey* (Meurthe).
aniaci	agnes	Porcair*aniacos* (1035)	Portir*agnes* (Hérault).
anicæ, es	argues	Mar*anicæ* (1001) Agus*anicis* (922) V. de Mair*anicis* (1166)	Meyr*argues* (B.-du-Rhône). Guz*argues* (Hérault). Meyr*argues* (Hérault).
anicus	argues iès	Bedex*unicus* (1054) Galaz*anicus* (1027) Surc*anico* (1003) Venr*anichos* (961) Maur*anicus* (984)	Biss*argues* (Basses-Alpes). Gal*argues* (Hérault). Suss*argues* (Hérault). Vend*argues* (Hérault). Maur*iès* (Var).
anigæ	igue	Mair*anigæ* (1050)	Mer*igue* (Var).
anis	aine	Vell*anis* (875)	Vel*aine*-sous-Amance (Meurthe).
anium	ay aie	Am*anium* (711) Hasb*anium* (866)	Am*ay* (Belgique). le Hesb*aie* (Belgique).
anum	an ain	Cinci*anum* (823) Cr*anum* (1186)	Ciss*an* (Hérault). Cr*ain* (Yonne).

Suffixes latins.	Suffixes français correspondants.	EXEMPLES LATINS.	EXEMPLES FRANÇAIS.
anum	ains on ènes agnes agnes	Intar*anum* (IIᵉ siècle.) Berneg*annum* (904) Piz*anum* (992) Cals*anum* (990) Gas*anus* (936)	Entr*ains*-s.-Nohain (Nièv.) Bertego*n* (Vienne). Pez*ènes* (Hérault). Cass*agnes* (Hérault). Grans*agnes* (Hérault).
anus	as ens en	Cesar*anus* (898) E. de Laur*ano* (1126) S.-Reveri*anus* (886)	Cess*eras* (Hérault). Laur*ens* (Hérault). S.-Reveri*en* (Nièvre).
apium	aches	Gam*apium* (752) Gam*apium* (707)	Gam*aches* (Somme). Gam*aches* (Eure).
argues	argium	Ol*argium* (1260)	Ol*argues* ¹ (Hérault).
aria	erie ières	Scutl*aria* (Xᵉ siècle) Brog*aria* (799)	L'Escuil*erie* (P.-de-Dôme) Bru*ières* (Oise).
ariæ	eds ers ieres iers eres ergues	Spic*arias* ² (1031) Spic*ariæ* (1040) Arment*ariæ* (867) Caucal*ariæ* (1044) Bux*arias* (770) Argil*ariæ* (1154) Felg*arias* (934) Cleuc*arias* (987)	Ep*ieds* (Loiret). Esp*iers* (Eure-et-Loir). Armeut*ières* (Eure). Caucal*ières* (Tarn). Boux*ières* (Meurthe). Argel*liers* (Hérault). Faug*ères* (Hérault). Les Cl*ergues* (Hérault).
arium	ar ey iers iès ier	Castl*arium* (1117) Castell*arium* vetus (1057) Columb*arium* (836) Columb*arios* (990) Sol*arium* (1038) C. de podio Serig*ario* (1146)	Cayl*ar* (Hérault). Castel*ar* (B.-du-Rhône). Colomb*ey* (Meurthe). Colomb*iers* (Hérault). Soll*iès* (Var). Puisserg*uier* (Hérault).

1. Il est plus que probable que le mot *olargium* a été fait sur *olargues*, et que l'ancienne forme de ce mot a été *Olanicæ* ; *argium* ne serait donc qu'un suffixe bâtard, fabriqué d'après une forme française. Au treizième siècle, les scribes avaient fait un jeu de mots en l'écrivant *olla larga*, c'est-à-dire *grand pot*, aussi son blason était-il d'azur au pot ansé d'or. C'était ce qu'on appelle une arme parlante.

2. La charte de 1040 donne la forme contracte *Spieriæ*. Cette forme est irrégulière, il devait y avoir *Spiariæ* pour *Spi(c)ariæ*.

Suffixes latins.	Suffixes français correspondants.	EXEMPLES	
		LATINS.	FRANÇAIS.
arius	iers é	Columb*arius* (833) Mons asin*arius* (Xe s.)	Collem*iers* (Yonne). Montaign*é* (P.-de-Dôme)
asia	oise	Serm*asias* (903)	Serm*oise* (Nièvre).
ata	es	Vinzell*ata* (XIIIe s.)	Vinz*elles* (P.-de-Dôme)
atæ	as et e	Curcen*ate* (837) Pedin*atis* (990) Laun*ates* (804) Satur*atis* (804) Satar*atis* (964) Savad*atis* (1055) Coln*ates* (804) Cond*ate* (It. d'Anton.)	Coussen*as* (Hérault). Pezen*as* (Hérault). Lun*as* (Hérault). Ceyr*as* (Hérault). Sorr*as* (Ardèche). Sav*ias* (Isère). Coul*et* (Hérault). Cosn*e* (Nièvre).
atica	age	Asn*atica* (946)	Ern*age* (Belgique orientale).
aticum	age az	Mes*aticum* (805) Cassan*aticum* (1099) Barbar*aticum* (1100)	Saint-Pierre-de-Mezag*e* (Isère). Sassen*age* (Isère). Barber*az* (Savoie).
atio	ison	Mut*atio* (IXe siècle)	Mu*ison* (Marne).
atium	az as	Soln*atium* (1100) Dums*atio* (721)	Sonn*az* (Savoie). Douss*as* (Nièvre).
atorium	oud ouer oux	Vers*atorium* (1100) Or*atorium* (1263) Or*atorium* (1308)	Le Vers*oud* (Isère). Our*ouer* (Nièvre). Our*oux* (Nièvre).
atum	ac as é et	Clair*atum* (987) Castell*atum* (1135) Veos*atum* (870) Andr*atum* (721)	Clair*ac* (Hérault). Le Castel*as* (Var). Vis*é* (Belgique orientale) Orr*et* (Côte-d'Or).
atus	as ay ot ë	Sentol*atus* (830) Accol*atus* (VIIe siècle) Dodol*atus* (IXe siècle) Od*atus* (862)	Satol*as* (Isère). Accol*ay* (Yonne). Doll*ot* (Yonne). N.-D. d'O*ë* (Indre-et-Loire)

Suffixes latins	Suffixes français correspondants	EXEMPLES	
		LATINS.	FRANÇAIS.
augia	oye	Caugia (799)	Coye (Oise).
avia	age	Cavia (898)	La Cage, près St.-Denis.
azios	eze	Morazios (804)	Mourèze (Hérault).
dunum	on dun	Cervidunum (843) Liberdunum (894)	Cervon (Nièvre). Liverdun (Moselle).
eda	ede	Casteneda (1082)	Castaguède (Hte-Garonne).
donus	on	Curcedonus (VIe sièc.)	Courson (Yonne).
edum	ay ey oy	Paxedum (895) Volvredum (1110) Nogaredum (960)	Pezay (Loire-et-Cher), Vourey (Isère). Norroy (Meurthe).
edus	oy	Carmedus (Xe siècle).	Charmoy (Yonne).
egia	iech	Soregia (804)	Soriech (Hérault).
egiæ	ez ies is	Attegiæ (IXe siècle) Artegiæ (690) Attegiæ (1155)	Attez (Eure). Arthies (Seine-et-Oise). Athis (Seine-et-Oise).
eia	is ée	Capleia (867) Ateia (907)	Chablis (Yonne). Athée (Indre-et-Loire).
eiæ	ies y ie é ée	Wilerceias (380) Morceias (922) Atheæ (1108) Salceias (666) Ateias (877)	Willerzies (Belgique or.). Moircy (Belgique orient.). Athie (Yonne). Sacé (Belgique orientale). L'Athée (Yonne).
eira	ais	Caudoreira (1210)	Chaurais (Basses-Alpes).
eium	ay ey ot	Cereseium (1211) E. de Torreio (965) Arsilleium (1147)	Ciersay (Maine-et-Loire). Thorey (Meurthe). Azelot (Meurthe).
eius	iy	Cambreceius (IXe s.) Cardeneius (IXe sièc.)	Chambrecy (Marne). Chardeny (Ardennes).

Suffixes latins.	Suffixes français correspondants.	EXEMPLES	
		LATINS.	FRANÇAIS.
eius	ay iel	Chain*eius* (IXe siècle). V*eius* S.-Remigii (IXe siècle).	Chen*ay* (Marne). V*iel* S.-Remy (Ardennes).
ellum	eau el els	Monester*ellum* (1174). Bordos*ellum* (1145). Lun*ellum* (1035). Rocos*ellum* (1031).	Menestr*eau* (Nièvre). Bourdois*eau* (Nièvre). Lun*el* (Hérault). Rocoz*els* (Hérault).
ellus	eaux ey	Oliad*ellus* (XIIe sièc.) Camp*els* ¹ (918)	les Glad*eaux* (P.-de-Dôm.) Champ*ey* (Meurthe).
elsa	eauce	M*elsa* (XIe siècle).	M*eauce* (Nièvre).
enæ	aine ay	Vill*enæ* (836) Brad*enas* (IXe siècle).	Vel*aine*-en-Haye (Meur.) Brann*ay* (Yonne).
enia	aine aines	Vell*enia* (1105) Sebl*enia* (1096)	Vel*aine*-sous-Vaudémont (Meurthe). Subl*aines* (Indre-et-Loir.)
ennus	an	Crev*ennus* (901)	Crav*an* (Yonne).
eola	eules	Campin*eola* (935)	Champign*eules* (Meurth.)
eolæ	eaux eules eux	Baln*eolæ* (722) Arr*olæ* (862) Vin*eolis* (1152) Put*eolis* (1283)	Bagn*eaux* (S.-et-Marn.) Les R*eaux* (Ind.-et-Loir.) Vign*eules* (Meurthe). Pois*eux* (Nièvre).
eolum	jeux	Baln*eolum* (1160) Brac*eolum* (1175)	Bagn*eaux* (Yonne). Brac*ieux* (Loir-et-Cher.)
era	ieres	Maid*era* (977)	Maid*ieres* (Meurthe).
eræ	ières	Canav*eræ* (965)	Chenev*ières* (Meurthe)
eria	iere es	Bux*eria* (1374) Felg*eria* (XIIIe siècle)	Buss*iere* (Nièvre). Faug*ues* (Puy-de-Dôm.)

1. C'est déjà la forme romane de *Campellus*.

Suffixes latins.	Suffixes français correspondants.	EXEMPLES	
		LATINS.	FRANÇAIS.
riæ	ieres ès	Boisseriæ (1189) Foderias (987) M. de Granolheriis (1115)	Bussieres (Yonne). Fozieres (Hérault). Grenouillès (Hérault).
rium	ès es rey iers	Castanerium (1307) Poalerium (1187) Lenterio (1175) Cerserio (IXe siècle).	Castagnès (Hérault). Poilhes (Hérault). Lentrey (Meurthe). Cerisiers (Yonne)
rius	iech	Tarborerius (936)	Tarbouriech (Hérault).
ræ	iers	Tavernæ (XIIe siècle).	Taviers (Belgique orient.)
sca	aches	Moresca (1129).	Moraches (Nièvre).
sum	ais ois es	Calesium (XIIIe siècle) Samesium (982) Agonesium (1323)	Calais (Pas-de-Calais). Samois (Seine-et-Marne). Agones (Hérault).
sius	aix	Mallesius (1205)	Maulaix (Nièvre).
tia	ize	Decetia (Cesar)	Decize (Nièvre).
tius	y	Campus Lemetii (600)	Camplemy (Nièvre).
tum	as ay ec ede et eux oy ol ot	Burguetum (1189) Fontanetum (VIIIe s.) Castanetum (864) S.-Martinus de Trunceto (1088) Fraissinetum (1202) Fenolletum (922) Boxetum (1029) Astanetum (817) Fontanetum (Xe sièc.) Fraxinetum (1151) Pousignetum (1186) Mulnetum (1015)	le Bourgas (Basses-Alpes). Fontenay (Yonne). Chastenay-le-Bas (Yonne). Saint-Martin-du-Tronsec (Nièvre). Fraissinède (Hérault). Fenouillède (Hérault). le Boisset (Vaucluse). Staneux (Belgique orient.) Fontenoy (Meurthe). Franoy (Nièvre). Poussignol (Nièvre). Munot (Nièvre).
tus	ay	Arebletus (1120)	Arblay (Yonne).

— 192 —

Suffixes latins	Suffixes français correspondants.	EXEMPLES	
		LATINS	FRANÇAIS.
etus	et y	Monspeslair*etus* (1090) Porc*etus* (IX*e* siècle)	Montpellier*èt* (Hérault). Pourcy (Marne).
ia	y	Laus*ia* (900)	Luzy (Nièvre).
iæ	ges ieux	Colon*iæ* (864) Bedair*iæ* (1164) Velleli*æ* (974)	Coulanges (Yonne). Bédarieux (Hérault), Velieux (Hérault).
iaca	ay	Audun*iaca* (634)	Annay-la-Côte (Yonne)
iacum	ac at ais ay az eat e é et ieu ieux ey ier in oy ye y is (disparu)	Gavil*iacum* (XII*e* s.) Plauz*iacum* (XII*e* s.) Auz*iacum* (XII*e* s.) Masir*iacum* (895) Sasir*iacum* (942) Madrin*iacum* (859) Lucin*iacum* (1129) Cavann*iacum* (1015) Salv*iacum* (636) Musc*iacum* (XI*e* sièc.) Priv*iacum* (970) Anton*iacum* (615) Patern*iacum* (1014) Hur*iacum* (1087) Mair*iacum* (1195) Burdon*iacum* (768) Geuil*iacum* (X*e* siècle) Buc*iacum* (831) Cadul*iacum* (885) Ambar*iacum* (885) Ar*iacum* (830) Fisc*iacum* (859) Alir*iacum* (1200) Campan*iacum* (1100) Cocon*iacum* (751) Caul*iacum* (1069) Gaud*iacum* (1233) Bilin*iacum* (X*e* siècle) Baris*iacum* (662) Vipples*iacum* (670)	Juvillac (Puy-de-Dôme) Plauzat (Puy-de-Dôme) Auzat (Puy-de-Dôme). Maizerais (Meurthe). Saizerais (Meurthe). Mamay (Aube). Lucenay (Nièvre). Chavanaz (Haute-Savoie) Saugeat (Allier). Mouse (Var). Prye (Nièvre). Antogne (Sarthe). Payerné (Var). Huriel, pron. Hurié (Alli Moré (Nièvre). Bourdonné (Seine-et-O! Genillet, écart de Bren (Puy-de-Dôme). Bossieu (Isère). Chélieu (Isère). Ambérieux (Ain). Heyrieux (Isère). Fixey (Côte-d'Or). Allerey (Côte-d'Or). Champagnier (Isère). Chauconin (Seine-et-M Choloy (Meurthe). Joye (Nièvre). Bulligny (Meurthe). Barezis (Aisne). Vipleix (Allier).

Suffixes latins.	Suffixes français correspondants.	EXEMPLES	
		LATINS.	FRANÇAIS.
iacus	y	Baug*iacus* (600)	Bou*hy* (Nièvre).
		Anton*iacus* (925)	Antog*ny* (Indre-et-Loire).
	é	Anton*iacus* (775)	Antog*né* (Maine-et-Loire).
		Atr*iacus* (900)	Ertr*é* (Orne).
		Belc*iacus* (862)	Beauc*é* (Sarthe).
	ier	Ais*iacus* (1026)	Aiz*ier* (Eure).
	iers	Gisin*iacus* (1079)	Guisen*iers* (Eure).
	ié	Mac*iacus* (1016)	Mass*ié* (Isère).
	ey	Tusc*iacus* (860)	Tus*ey* (Meuse).
	ai	Alis*iacus* (869)	Alis*ai* (Eure).
	ay	Nantin*iacus* (VIe sièc.)	Nann*ay* (Nièvre).
		Cassin*iacus* (600)	Chasn*ay* (Nièvre).
	et	Mall*iacus* (635)	Maill*et* (Allier).
	at	Lobej*iacus* (XIe s.)	Loubej*at* (Corrèze).
	ac	Marc*iacus* (985)	Mars*ac* (Corrèze).
	an	Morin*iacus* (931)	Morign*an* (Indre-et-Loire)
	oux	Templ*iacus* (XIIe sièc.)	Templ*oux* (Belgique).
iagum	inge	Pres*iagum* (1015)	Press*inge* (Haute-Savoie).
	iers	Clip*iagum* (922)	Clap*iers* (Hérault).
iagus	ey	Vitil*iagus* (836)	Vill*ey*-le-Sec (Meurthe).
ianæ	eigne	Cas*ianas* (924)	Chass*eigne* (Nièvre).
ianum	a	Opin*ianum* (936)	Oup*ia* (Hérault).
	ians	Planc*ianum* (805)	Plais*ians* (Drôme).
	i	Quarc*ianum* (814)	Quarc*i* (Hérault).
	iès	Castrum Nif*iani* (990)	Neff*iès* (Hérault).
	in	Caless*ianum* (830)	Chaleyss*in* (Isère).
	on	Pisanc*ianum* (1111)	Pisanç*on* (Drôme).
iatus	ey	Alc*iatus* (865).	Aux*ey*-le-grand (C.-d'Or).
icæ	e	Last*icas* (977)	Less*e* (Meurthe).
	ges	Colon*icæ* (883)	Colon*ges* (Isère).
	gue	Camar*icæ* (923)	La Camar*gue* (B.-du-Rh.)
	ègues	Fabr*icas* (1057)	Fabr*ègues* (Hérault).
ica	ie	Fabr*ica* (993)	La Faur*ie* (Corrèze).
	ge	Colon*ica* (803)	Colon*ge* (Rhône).
	gue	Canon*ica* (1060)	Canour*gue* (Lozère).

Suffixes latins.	Suffixes français correspondants.	EXEMPLES	
		LATINS.	FRANÇAIS.
icinum	ine	Bar*ricino* (870)	Bar*rine* (Meurthe).
iciolus	ieux	Por*ticiolo* (1178)	Por*tieux* (Meurthe.)
ictia	oil	P*ictia* (Xe siècle)	Po*il* (Nièvre).
iculæ	eilles	Stiva*liculæ* (636)	Estivar*eilles* (Allier).
icum	oix	Mirap*icum* (1218)	Mirep*oix* (Ariége).
ida	oye ay	Marl*ida* (816) Grauli*dum* (862)	Marl*oye* (Belgique orient.) Grosl*ay* (Seine-et-Oise).
idum	y u llet	Bux*ido* (IXe siècle). Pru*nidum* (745) Borc*ido* (851) Teli*dum* (842)	Buss*y*-en-Othe (Yonne). Pren*y* (Meurthe). Bors*u* (Belgique orient.) Tei*llet* (Corrèze).
ilia	ay	Ars*ilia* (830)	Arz*ay* (Isère).
iliæ	eilhes eilles	S*ilias* (1101) Torr*iliæ* (899)	C*eilhes* (Hérault). Tourr*eilles* (Hérault).
ilicæ	oches oques oges euge ouge ugues ougers oilles oles uel	Bas*ilicæ* (1153) Bas*ilicæ* Bas*ilicæ* Bas*ilicæ* Bas*ilicæ* Bas*ilicæ* Bas*ilicæ* Bas*ilicæ* Bas*ilicæ* Bas*ilicæ* [1]	Baz*oches* (Aisne) La Bar*oche* (Sarthe). Bas*oques* (Eure). Baz*oges* (Vendée). Baz*euge* (Haute-Vienne). La Baz*ouge* (Sarthe). Baz*ugues* (Gers). Baz*ougers* (Sarthe). Baz*oilles* (Vosges). Baz*olles* (Nièvre). Baz*uel* (Nord).
inga	ing ange	Gosselm*inga* (1240) Guerm*inga* (1330)	Gosselm*ing* (Meurthe). Guerm*ange* (Meurthe).
ingæ	ange ing	Hauvold*ingas* (976) Sutsol*ingas* (965)	Habond*ange* (Meurthe). Sotzel*ing* (Meurthe).

[1] *Basilicæ* est la forme primitive, mais entre *Basilica* et la forme française actuelle correspondante, il y a eu, bien entendu, des formes intermédiaires.

— 195 —

Suffixes latins.	Suffixes français correspondants.	EXEMPLES LATINS.	EXEMPLES FRANÇAIS.
ingus	inge ens	Valentingos (721) Besingue (680) Scatalingis (1050)	Valentinge (Nièvre). Bessens (Haute-Garonne). Escatalens (Hte-Garonne).
inica	ergues	Limmica vallis (1031)	Limergues (Vaucluse).
inus	an e	Baudrino (726) Caucinus (820)	Boran (Oise). la Causse (Hérault).
iola	elles olles y	Britaniola (680) Eglisiola (1160) Ecclesiola (VIIIe siec.) Petariola (862) Massiliola (1055) Cassaniola (721)	Bretignelles (Yonne). Egriselles (Yonne). Glisolles (Eure). Preyolles (Oise). Marcilolles (Seine). Chassigny (Yonne).
iolum	eau eux eul oil ol	Aquiniolum (IXe s.) Palatiolum (IXe s.) Banniolum (963) Munsteriolum (880) Baliolum (862) Palatiolum (746) Mercuriolum (908) Mercariolo (990) Ventoriolum (1060)	Avigneau (Yonne). Palaiseau (Seine-et-Oise). Bagneux (Meurthe). Montreux (Meurthe). Bailleul-la-Camp. (Eure). Paliseul (Belgique). Mequeroil (Ind.-et-Loire). Mourcairol (Hérault). Venterol (Drôme).
iolæ	illes elles ols	E. de Crusiolis (1058) Æcclesiolæ (IXe siec.) E. de Broziolis (739)	Crezilles (Meurthe). Egriselles-le-Bocage (Ye). Bruzols.
iscum	ay	Caliscum (885)	Chalay (Rhône).
itium	ey	Arvisium (1100)	Arvey (Savoie).
isola	ille	Anisola (637)	Anille (Sarthe).
itias	esse is	Porcaritias (902) Souritias (932)	Porcheresse (Belgique or.) Xhoris (Belgique orient.)
itum	ay oy y	Hermoritum (768) Bedolitum (832) Nocitum (692)	Hermeray (Seine-et-Oise). Belloy (Seine-et-Oise). Noisy-sur-Oise (S.-et-O.)

| Suffixe latins. | Suffixes français correspondants. | EXEMPLES ||
		LATINS.	FRANÇAIS.
ivum	ieu	Montech*ivum* (1162) E. de Monte ol*ivo* (1152)	Montesqu*ieu* (Hérault). Montoul*ieu* (Hérault).
	u	Bac*ivum* (706)	Bezu (Eure).
oca	oches	Cavar*oca* (935)	Chevr*oches* (Nièvre).
odium	uis	Montep*odium* (1171)	Montemp*uis* (Nièvre).
odum	ou	Narl*odum* (1161)	Narl*ou* (Nièvre).
ogilum	ay	Spin*ogilum* (862)	Epin*ay*-sur-Seine (Seine-et-Oise).
	euil	Di*ogilum* (862) Argent*ogilum* (824)	D*euil* (Seine-et-Oise). Argent*euil* (Seine-et-Oise)
	ueil	Ri*ogilum* (816)	R*ueil* (Seine-et-Oise).
	eil	Bon*ogilum* (834)	Bonn*eil* (Aisne).
	ols	Vin*ogilum*	Vign*ols* (Corrèze).
odorum	eures	Ici*odorum* (IVᵉ s.)	Yz*eures* (Indre-et-Loire)
oilus	eau	Blan*oilus* (VIᵉ siècle)	Blen*eau* (Yonne).
	euil	Sed*oilus* (IXᵉ siècle)	S*euil* (Ardennes).
	ueil	Sc*oilus* (IXᵉ siècle).	Ec*ueil* (Marne).
oilum	ay	Can*oilum* (1122)	le Chen*ay* (Seine-et-Oise)
	eil	Christ*oilum* (900)	Cret*eil* (Seine).
oiolum	euges	Cant*oiolum* (XIIₑ s.)	Chant*euges* (Puy-de-Dôme).
olæ	ieures	E. de Roser*olis* (966)	Rozel*ieures* (Meurthe).
	eilles	Liner*iliæ* (864)	Ligno*reilles* (Yonne).
	olles	V. de Pegueir*ollis* (824)	Pegair*olles* (Hérault).
	aux	Cambath*olæ* (1226)	Combaill*aux* (Hérault).
olium	eil	Corb*olium* (1000)	Corb*eil* (Seine-et-Oise).
	euil	Marcass*olium* (858)	Marches*euil* (Côte-d'Or).
		Argent*olium* (1080)	Argent*euil* (Yonne).
	ou	E. de Alt*olio* (1124)	Auth*iou* (Nièvre).
	eau	Bal*olium* (1231).	Bell*eau* (Aisne).

Suffixes latins.	Suffixes français correspondants.	EXEMPLES LATINS.	FRANÇAIS.
olum	ot / ols	Agneolum (1235) / Perairolum (804)	Anneot (Yonne). / Perols (Hérault).
omus	eu	Laugromus (864)	Loren (Yonne).
ongæ	on	Gavalongæ (836)	Jaillon (Meurthe).
ongias	anges	Trozongias (1080)	Tronsanges (Nièvre).
onium	ins	Esconium (XIIe sièc.)	Asquins (Yonne).
onica	aines	Colonica (615) / Colonica (615)	Coulaines (Sarthe). / Quelaines (Mayenne).
orium	our / uio	Oratorium (893) / Melgorium (996)	L'Oradour (Corrèze). / Mauguio (Hérault).
orus	euf	Riconorus (863)	Arqueneuf (Yonne).
osa	ouse	Espinosa (922)	Espinouse (Hérault).
oscum	oud	Brinoscum (1100)	Brignoud (Isère).
osium	oux	V. de Laurosio (824)	Lauroux (Hérault).
osus	oux	Mons Jocosus (1292) / Campus Spinosus (1214) / Mons Petrosus (1097)	Montjoux (Nièvre). / Champenoux (Meurthe). / Montpeyroux (Hérault).
otum	oux	Annotum (1536)	Aunoux (Yonne).
ugius	u	Cadugius (680)	Chéu (Yonne).
ulæ	oures	Firigulæ (1060)	Frigoures (Var).
ulia	uilles	Acus Agulia (1112)	Eguilles (B.-du-Rhône).
uræ	eures	E. de Clausurts (1157)	Clayeures (Meurthe).
uzia	ouse	Vizuzia (816)	la Vezouse, riv. (Manche).

FIN

TABLE DES MATIÈRES

A (Terminaison en)...... 193
Abbayes, monastères ou prieurés (Influence des) dans les formations des noms de lieu.......... 163
Aber, synonyme d'embouchure................ 22
Ac (Terminaison en). 177, 185, 188, 192, 193.
Acer, nom latin de l'érable. 38
Aches (Termin. en).. 187, 191
Ades (Terminaison en)... 185
Adjotum, champ de genêts.................. 48
Aera, aeria, aria, différentes significations de ces mots................... 64
Agaunum, nom gaulois latinisé de rocher..... 58
Age (Terminaison en). 185, 188, 189.
Agnes (Terminai. en). 185, 186, 187.
Ague (Terminaison en)... 185
Ai (Terminaison en).. 185, 193
Aie (Terminaison en)..... 186
Aigle, entre dans la composition des noms de lieu................. 107
Aik, eike, eck, noms du chêne en anglais....... 36
Ail (Terminaison en)..... 186
Ain (Terminaison en). 179, 185
Aine (Terminais. en). 186, 190
Aines (Termin. en).. 190, 197
Ais (terminaison en). 179, 186, 189, 191, 192.
Aix (Terminaison en).... 191
Albaretum, lieu planté de bois blanc............ 41
Alcheria, synonyme de ferme ou métairie..... 99
Aldudes, synonyme de montagnes dans les Basses-Pyrénées........... 58
Alfa, significat. de ce mot. 100
Alisiers (De l'influence des) dans la formation des noms de lieu...... 48
Alizeriæ, lieu planté d'alisiers.................. 48
Alleu (L'), ce que c'est... 91
Alouette, entre dans la composition des noms de lieu................. 107
Alp, nom gaulois de montagne. — Sa signification en Dauphiné et en Suisse................ 56
Alr ou elr, nom saxon de l'aune................. 39
Alt, nom celtique de colline.................. 56
Altaria, signif. de ce mot. 162
Am, forme de Ham...... 86
Amasatus, signification de ce mot................ 120
Ane, entre dans la composition des noms de lieu. 103
Angaria, signif. de ce mot. 104
Amënle, rocher......... 75
An (Terminaison en). 190, 193, 195.
Ange (Terminaison en)... 194
Anges (Terminaison en).. 197
Animaux (Influence des) dans la formation des noms de lieu......... 105
Aoubo, nom du peuplier blanc en Languedoc... 41
Aoubieiro, lieu planté de peupliers blancs en Languedoc............. 41
Appenboomen, nom flamand de l'ormeau..... 42
Aqua, se retrouve dans beaucoup de noms de lieu 22
Aquæ, signification de ce mot.................. 137
Ar (Terminaison en)..... 187
Arbres (De l'influence des) dans la formation des noms de lieu......... 34
Ard (Terminaison en).... 185

— 200 —

Ardoise, son influence dans la formation des noms de lieu... 72
Arène, signification de ce mot... 136
Argile, son influence dans la formation des noms de lieu... 72
Argues (Termin. en). 186, 187
Armentaria, signification de ce mot... 105
Arrecq ou arruc, signification de ce mot... 16
Arruc. *Voyez* Arrecq.
Arlequins... 26
As, at (Terminais. en). 177, 178, 185, 186, 187, 188, 191.
Assia. *Voyez* Essia.
At (Terminaison en). 185, 188, 192, 193.
Ate (Desinence en)... 182
Attegia, signification de ce mot... 122
Augia, signification de ce mot... 61, 62
Augues (Terminaison en). 186
Aune (Influence de l') dans la formation des noms de lieu... 38
Autels (les), leur influence dans la formation des noms de lieu... 162
Aux (Terminaison en)... 196
Av (Rôle de la racine sanscrite) dans la formation des noms de lieu... 7, 8
Avenariæ, lieu ensemencé d'avoine... 50
Avoine (Influence de l') dans la formation des noms de lieu... 51
Ay (Terminaison en). 179, 185, 186, 188, 189, 190, 191, 192, 193, 194, 195, 196.
Aye (Terminaison en)... 196
Az (Terminaison en). 188, 192

Bach ou Bak, mot allemand qui signifie ruisseau... 14

Bachellerie, signification de ce mot... 99
Bailles, origine de ce mot. 118
Bains (Influence des) dans la formation des noms de lieu... 137
Bais, forme flamande de bec... 16
Baissa, signification de ce mot... 61
Baissa. *Voyez* Besses.
Bali, allée d'arbres... 38
Balma, signification de ce mot... 59
Banshee (Les)... 25
Bâri, synonyme de *mur de ville* en Languedoc... 98
Bark, nom scandinave de l'écorce... 40
Barræ et Barrum, signification de ces mots... 118
Barrum. *Voyez* Barræ.
Barry, synonyme de ferme dans l'Hérault... 98
Bartas, synonyme de buisson... 38
Basiliques (Des) dans la formation des noms de lieu... 159
Basilica, son influence dans la formation des noms de lieu... 159, 160
Bastida, signification de ce mot... 116
Batailles, origine de ce mot. 118
Batailliæ, signification de ce mot... 118
Baucæ, synonyme de tuile de bois... 124
Baugium, synonyme de hutte... 123
Baurd, Bord, Bort, Borda, significat. de ces mots... 120
Baux, origine de ce mot... 123
Baw, nom kymri de boue... 62
Beale ou Bialeria, signification de ce mot... 17
Bec, signific. de ce mot. 145
Begudo, synonyme languedocien de cabaret... 137

Bera, verbe armoricain qui signifie couler........ 22
Bercaria ou Berbicaria, signification de ces mots. 104
Berg, nom germanique de montagne............. 56
Beria, synonyme de plaine. 64
Bessa. *Voyez* Besses.
Besses, synonyme de pâturages............. 69
Betuletum, lieu planté de bouleau............. 40
Blacha, nom du jeune chêne................ 36
Bodium, signification de ce mot........ 61, 62
Bœ, mot danois qui signifie demeure.......... 88
Boelea, son influence dans la formation des noms de lieu............. 32
Bœria. *Voyez* Boria.
Bois (Du rôle des) en ethnologie........ 24 et suiv.
Boork, nom scandinave du bouleau............. 40
Bord. *Voyez* Baurd.
Borda. *Voyez* Baurd.
Borde, sa signification.... 99
Borderie, signification de ce mot............. 99
Boria ou Bœria, synonyme de *mansus*............ 98
Borie, synonyme de *ferme* dans l'Hérault........ 98
Born ou Brunn, signification de ce mot........ 19
Bort. *Voyez* Baurd.
Boscus, forme latine de busch............... 28
Bosquetus, diminutif de boscus............... 28
Bot, synonyme de hameau. 82
Bouleau (Influence du) dans la formation des noms de lieu......... 40
Bourg, son origine et sa signification.......... 114
Bova, signification de ce mot............ 61, 62

Boveria, signification de ce mot.............. 104
Braennec, nom breton du jonc................ 45
Branda, son influence dans la formation des noms de lieu............. 32
Bray, signification de ce mot................ 18
Bray employé quelquefois pour aubray.......... 41
Breteche, signification de ce mot.............. 115
Briga, synonyme de mont. 55
Briogilus, diminutif de Briga............... 55
Briva, synonyme celtique de pont........ 125, 126
Broca, synonyme de broussaille............... 31
Brossa, synonyme de broussaille............... 31
Brouch, synonyme de marais................. 19
Bruch, synonyme de marais................. 19
Brunn. *Voyez* Born.
Bruyères (Influence des) dans la formation des noms de lieu......... 49
Brwg, nom kymri de buisson................ 49
Buis (De l'influence du) dans la formation des nom de lieu......... 44
Bur, significat. de ce mot. 120
Bur, Burch et Burg, différentes significations de ce mot.............. 114
Burch. *Voyez* Bur.
Buret, signification de ce mot.............. 121
Burg. *Voyez* Bur.
Buron, synonyme de cabane................ 121
Busch, synonyme de bois. 28, 29
Bussy, ses différents sens. 44, 45
Buxetum, lieu planté de buis................ 44
Buxeria, lieu planté de buis. 44

— 202 —

Cab et Caban, signification de ces mots	123
Caban. *Voyez* Cab.	
Cabanacum, signification de ce mot	403
Cachemir, origine de ce mot	133
Cade, espèce de genevrier.	70
Cadenaria, terre entourée de haies	70
Caill, mot celtique, synonyme de forêt	27
Calceia, signification de ce mot	125
Calmæ, nom des bruyères,	49
Camba, signification de ce mot	135
Cambones, terres à chanvre	50
Camera, signification de ce mot	120
Caminum, signification de ce mot	125
Campellus, diminutif de Campus	63
Campus. Sa signification.	63
Canaveriæ, lieu planté de chanvre	50
Cair, synonyme de pierre.	74
Capanna, signification de ce mot	123
Caprariæ, signification de ce mot	105
Cardinetum, lieu planté de chardons	48
Caru, synonyme de rocher.	74
Carpinetum, lieu planté de charme	40
Carubium, signification de ce mot	125
Casa, Casalis, Casella, Casalaria, signification de ces mots	121
Casalis. *Voyez* Casa.	
Casalaria. *Voyez* Casa.	
Casella. *Voyez* Casa.	
Cassou, nom du chêne en Béarn	35
Castanetum, lieu planté de châtaigniers	40
Castellum, signification de ce mot	116
Castrum, signification de ce mot	116
Catabulum, signification de ce mot	103
Cauletum, lieu planté de choux	52
Causse, nom des terrains où pousse le chêne	35
Causse, nom de montagne calcaire en Languedoc.	
Cave, signification de ce mot dans le département de l'Aisne	39
Cavée, signification de ce mot	60
Cavin, signification de ce mot	60
Cella, son influence dans la formation des noms de lieu	94
Cella, signification de ce mot	165
Cellarium, signification de ce mot	100
Cerisier (Influence du) dans la formation des noms de lieu	46
Champ, signification de ce mot	43
Chanvre (Influence du) dans la formation des noms de lieu	50
Chapelles (Influence des) dans le langage géographique	158
Chappa, signific. de ce mot	101
Charbon (le), son influence dans la formation des noms de lieu	73
Chardons (Influence des) dans la formation des noms de lieu	48
Charme (Influence du) dans la formation des noms de lieu	40
Chat-huant, entre dans la composition des noms de lieu	108

Chataignier (Influence du) dans la formation des noms de lieu............	40	Corneille, entre dans la composition des noms de lieu................	108
Chaussée Brunehaut.....	125	Cornetum ou Corniculetum, lieu planté de Cornouilliers.............	48
Chêne (Influence du) dans la formation des noms de lieu...............	34	Corniculetum. *Voyez* Cornetum.	
Cheval, entre dans la composition des noms de lieu.................	105	Cornouilliers (Influence des) dans la formation des noms de lieu......	48
Chien, entre dans la composition des noms de lieu................	106	Cortilis, diminutif de Curtis..................	96
Choca, son influence dans la formation des noms de lieu...............	32	Coryletum, lieu planté de coudriers.............	47
Chou (le), son influence dans la formation des noms de lieu.........	52	Coterie, signification de ce mot.................	99
		Cotia, forme latine de cuit. *Voyez* ce mot.	
Cigogne, entre dans la composition des noms de lieu..................	108	Cotonariæ, lieu planté de cognassiers...........	47
Clap, synonyme de pierre.	74	Coudercum synonyme de paturage..............	69
Coat, bois...............	28	Coudriers (Influence des) dans la formation des noms de lieu..........	47
Coé, bois................	28		
Coet, bois...............	28		
Cognassiers (Influence des) dans la formation des noms de lieu.........	47	Couet, bois..............	28
		Court, son influence dans la formation des mots..	95
Cohors..................	95	Crach. *Voyez* Kreac'h.	
Coit, bois...............	28	Crapaud, entre dans la composition des noms de lieu................	109
Comba, signification de ce mot.................	60		
Commerce et industrie (Influence du) dans la formation des noms de lieu.......... 130 et suiv.		Crinquet, synonyme de crête ou talus.........	58
		Crost et Crota, signification de ces mots........	118
Condamina, signification de ce mot............	116	Crosum, signification de ce mot................	59
Condat, mot d'origine celtique qui signifie confluent.................	23	Crota, signification de ce mot............ 59 et note.	
		Crotum, signification de ce mot................	59
Confluent, son influence dans la formation des noms de lieu..........	23	Cuit, synonyme de bois..	28
		Curtis, son influence dans la formation des noms de lieu...............	94
Coq, entre dans la composition des noms de lieu.	107		
Corbeau, entre dans la composition des noms de lieu................	108	Deuve, synonyme de crête ou talus..............	58

Dhû (racine sanscrite)... 10
Dhuni, rivière en sanscrit. 10
Diliai, non arménien du tilleul.............. 37
Divinité (Influence du nom de la) dans la formation des noms de lieu...... 156
Doigt, mot breton qui signifie lavoir........... 11
Domaines (Des).... 89 et suiv.
Dorff, correspond au villa romain............... 84
Douet (les), se rencontrent dans l'Orne, etc....... 11
Dour. *Voyez* Doux.
Doux ou Dour, nom donné en Normandie à des ruisseaux............ 11
Drâva, mot sanscrit qui signifie rapidité........ 10
Dun, synonyme de mont. 55
Dun (Terminaison en).... 189
Dravanti, mot sanscrit qui signifie rivière........ 10
Dravina, mot sanscrit qui signifie force, impétuosité............... 10
Drennec, nom breton d'Epinay............... 44
Drû, mot sanscrit qui signifie courir.......... 10
Dur, mot gaélique qui signifie eau........... 10

É (Terminaison en). 178, 185, 186, 188, 189, 192, 193.
E (Terminaison en). 185, 188, 192, 193, 195.
Eat (Terminaison en).... 192
Eau (Terminais. en). 190, 195, 196.
Eau (De l') et de son influence dans la formation des noms de lieu. 7 et s.
Eauce (Terminaison en).. 190
Eauwisses. *Voyez* Ewiches.
Eaux (Terminaison en)... 190
Ec (Terminaison en). 178, 191
Ecke, nom du chêne en flamand............. 36
Eck. *Voyez* Aik.
Ecque (Terminaison en).. 178
Ede (Terminaison en).... 191
Eds (Terminaison en).... 187
Ée (Terminaison en)..... 189
Eglises (Influence des) dans la formation des noms de lieu......... 157
Egues (Terminaison en).. 193
Ei (Terminaison en)..... 185
Eiche, nom du chêne en allemand............. 36
Eigne (Terminaison en).. 193
Eike. *Voyez* Aik.
Eil (Terminaison en)..... 196
Eilhes (Terminaison en).. 194
Eilles (Termin. en).. 194, 196
Eillon (Terminaison en).. 186
Eim, forme de Hem..... 86
El (Terminaison en)..... 190
Elles (Terminaison en)... 195
Elfs (Les)............. 25
Eliza, mot haut allemand d'alisier............. 48
Eliza, synonyme basque d'ecclesia........... 157
Elr. *Voyez* Alr.
Els (Terminaison en)..... 190
Else. *Voyez* Essche.
Em, forme de ham...... 86
En (Terminaison en)..... 187
Enes (Terminaison en)... 187
Ens (Terminais. en). 187, 195
Epervier, entre dans la composition des noms de lieu.............. 108
Epine (Influence de l') dans la formation des noms de lieu.............. 44
Eres (Terminaison en).... 187
Ergues (Terminaison en). 186, 187, 195.
Erie (Terminaison en).... 187
Ermitages (les), leur influence dans la formation des noms de lieu.. 162
Ers (Terminaison en)..... 187
Es (Terminaison en). 188, 191, 192.
Ès (Terminaison en)...... 191

Essart (Différence entre le sart et l')	38
Essche ou Else, nom flamand de l'aune	39
Esse (Terminaison en)...	195
Essia ou Assia, valeur de ce mot	9
Ester. *Voyez* Steyr.	
Estrada. *Voyez* Strata.	
Et (Terminaison en). 188, 191, 192, 193.	
Etape, signification de ce mot	132
Etum (Désinence en)	182
Etuves, emploi de ce mot dans le langage géographique	136
Eu (Terminaison en). 179,	197
Euf (Terminaison en)	197
Euge (Terminaison en)...	194
Euges (Terminaison en)..	196
Euil (Terminaison en). 195,	196
Eul (Terminaison en)	195
Eules (Terminaison en)...	190
Eures (Termin. en).. 196,	197
Eux (Term. en). 190, 191,	195
Eve, racine qui se retrouve dans beaucoup de noms de lieu	8
Evier, origine de ce nom.	8
Ewiches ou Eauwisses (les), ce que signifie ce mot..	8
Ex (Terminaison en)	178
Ey (Terminaison en). 178, 179, 185, 186, 187, 189, 190, 192, 193, 195.	
Ez (Terminaison en). 186,	189
Eze (Terminaison en)....	189
Fabariæ, lieu planté de fèves	51
Fabrica, signification de ce mot 133	134
Fagetum, lieu planté de hêtres	37
Fagitellus, nom du petit hêtre	37
Fagus, nom du hêtre....	37
Faiacus, lieu planté de hêtres	37
Fálije, en wallon carrière de pierres	57
Familia, signification et emploi de ce nom	110
Faunes (Les)	25
Feld, synonyme de villa..	63
Felise, Fels, synonymes allemands de carrière de pierres	57
Fenouille (le), son influence dans la formation des noms de lieu	52
Fermeté, signification de ce mot dans le langage géographique	113
Ferté ou Fierté, signification de ce mot dans la langue géographique. 113,	114
Fetan ou Feten, mot breton signifiant fontaine, source	19
Feten. *Voyez* Fetan.	
Fèves (De l'influence des) dans la formation des noms de lieu	51
Ficus indica (le)	24
Fierté. *Voyez* Ferté.	
Figuier (le), son influence dans la formation des noms de lieu	52
Filicariæ, lieu planté de fougères	50
Firmitas, signification de ce mot	113
Fleur, origine de ce suffixe ethnique	89
Foleya, signific. de ce mot	122
Follets (Les)	25
Fontana, Fantanella, signification de ces mots.	19
Fons, Fontes, signification de ces mots	19
Ford, synonyme anglais du *vadum* latin	129
Fraxnetum, lieu planté de frênes	42
Fraxinus, nom du hêtre..	42
Frêne (De l'influence du) dans la formation des noms de lieu	42

Freta ou Frecta, synonyme latin de terre inculte et de haie...............	64	Gouffre, son nom en Bretagne et en Nivernais..	62
Frostium¹, synonyme de *Laer. Voyez* ce mot.		Gourds, synonyme de gouffres dans le Nivernais................	62
Frot ou Frou, synonyme de torrent..	13	Grav ou graw, sable.....	71
		Grava, synonyme de Bois.	31
Frumentariæ, lieu ensemencé de froment......	50	Gravan, pierre...........	71
Fundus et ses dérivés Fundalia, Funcia, leur signification...............	60	Gravier (Le), son influence dans la formation des noms de lieu..........	71
Furnellæ, signification de ce mot................	135	Grenouille, entre dans la composition des noms de lieu...............	109
Furnellus, signification de ce mot...............	134	Grés (Les), leur influence dans la formation des noms de lieu..........	73
Furt, synonyme allemand de *vadum*...........	129	Gresium, sa signification.	36
		Grillon, entre dans la composition des noms de lieu...............	109
Gaard, signification de ce mot en norwégien.....	101	Grive, entre dans la composition des noms de lieu...............	107
Garda ou Warda, signification de ces mots.....	114		
Gardinum, signification de ce mot...............	101	Grou, sable.............	71
Garenna ou Warenna....	30	Grouau, sable...........	71
Garibaldi, origine de son nom...............	77	Grue, entre dans la composition des noms de lieu...............	108
Gascaria, signification de ce mot...............	64	Gue (Terminaison en)....	193
Gâter, origine de ce mot.	64	Gutta, signific. de ce mot.	16
Gâtines, origine de ce mot.................	64	Guttula, diminutif de gutta...............	16
Gau, signifie canton.....	87	Gwast, wast, signification de ces mots........	64
Ge (Terminaison en).....	193		
Geline, entre dans la composition des noms de lieu...............	107	Gwaz. *Voyez* Gouer.....	13
		Gwern, nom armoricain de l'aune............	39
Gênets (Influence des) dans la formation des noms de lieu.........	48	Gwerneck, lieu planté d'aunes...............	39
Ges (Terminais. en). 192,	193	Gwick, synon. de bourg.	82
Gobelins (Les)..........	25	Habergamentum, signification de ce mot......	119
Goguier (Le), nom patois du noyer..............	43	Habitations et Constructions (Des).... 119 et suiv.	
Gorretus, dérivé de gurges, sa signification....	62	Habitations (Influence des) dans la formation des noms de lieu.. 110 et suiv.	
Gouer et gwaz, mots bretons qui signifient rivière...............	13	Haga, signific. de ce mot.	115

Hala, signification de ce mot.............. 123
Ham ou Heim, son influence dans la formation des noms de lieu.. 86
Hangarium, signification de ce mot........ 104
Hart, nom allemand de montagne boisée...... 58
Haus, signification de ce mot............ 97
Havrée, synonyme de crête ou talus............. 58
Hemmes, forme de Ham. 86, 87
Hend. *Voyez* Hent.
Hent ou Hend, synonymes breton de chemin..... 125
Hêtre (Influence du) dans la formation des noms de lieu............ 37
Hoch, Hoh et Houg, synonymes de hauteur..... 57
Hœhle, signification de ce mot............... 61
Hœlle, signification de ce mot............... 61
Hof ou Hove, synonyme flamand de métairie.... 100
Hof ou Hove, signification de ces mots........... 121
Hoh. *Voyez* Hoch.
Hohl. *Voyez* Hol.
Hoit, bois.............. 28
Hol ou Hohl, signification de ces mots........... 61
Holt, bois.............. 29
Holz, bois.............. 29
Houblon (Le), son influence dans la formation des noms de lieu. 52
Houd, signification de ce mot.............. 106
Houet, bois............. 28
Houg. *Voyez* Hoch.
Hourd, signific. de ce mot 117
Hové. *Voyez* Hof.
Huile (Moulin à)........ 52
Huliz. *Voyez* Hulse.
Hulse, anciennement Huliz, nom du houx...... 44

Humolariæ, lieu planté de houblon.............. 52
I (Terminaison en)...... 193
Iacum (Transformation du suffixe)............... 177
Ians (Terminaison en)... 193
Ié (Terminaison en) 189, 193
Ie (Terminaison en)..... 193
Iech (Terminais. en). 189, 190
Iel (Terminaison en).... 190
Ier (Term. en). 187, 192, 193
Ière (Terminaison en.).. 190
Ières (Term. en). 187, 189, 190
Iers (Term. en). 187, 188, 190, 193
Iès (Term. en). 186, 187, 193
Ies (Terminaison en).... 189
Ieu (Termin. en)... 192, 193
Ieuces (Terminaison en).. 196
Ieux (Terminais. en). 186, 190, 192, 194.
Igue (Terminaison en)... 186
Ille (Terminaison en).... 185
In (Terminaison en). 192, 193
Ine (Terminaison en).... 194
Influences naturelles sur la formation des noms de lieu......... 3 et suiv.
Influences onomastiques.. 169
Influences religieuses. 138 et s.
Influences politiques..... 76
Ing (Terminaison en).... 194
Inge (Termin. en)... 193, 194
Ins (Terminaison en).... 197
Is (Term. en).. 189, 192, 195
Ison (Terminaison en)... 188
Iturria, mot basque qui signifie source......... 12
Ize (Terminaison en).... 191
Jachères, orig. de ce mot. 64
Jalois (Le), signification de ce mot............ 111
Jarro, espèce de chêne... 36
Jonc (Influence du) dans la formation des noms de lieu.............. 45
Juncariæ, lieu planté de jonc................ 45

Ker, synonyme de hameau 82
Kerke, synonyme flamand d'église 157
Kill, synonyme breton d'ermitage 162
Kirche, synonyme allemand d'église.......... 158
Knaouu, nom breton de la noix 43
Koat, bois............... 28
Kobalds (les)............ 25
Kon, signification de ce mot chez les Gaulois... 61
Kote. *Voyez* Schoot.
Kreac'h ou Crach, nom breton de tertre....... 55

Lach ou Lachen, radical qui a la signification d'eau stagnante....... 18
Laer, mot teuton d'où vient *larricium*. *Voyez* ce mot.
Land, synonyme de terre inculte............... 65
Larricium, mot de basse latinité signifiant tantôt pâture publique, tantôt lieu inculte........... 86
Laun, mot celtique signifiant territoire vague et indéterminé 65
Lenn. *Voyez* Lin.
Lieux clos (Des) défendus par les haies.. 112 et suiv.
Lièvre, entre dans la composition des noms de lieu.................. 107
Lin (Influence du) dans la formation des noms de lieu................... 51
Lin ou Lenn, synonyme d'étang. 44
Linariæ, lieu planté de lin.................... 51
Lind, nom anglo-saxon du tilleul............... 38
Livot, nom normand de jonchay............... 45

Llet (Terminaison en).... 19
Loc, synonyme bréton d'ermitage....... 162,
Locus, son influence dans la formation des noms de lieu................. 8
Loo, son influence dans la formation des noms de lieu dans le nord de la France................. 3
Lug, signification de ce mot.................... 1

Maceries, signification de ce mot........ 102, 10
Mael, synonyme de seigneurie 8
Mag, synonyme gaulois de lieu..................
Magnilum, dérivé contract de mansionilé......... 9
Maie, synonyme de marne.
Maixe, signification de ce mot en Lorraine......
Makeren, signification de ce mot................ 14
Mâle, synonyme de marne
Mané. *Voyez* Menez.
Mansionile, diminutif de Mansus
Mansus, son influence dans la formation des noms de lieu................
Mara, signif. de ce mot.
Marchais, signification de ce mot................
Marie (M.), ancien ministre................... 1
Mariscus, signification de ce mot................
Marle, synonyme de marne.
Marne (La), son influence dans la formation des noms de lieu........
Mâta, synonyme de tertre et butte..............
Mathas, syn. de Barthas.
Maule, synonyme de marne ....

Medius plantus, ce que c'est....................	103	Motte, signification de ce mot....................	117
Mêjhë, synonyme de fermier, en Languedoc...	103	Mouth, synonyme d'embouchure...............	23
Mejhen, synonyme de *murs mitoyens*, en Languedoc.................	103	Mubareck (Arbres sacrés appelés)................	24
Mencaudée (La), signification de ce mot.......	111	Muid (Le), signification de ce mot..................	111
Mené. *Voyez* Menez.		Mund, synonyme d'embouchure...............	23
Menez, Méné ou Mané, nom breton de montagne..................	55	Mutationes, signification de ce mot............	132
Mercasius, signification de ce mot...............	17	Nadjran (Dattier du).....	24
Merle, entre dans la composition des noms de lieu.....................	108	Nant, équivalent celtique du *vallis* latin.........	60
		Nant, synonyme de ruisseau.................	14
Merle, synonyme de marne................	72	Nava, signification de ce mot............. 21, note.	
Mespiletum, lieu planté de néfliers............	48	Nèfliers (Influence des) dans la formation des noms de lieu..........	48
Meulières (Les), leur influence dans la formation des noms de lieu..	73	Nemet, synonyme de forêt.	25
		Noda, signification de ce mot..............	21
Miliaretum, lieu planté de millet.............	52	Noisetiers (Influence des) dans la formation des noms de lieu..........	47
Millet (Le), son influence dans la formation des noms de lieu.........	52	Noms des saints, leur influence dans la langue géographique..........	140
Miniaria, signification de ce mot..............	123		
Molaris, sa signification..	58	Noyer (Influence du) dans la formation des noms de lieu................	43
Monasteriolum, son emploi dans la formation des noms de lieu......	164		
		Nucelletum, diminutif de nucetum..............	43
Monasterium, son emploi dans la formation des noms de lieu..........	164	Nucetum, lieu planté de noyers................	43
Mond, synonyme d'embouchure.................	23	Nugaretum, lieu planté de noyers................	43
Montagnes et Vallées (De l'influence des) dans la formation des noms de lieu..................	52	Oak, nom du chêne en anglais...............	36
		Oche ou Osche, signification de ces mots......	101
Monticellus, diminutif de mons	54	Oche (Terminaison en)...	194
Mor, synonyme de mer..	14	Oches (Terminaison en)..	196
Morsang, signification de ce mot........... 118,	119	Od (Terminaison en).....	185
		OEsculus, variété de chênes	36

Oges (Terminaison en)... 194
Oi (Terminaison en)..... 180
Oignon (L'), son influence dans la formation des noms de lieu......... 52
Oil (Terminaison en). 194, 195
Oilles (Terminaison en)... 194
Ois (Terminaison en).... 191
Oise (Terminaisou en).... 188
Oiseau, entre dans la composition des noms de lieu................. 107
Oix (Terminaison en).... 194
Ot (Terminaison en). 191, 195
Olca ou Oschia, signification de ces mots...... 101
Oles (Terminaison en)... 194
Olivariæ, lieu planté d'oliviers................. 51
Olives (Influence des) dans la formation des noms de lieu................. 51
Olles (Terminais. en). 195, 196
Ols (Term. en).. 195, 196, 197
On (Term. en). 187, 189, 193, 197.
Oques (Terminaison en).. 194
Oratorium, influence de ce mot dans la formation des noms de lieu...... 161
Orme (Influence de l') dans la formation des noms de lieu......... 41
Orties (Influence des) dans la formation des noms de lieu............... 49
Osiers (Influence des) dans la formation des noms de lieu............... 48
Ot (Terminaison en). 186, 188, 189, 191, 197.
Ou (Terminaison en). 186, 196
Oud (Terminais. en). 186, 197
Ouer (Terminaison en)... 188
Ouge (Terminaison en)... 194
Ougers (Terminaison en). 194
Ouille (Terminaison en).. 186
Our (Terminaison en).... 197
Oures (Terminaison en)... 197
Ouse (Terminaison en)... 197

Oux (Terminais. en). 185, 188, 193, 197.
Oxelaere, signification de ce mot............... 105
Oy (Terminaison en). 189, 191, 192, 195.
Oye (Terminais. en). 189, 194
Ozillarium, lieu planté d'osiers................. 48

Palatiolum, signification de ce mot............. 117
Palatium, signification de ce mot............... 117
Palus, signification de ce mot................. 19
Parigines, signification de de mot............... 115
Parrochia, son influence dans la formation des noms de lieu.......... 160
Partes, petites tenures... 99
Passus, signification de ce mot................. 129
Pen, nom gaulois de montagne................. 58
Perdrix, entre dans la composition des noms de lieu............... 107
Perray, signification de ce mot................. 46
Pie, entre dans la composition des noms de lieu................. 108
Pierre (La), son influence dans la formation des noms de lieu.......... 73
Pigeon, entre dans la composition des noms de lieu................. 107
Pinetum ou Piniacus, lieu planté de pins........ 41
Piniacus. Voyez Pinetum.
Pinson, entre dans la composition des noms de lieu................. 109
Piretum, lieu planté de poiriers............... 46
Pisetum, lieu planté de pois.................. 51

Plancatum, synonyme de plancher.................. 130
Plantade, lieu planté de vignes................... 47
Ple, variante de Plou..... 83
Plessixium. *Voyez* Plessa.
Plessa, Plesseicium, Plessixium, signification de ces mots.............. 117
Plesseicium. *Voyez* Plessa.
Pleu, variante de Plou.... 83
Plo, variante de Plou..... 83
Ploe, variante de Plou.... 83
Ploi, variante de Plou.... 83
Plou, synonyme de paroisse................. 83
Plu, variante de Plou..... 83
Podium, sa significat. 20, 56
Pomeretum, lieu planté de pommiers............... 45
Pommier (Influence du) dans la formation des noms de lieu........... 45
Poirier (Influence du) dans la formation des noms de lieu................ 46
Pois (De l'influence des) dans la formation des noms de lieu........... 51
Poncellus, diminutif de Pons.................... 127
Pons, signification de ce mot...................... 127
Ponts et Chaussées (Influence des) dans la formation des mots....... 124 et s.
Porc, entre dans la composition des noms de lieu.................... 106
Pors, Porrz, Portz, Porh, Porch, synonymes de cour en Bretagne....... 97
Port, emploi de ce mot dans la langue géographique............... 131 et suiv.
Poull, synonyme de gouffres en Bretagne........ 62
Pratum, synonyme de pré. 67
Pratellum, synonyme de petit pré............... 67

Prunaretum. *Voyez* Prunetum.
Prunier (Influence du) dans la formation des noms de lieu.......... 46
Prunetum ou Prunaretum, lieu planté de pruniers. 46
Puteus, signification de ce mot................... 20

Quadraria, synonyme de pierre.................. 74
Quelen, nom breton du houx................... 44
Queue (la), signification de ce mot............... 111
Quistinic, nom bas-breton de châtaigneraie...... 40
Quoat, bois............. 28
Quoit, bois............. 28

Rabl, nom armoricain de l'érable................ 38
Radenec, nom breton de fougeraie............... 50
Rasière (la), signification de ce mot............. 111
Rau, synonyme de portion de terre.............. 82
Renard, entre dans la composition des noms de lieu................. 106
Reparium, signification de ce mot............. 118
Rey (Terminaison en).... 191
Riberia, synonyme de plaine bordant un cours d'eau.................. 67
Rideau, synonyme de crête ou talus.............. 58
Riesa, synonyme de terre en friche............. 65
Riveria, synonyme de plaine............... 66, 67
Rivus, valeur de ce mot.. 16
Rivus siccus, torrent desséché................. 15
Roboretum, forêt de chênes................... 36
Rôd. *Voyez* Rûd.

Rœgen, reden, synonyme germanique de sartus..	38
Ronces (Influence des) dans la formation des noms de lieu............	49
Ros, nom breton de tertre couvert de fougère.....	53
Royer, origine de ce mot.	125
Rua ou Ruata, signification de ces mots.......	125
Rûd, rôd, racine persane qui signifie rivière.....	12
Rupt, signification de ce mot..................	17
Sa, racine..............	9
Sable (le), son influence dans la formation des noms de lieu.........	71
Sagno, nom du jonc en Languedoc...........	45
Saigne, synonyme de puits en Languedoc.........	20
Saint-Georges (M. Marie de)..................	156
Sal. *Voyez* Sr.	
Sala, signification de ce mot...................	119
Sala, terre salique.......	91
Sâla, nom celtique de l'arbre..................	42
Sambucetum, lieu planté de sureaux...........	48
Sanscrit (Traces du) dans les noms des fleuves de l'Europe......... 7 et suiv.	
Sapin (Influence du) dans la formation des noms de lieu...............	41
Saponariæ, signification de ce mot............	135
Sart (Différence entre le) et l'Essart...........	38
Sartus, son influence dans la formation des noms de lieu................	38
Saule (De l'influence du) dans la formation des noms de lieu.........	42
Scura ou Scuria, signification de ces mots.......	102
Seignes, synonyme de terrain humide en Auvergne...................	20
Sel (Le), son influence dans la formation des noms de lieu.........	72
Sele ou Zele, correspond au sal germanique....	91
Scheure, signification de ce mot en flamand.....	102
Schoot ou Kote, synonyme d'enclos en flamand...	118
Shamar, mot persan qui signifie rivière........	12
Shamidan, mot persan qui signifie courir........	12
Sierra, sa signification...	58
Silva. *Voyez* Sylva.	
Silvacum. *Voyez* Silva.	
Solares, Solaris ou Solarium, signification de ces mots............	120
Solaris. *Voyez* Solares.	
Solarium. *Voyez* Solares.	
Souris, entre dans la composition des noms de lieu..................	109
Spern, nom celtique de l'épine................	44
Spicariæ, lieu ensemencé de blé................	50
Spicarium, synonyme de grains................	100
Spinetum, lieu planté d'épines.................	44
Sr (racine) a formé Sar et Sal...................	9
Stabbe. *Voyez* Stapel.	
Stabel. *Voyez* Stapel.	
Stabulæ, signification de ce mot................	104
Stade, synonyme de demeure, de station......	87
Stapel, Stabel, Stable, Staple, Stapula, signification de ces mots.. 131, 132	
Staple. *Voyez* Stapel.	
Stapula. *Voyez* Stapel.	

Statt, forme de stade....	87
Steen, déformation de Stein..............	75
Stein, son influence dans la formation des noms de lieu...............	75
Steit, forme de stade....	87
Sten, déformat. de steen.	75
Ster, mot breton qui signifie rivière; origine de ce nom...............	12
Stett, forme de stade.....	87
Steyr, Ster, Ester, Tre, synonyme de rivière......	13
Strasse. *Voyez* Strata.	
Strata, Straza, Strasse, Estrada, signification de ces mots...............	125
Straza. *Voyez* Strata.	
Stufæ, signification de ce mot.................	136
Su (Racine sanscrite)....	9
Sua (Irland.)............	9
Suffixes (Des) ethniques..	169
Sureaux (Influence des) dans la formation des noms de lieu.........	48
Sylva, son influence dans la formation des noms de lieu...............	27
Tam (Racine sanscrite)...	10
Tamâra, mot sanscrit qui signifie eau............	10
Taureau, entre dans la composition des noms de lieu...............	105
Teil, nom irlandais du tilleul.................	37
Terre (De la), considérée comme surface........	62
Thal ou Dal, synonyme germanique de vallée..	61
Thermes, emploi de ce mot dans le langage géographique.............	136
Thun, synonyme anglo-saxon de villa........	100
Til, nom armoricain du tilleul.................	37
Tilia, mesure de terre....	70
Tille. *Voyez* Tilia.	
Tilleul (Influence du) dans la formation des noms de lieu...............	37
Tofta, synonyme de masure............... 87,	88
Torf, déformation de dorff.	84
Tor, nom anglo-saxon de petite montagne.......	58
Tre. *Voyez* Steyr.	
Tref, Trev, Treu, variantes d'un mot qui signifie village...............	82
Trembles (Influence des) dans la formation des noms de lieu.........	43
Tremulus, nom du tremble.................	43
Tremuletum, lieu planté de trembles...........	43
Treu. *Voyez* Tref.	
Trev. *Voyez* Tref.	
Triatorium, signification de ce mot............	124
Trof, déformation de dorff.	84
U (Terminaison en). 194, 197.	195'
Ueil (Terminaison en)....	196
Uel (Terminaison en)....	194
Ugues (Terminaison en)..	194
Uio (Terminaison en)....	197
Uilles (Terminaison en)..	197
Uis (Terminaison en)....	199
Ulmetum, lieu planté d'ormes...................	41
Un (Terminaison en).....	185
Unciæ, petites tenures...	99
Urticetum, lieu planté d'orties	49
Vache, entre dans la composition des noms de lieu...................	105
Vadum, signification de ce mot.................	129
Vague, origine de ce mot.	11
Vaha, racine sanscrite synonyme de mouvement.	11

Vallées. *Voyez* Montagne.		Viniacum ou Vineale, lieu planté de Vigne......	46
Vallis, signification de ce mot..................	60	Vineale. *Voyez* Viniacum.	
Vaura, synonyme de terre inculte...............	32	Virgeria, signification de ce mot...............	101
Vedraniæ, signification de ce mot................	134	Wagon, origine de ce mot...................	11
Veld, synonyme de villa..	63	Warda. *Voyez* Garda.	
Verchière, synonyme de verger................	68	Warenna, signification de ce mot...............	114
Verchiera. *Voy.* Verchière.		Wastaria, signification de ce mot...............	64
Vernetum, lieu planté d'aunes..................	39	Wastiuna, signification de ce mot...............	64
Versana, mesure agraire.	69		
Via, signification de ce mot.	125	Wastjan, signification de ce mot...............	64
Viala, déformat. de villa.	84		
Vicus, son influence dans la formation des noms de lieu................	85	Weg, synonyme germanique de chemin......	126
Vigne (De l'influence de la) dans la formation des noms de lieu..........	46	Woorde, synonyme flamand du *vadum* latin..	129
Villa, son influence dans la formation des noms de lieu......... 83,	84	X (Prononciation du) dans la Meurthe............	181
Vilaria, leur influence dans la formation des noms de lieu..... 84,	85	Y (Terminaison en). 180, 191, 192, 193, 194, 195. Ye (Terminaison en).....	189, 192
Viminetum, lieu planté d'osier................	48	Ypereaux, nom de l'ormeau en Flandre......	42

TABLE ALPHABÉTIQUE
DES
NOMS DE LIEU

Abbaye (l')	165	Aigleville	107
Abbecourt	161	Aigne	156
Abbeville	161	Aiguebelle	22
Abergement	119	Aiguemorte	22
Abundiacum	179	Aiguenoire	22
Accini curtis	176	Aigueperse	22
Accolatus	188	Aiguevive	22
Accolay	188	Aigurande	22
Accumbitum	152	Airaines	136
Achères	99	Aire	64
Achery	99	Airel	64
Achun	185	Aires	64
Aciacum	179	Airion	64
Aciacus	180	Airon	64
Aciniacus	176	Airoux	64
Acon	58	*Aisiacus*	193
Acq	22	Aix	22, 137
Acquigni	176	Aizier	193
Acroux	59	Ajou	48
Acus Agulia	197	Ajoux	48
Adams (les)	171	Alajou	139
Adjots (les)	48	Albeuve	9
Ecclesiolæ	195	*Albiadi*	186
Adour (l'), riv.	11	Albiac	177
Aff (l'), riv.	8	*Albiacus*	177
Agache (l')	108	Albiez-le-Vieux	186
Agaunum	153	*Albiniacum*	170, 180
Agendicum	78	*Albini curtis*	95
Agendicum Senonum	78	*Alciatus*	193
Agneolum	197	*Alethum*	153
Agon	58	Aleu	91
Agones	194	Aleu (l')	91
Agonès	58	*Aligniacum*	180
Agonesium	194	Alincthun	160
Aguienne (l')	22	*Aliriacum*	192
Voyez Aquitaine (l').		Alisai	193
Aguisana (La Guisane de)	22	Alisoy	179
Agusanicus	186	*Alisiacum*	179
Aibes	9	*Alisiacus*	193
Aiglemont	107	Alizay	48
Aiglepierre	107	Allerey	192

— 216 —

Alleuds (les)	91	Aquitaine (l')	22
Alleux (les)	91	Aquæ Bormonis	137
Alligny	180	Aquæ Borvonis	137
Alnes	38	Aquæ Calidæ	137
Alœuf (l')	91	Aquæ Convenarum	137
Alouette (l')	107	Aquæ Helveticæ	137
Altenstadt	87	Aquæ Neriomagenses	137
Altogilum	56	Aquæ Segetæ	137
Alouettes	107	Arabletus	191
Altolio (E. de)	196	Ara Jovis	139
Altroff	84	Arblay	38
Amalicione	186	Arbre (l')	27
Amay	186	Arbres (les)	27
Amanium	186	Arbresec	27
Amazy	120	Arbret (l')	27
Amburiacum	192	Arcenay	35
Ambariacus	180	Ardenay	35
Amberieux	189, 192	Ardennes	35
Amberlacum	185	Ardillats (les)	72
Amberloux	185	Ardilleux	72
Ambleve, riv	8	Ardilleires	72
Amfiacum	180	Ardillières	72
Amiens	78, 127	Ardisas	72
Andra	153	Ardoise (l')	72
Andratum	183	Ardoix	72
Andrezieux	180	Areines	136
Andrisiacus	180	Arembouts-capelle	170
Ane-benoit (l')	105	Areuas (l')	71
Anerie (l')	105	Arenas (les)	71
Angecourt	96	Arennes	136
Angeriacum	153	Arènes	71
Anille	195	Areolæ	153
Anisola	195	Argelas (les)	72
Annay	179	Argelliers	72, 187
Annay-la-Côte	192	Argenteau	134
Anneot	197	Argentenay	179
Annoilum	153	Argenterie (l')	134
Annotum	197	Argenteuil	196
Anstrude	156	Argentières	134
Antogne	192	Argentiniacus	179
Antogné	193	Argentogilum	196
Antogny	193	Argentolium	196
Antoniacum	192	Argenton-le-Château	80
Antoniacus	180, 193	Argenton-le-Peuple	80
Antony	180	Argentorat	79
Aouze	9	Argilariæ	187
Appetot	88	Argilès	72
Apriacum	170	Argiliquière (l')	72
Aquiliniacum	170	Argillières	72
Aquiniolum	195	Argilliers	72

Argillois (l').....	72	Auberts (les)..... 172
Argilly.....	72	Aubignicourt..... 95
Ariacum.....	192	Aubigny..... 170, 180
Arleux.....	91	Aubray..... 18
Arleux-en-Gohelle.....	91	Auch..... 79
Armeillon.....	186	Audincthun..... 100
Armentariæ.....	187	*Auditiacus*..... 153
Armentière.....	103	*Auduniaca*..... 192
Armentières.....	187	Auge..... 62
Arnay-le-Duc.....	165	Augé..... 62
Arpajon..... 116,	156	Augères..... 62
Arquenay.....	35	Augerolles..... 62
Arqueneuf.....	197	Augers..... 62
Arquennes.....	35	Augès..... 62
Arras.....	78	Augiard..... 62
Arrolæ.....	190	Augies..... 62
Arsilia.....	194	*Augusta Suessionum*..... 78
Arsilleum.....	189	*Augustodunum*..... 79
Artegiæ.....	189	*Augustomagus*..... 98
Artenay.....	35	*Augustonemetum*..... 79
Artesia.....	153	Aulnats..... 38
Arthies.....	139	Aulnay..... 38
Arvey.....	195	Aulne (l')..... 38
Arvisium.....	195	Aulneaux (les)..... 38
Arzay.....	194	Aulnès (les)..... 38
Arzillières.....	72	Aulnois..... 38
Ascq.....	22	Aulnoy..... 38
Asnatica.....	188	Aumelas..... 75
Asnières.....	105	Aumônerie (l')..... 165
Aspach.....	15	Aunat..... 38
Asquins.....	197	Aunay..... 38
Assars.....	33	Aune (l')..... 38
Assieux.....	180	Auneau..... 38
Astanetum.....	191	Aunette..... 38
Ateia.....	189	Auneuil..... 38
Ateias.....	189	Auneux..... 38
Atheæ.....	189	Aunou..... 38
Athée..... 122,	189	Aunoux..... 38, 197
Athie..... 122,	189	Aureilhac..... 177
Athies.....	122	*Aureliacum*..... 177
Athis..... 122,	189	*Aurelianum*..... 75
Athis-Mons.....	53	Aurillac..... 177
Atriacus.....	193	Auroir..... 161
Attegiæ.....	189	Aurouer..... 161
Attejiolæ.....	122	Auroux..... 161
Attez.....	189	Autels (les)..... 162
Attiches.....	122	Autels-en-Auge (les)..... 162
Attichy.....	122	Autels-Saint-Eloi (les)... 162
Aturis.....	11	Auteuil..... 56
Aubaignes.....	22	Autheuil..... 56

Authieux (les)r	162	Bagnères	137
Authiou	196	Bagnères de Bigorre	137
Authuil	56	Bagnes	137
Autouillet	56	Bagneux 137, 176,	195
Autreppes	67	Bagnol	137
Autripe	67	Bagnoles	137
Autun	79	Bagnolet	137
Auvegny	9	Bagnols	137
Auvergni	78	Bagnot	137
Auxey-le-Grand	193	Baignarde (la)	137
Auzat	192	Baigneaux	137
Auziacum	192	Baigneux	156
Auzouer	161	Baignoir (le)	137
Avario, riv	8	Baignollet	137
Aveline devant Bruyères	9	Baigorry (vallée de)	58
Avenelle	51	Baillau-le-Pin	34
Avènes	51	Bailleau	34
Avenières (les)	51	Bailleul	34
Avennes	51	Bailleul-la-Campagne	195
Avens, riv	8	Bailleval	34
Aventia, riv	8	Baillolet	34
Avera, riv	8	Baillon	34
Avesne	51	Baillou	34
Avesnelles	51	Bailly	34
Avesnes	51	Baillys (les)	172
Aveyron (l'), riv	8	Baincthun	100
Avigueau 9,	195	Bains	137
Avoignières (les)	51	Bais	69
Avoiniers (les)	51	Baix	69
Avon (l'), riv	8	Baixas	69
Avon	9	Bajettes (les)	23
Avouze	9	*Balbretum*	34
Avriacum	180	*Baldomeris oppidum*	153
Avril	180	*Baliolum*	195
Avron (l'), riv	8	*Baliolus*	34
Ascq	22	*Balma*	59
Ax	137	Balme	59
Ayguetinte	22	Balmelles	59
Ayvaillé-sur-l'Amblève	8	Balmes	59
Ayvelles	9	*Balneolæ*	190
Azay	9	*Balneolum*	190
Azay-le-Rideau	32	*Balolium*	196
Azelot	189	*Baniacum*	176
		Banniolum 176,	195
		Barbaraticum	186
Bacaudarum Castrum	153	Barberaz	188
Bacivum	195	Barc	40
Baden	137	Barezis	192
Bage	23	Barfleur	89
Bagneaux, 137,	190	*Barisiacum*	192

Baroche (la)	159	Bazouge (la)	194
Barquet	40	Bazouges (la)	159
Barrault	29	Bazougers	194
Barre (la)	118	Bazuel	194
Barres (les)	118	Bazugues	159, 194
Barret (les)	118	*Beata-Maria de Ortulis*	101
Barrète (la)	118	Beaucaire	74
Barricino	194	Beaucé	193
Barrine	194	Beauciredieu	157
Barry (le)	98	Beaufou	37
Barthas (le)	88	Beaumais	92
Barthe (la)	88	Beaumets	92
Baseille	27	Beaumetz	92
Basilicœ	194	Beaupré	68
Basiola	159	Beauriez	65
Baslieux	85	Beauvais	78
Basoche (la)	159	Bec (le), ruiss.	15
Basoge (la)	159	Bec-aux-Cauchois (le)	14
Bassola	159	Bec-Hellouin (le)	14
Bastidasse (la)	116	Bec-Thomas (le)	14
Bastide	116	Becasse (la), ruiss.	15
Bastides (les)	116	Bechereau, étang	15
Bastidette	116	Becherel	15
Bastidonne	116	Beck, moulin à eau	15
Bastie (la)	116	Becquerel	15
Bastille	116	Becret	15
Bastit (le)	116	*Bedairiœ*	192
Baubrai	34	Bedarieux	192
Baucels	94	*Bedexonicus*	186
Baudrino	195	*Bedolitum*	195
Baugé	123	Begudes	137
Baugey	123	Behellan	30
Baugiacus	193	Bekerel	15
Baugy	123	Belcaire	74
Baulme	59	*Belciacus*	193
Baume	59	*Bella cella*	94
Baumettes	59	Bellaigues	22
Baux de Breteuil	123	Bellay	40
Bavinkhove	100	Belleau	196
Bazagnes	159	Bellebrone	20
Bazanges	159	Bellebrune	20
Bazeuge	159, 194	Belleve, riv.	8
Bazeuge (la)	159	Bellevue-les-Bains	80
Bazins (les)	172	Belloy	40, 195
Bazoches	159, 194	Belval	60
Bazoges	194	Benoist (les)	172
Bazoilles	159, 194	Bequerel	15
Bazoles	159	Berchat	178
Bazolles	194	Berchères	104
Bazoques	194	Bercherie	104

Berciacus	178	Besson	69
Bercuiacus	153	Bessonnière (la)	69
Berg	56	Bessons	69
Bergères	104	Bessou	69
Bergerac	177	Bessuge	69
Bergerie et Bergeries	104	Bessy	69
Bergheim	56	Bethléem	167
Bergiers	104	Belphagé	167
Bergueneuse	97	Bettancourt	170
Bergues	56	Bettborn	20
Berguinhouse	97	Bettlach	18
Bernacum	185	*Bettonis curtis*	170
Bernai	185	Beunas	185
Bernard (les)	172	Beville	137
Bernardières (les)	173	Bezu	196
Bernardies (les)	173	Bielle (la)	17
Bernardoux (les)	173	Biale (le grand et le petit)	17
Berneganum	187	Bialère (la)	17
Bernezay	45	Bialette	17
Berre	64	*Bibonis mons*	53
Berriac	64	Bibracte	79
Berrie	64	*Biciacum*	192
Berrien	64	Biefvillers	84
Berrieux	64	Bielle (la)	17
Berru	64	Bierry	156
Berry	64	Bigaudais (la)	173
Berslett	87	Bigotais (la)	173
Bertegon	187	Bigoterie (la) 172	173
Berthes (les)	167	*Biliniacum*	192
Besingue	195	Birmingham	86
Bessac	69	*Bisiacus*	178
Bessas	69	Bissargues	186
Bessat (le)	69	Bituriges	77
Bessay	69	Bizjiat	178
Bessayre de Lair (la)	69	Blache (la)	36
Besse (la)	69	Blachère (la)	36
Bessé	69	Blachou	36
Bessède	69	*Bladenacum* 179,	185
Bessée (la)	69	Bladenau	179
Bessége	69	Blancherupt	17
Bessens	195	Blandecque	178
Besses	69	*Blandincum*	178
Besset (de)	69	*Blanoilus*	196
Bessey	69	Blaquière (la)	36
Besseyre	69	Bleneau	196
Bessière (le)	69	Blenod 179,	185
Bessine	69	Bliensbach	17 note.
Bessines	69	Blisebrucken	19
Bessins	69	Boaffle	100
Bessoles	69	Boc (le)	28

Bociacas...	177	*Bonus radius*...	185
Bodalfa...	100	Boran...	195
Bôd-Kanô ou Bod-Kneû..	43	*Borcido*...	194
Bod-Kneû ou Bôd-Kanô..	43	Bord...	121
Boeilh...	32	Bordas...	121
Boère...	98	Borde (la)...	121
Boeschepe...	29	Bordeau...	121
Bœurs...	121	Bordeaux...	121
Bohal...	32	Bordeaux-Saint-Clair.....	121
Bohalle (le)...	32	Borderes...	99
Bohars...	98	Bordes (les)...	121
Bohas...	32	Borderie (le)...	99
Boheries...	98	Bordet...	121
Boherlant...	30	Bordiers (les)...	121
Boichot (le)...	29	Bordos...	121
Boil-Grenier...	32	*Bordosellum*...	190
Boille...	32	Bords...	121
Boiries...	98	Borie (la)...	98
Boiry...	98	Borios (les)...	98
Bois (le)...	29	Boriette (la)...	98
Bois-Raoul...	29	Boris (les)...	98
Boisc...	26	Borio (la)...	98
Boissac...	29	Borsu...	194
Boissay...	29	Borwegue...	126
Boisse...	29	Bory...	98
Boissé...	29	Bos...	28
Boisseau...	29	Bosc (le)...	28
Boissède...	29	Bosche...	28
Boissei...	29	*Boscum Raaudi*...	29
Boissel...	29	Bossieu...	192
Boisselle (la)...	29	Bost (le)...	29
Boisseriæ...	191	Bot (le)...	82
Boisset...	29	Bothoa...	82
Boisset (le)...	191	Botmel...	82
Boissettes...	29	Botsorhel...	82
Boissets...	29	Bottereaux (les)...	109
Boisseuil...	29	Bou...	28
Boisseuilh...	29	Bouafles...	100
Boissey...	29	Bouch (le)...	29
Boissière (la)...	29	Bouchage...	29
Boissières (les)...	29	Bouchain...	29
Boissieux...	29	Bouchat...	29
Boissy...	29	Bouchet (le)...	29
Boisyvon...	29	Bouchot...	29
Bolscamp...	103	Boué...	129
Boncourt...	96	Bouelle...	32
Bonnefamille...	110	Bouer...	98
Bonneil...	196	Bouère...	98
Bonogilum...	196	Bouhy... 62,	193
Bonum vadum...	129	Bouis (le)...	44

Boula (la)	32	Boxetum	191
Boulas (les)	40	Braceolum	190
Boulay (la)	40	Bradenas	190
Boulay (le)	40	Bramevaque	105
Boulayes (les)	40	Brande (la)	32
Boulède	40	Brandelle	32
Boulet (les)	40	Branderion	32
Bouley	40	Brandes (les)	32
Bouquetot	88	Brandeville	32
Bourbon-Lancy.. 80, 137,	139	Brandon	32
Bourbonne-les-Bains. 137,	139	Brandonnet	32
Bourdeaux (les)	121	Brandouvillers	32
Bourdeilles	124	Brannay	190
Bourdeix	124	Braquetuit	88
Bourdelas	124	Bras	67
Bourderie (la)	99	Brasles	68
Bourdet (le)	124	Bratuspans	79
Bourdets (les)	124	*Bratuspantium*	78
Bourdettes	124	Bray	18
Bourdoiseau	192	Bray-la-Campagne	18
Bourdonné	192	Bray-les-Mareuil	18
Bourg	114	Bray-Maresch	18
Bourgaud (le)	114	Bray-sur-Seine	18
Bourget (le)	114	Bray-sur-Somme	18
Bourgneu (le)	114	Braye	18
Bourgneuf	114	Bré	18
Bourguet (le)	114	Bréal	64
Bouriates (les)	98	Bréau (le)	64
Bouriette (la)	98	Bréaux (les)	64
Bouriotte (la)	98	Brebeure	104
Bourras	185	Brebières	104
Boussais	44	Brée	64
Boussargues	177	Breellant	31
Boussey	44	Brehemont	44
Boussois	44	*Brennacum*	188
Boussy	44	Brennat	188
Bouteille (la)	134	Bréoble (la)	46
Bouvancourt	104	Bresle	46
Bouverie	104	Bresles	46
Bouvesse	104	Brestot	
Bouvets	104	Bretèche (la)	45
Bouvière (la)	104	Bretechelle (la)	45
Bouviers	104	Bretenche (la)	45
Bouvignies	104	Breteque (la)	45
Bouvigny	104	Brutignelles	45
Bouxières	187	Bretigni	
Bouy	62	Brette (la)	11
Bouzule (la)	159	Breuil	
Bovelles	62	Breuilaufa (le)	
Boves	62	Breuilh (le)	

Breuillat (le)	30	Brouillat (le)	30
Breuillaud	30	Brouille	30
Breuille (le)	30	Broukerque	158
Breuillet	30	Broullet	30
Breuillot	30	Broussant (le)	31
Bréviaire (la)	49, 104	Brousse	31
Bréviaines (les)	49	Brousses	31
Brevière (la)	49	Broussey-en-Bois	31
Brevières	104	Broussy	31
Brey	18	Brouway (de)	126
Brez	18	Brouzet	31
Briare	127	Broxeelle	91
Brielen	30	*Broziolis* (E. de)	195
Brignoud	197	Bruc	31
Brinoscum	197	Bruch	31
Brioude	127	Bruchet	31
Brioverum	153	Brue	49
Brisgau	87	Bruel	30
Britaniola	195	Bruel (le)	41
Briva Isara	127	Bruellant	39
Brives	127	Bruère	49
Brivodurum	127	Bruères (les)	49
Broc	31	Bruerlant	31
Brocas	31	Brugeas	49
Broche (la)	31	Brugère (la)	49
Broches (les)	31	Brugers	49
Brochon	31	Bruières	187
Brocotte	31	Bruille	30
Brocourt	31	Bruit (le)	30
Brogaria	187	Bruix	30
Brogilum	30	Brulat (le)	30
Brolium	30, 32	Brûlées (les)	30
Broque (la)	31	Brules (les)	30
Broquiers	31	Brulis (les)	30
Broquiès	31	Brullioles	30
Broquinière (la)	31	Brure-Langeron	49
Brox	31	Brutus-le-Magnanime	80
Broxcèle	31	Bruxelles	31
Brossac	31	*Bruxeria*	190
Brossart	31	Bruyère (la)	49
Brossay	31	Bruyères (les)	49
Brosse (la)	31	Bruyres	49
Brosses (les)	31	Bruzols	195
Brossets	31	Bu	89
Brossière (la)	31	Buc (le)	29
Brossiers (les)	31	Buchwege	126
Brouchy	19	Buckingham	186
Brouck	19	Buisscheure	102
Broucke	19	Bulligny	192
Brouckerque ou Boukerque	19	*Burdoniacum*	192

— 224 —

Bure	121	Caillonel	27,
Buré	121	Cailly	
Burée	121	Caire	
Burelle (la)	121	Caisnel	
Bures	121	*Caixanegos*	
Buret	121	Calais	
Burette	121	Calce	
Burey	121	*Calesium*	
Burg	114	*Calessianum*	
Burguetum	191	*Calidæ aquæ*	
Burgum	87	*Caliscum*	
Burnhaupt	20	Calloet	
Buron	121	Calm (la)	
Bus	29	Calmels	40,
Busmenard (.e)	29	Calmette (la)	40,
Busset	29	*Calonia*	
Busnacum	185	*Calonna*	
Bussière (la)	29	Cals	
Bussieu	190	Calsloo	
Bussières	44, 191	*Calsanum*	
Bussy	29	Calvaire (le)	
Bussy-en-Othe	194	Calviac	
Buxarias	187	*Calviacum*	
Buxeuil	29	Camargue (la)	
Buxido	194	*Cambalholæ*	
Buxière	29	Cambe (la)	
Buxières	44	Cambes	
Buxy	29	Cambo	
		Cambon	
		Cambons	
Cabanac	123	Cambot	
Cabanasse	123	Cambre	
Cabane	123	*Cambreceius*	
Cabanès	123	Cambres (les)	
Cabaniols	123	Cambry	
Cabannes	123	*Camaricæ*	
Cabraracum	185	*Cameracum*	
Cabrérales	105	Camier	
Cabrials	105	*Camiliacum*	
Cabrières	105	*Campaniacum*	
Cabriès	105	Campels	
Cabris	105	*Campi*	
Cadaliacum	192	*Campineola*	
Caden	70	Camplemy	
Cadenac	70	*Campus Lemetii*	
Cadenet	70	*Campus Spinosus*	
Cadugius	197	*Campus Lapideus*	
Caer	82	*Campus Dei*	
Caestres	116	*Campus Dei* (lieux dits) 157
Caillac	27	*Canaveræ*	

Canoilum..................	196	Carquebut.............	89
Canonica...................	193	Carquetuit.............	88
Canourgue.................	193	Carrière (la)..........	74
Cantagrel..................	109	Carrières (les)........	74
Cantamerle................	108	Carrière-sous-Bois...	74
Canteleu...................	106	Carrou................	126
Canteleux.................	106	Carrouges.............	126
Cantelou..................	106	Carruge...............	126
Canteloup.................	106	Carspach..............	15
Canteperdrix..............	107	Cas....................	121
Cantepie...................	108	*Casa*..................	121
Canteraines...............	109	*Casæ*.................	111
Canterate.................	109	*Casal*.................	121
Cantereinc................	109	Casals (les)..........	121
Cantoiolum...............	196	Casanova.............	121
Cantraine.................	109	*Casu petrea*.........	121
Capelette (la)............	158	Casats (les)..........	121
Capelle (la)..............	158	Casavecchia..........	121
Capleia...................	189	Case...................	121
Capriniacum..............	105	*Casianas*.............	193
Caragoude................	74	*Casiliccum*...........	177
Caralp.....................	74	Casneuil..............	35
Caramagium..............	186	Cassagnes............	187
Caramaurel................	74	Cassagnol.............	36
Carbon-Blanc.............	73	Cassan................	35
Carbonne.................	73	*Cassanaticum*.......	188
Carbonnière (la)..........	73	*Cassaniola*...........	195
Cardeneius...............	189	Cassel................	116
Cardonaratæ.............	49	Casseneuil............	35
Cardonetus...............	153	Cassenove............	121
Cardonne.................	49	*Cassiniacus*........ 179,	193
Cardonnet................	49	Castagnede...........	189
Cardonnette..............	49	Castagnès.............	191
Cardonnoy................	49	*Castanerium*.........	191
Cardonville...............	49	Castanet..............	40
Carennac.................	74	*Castanetum*..........	191
Carisey.............. 74,	179	Casteide..............	116
Carisiacum........ 74,	179	Casteill................	116
Carme.....................	40	Castel.................	116
Carmelus................	189	Castelar...............	187
Carmes (les)..............	40	Castelas (le)...... 116,	188
Carnac....................	74	Castelat (le)..........	117
Carnacum................	185	Castelier (le)..........	117
Carné.....................	74	*Castelio*..............	184
Carnet....................	40	*Castella*..............	116
Carnetin..................	40	*Castellario*...........	184
Carnette.................	40	*Castellarium vetus*....	186
Carnoet..................	47	*Castellaro villa*........	187
Carouge (le).............	126	Castellas.............	114
Carpineto................	40	Castelle (la)..........	116

LANGUE FRANÇAISE. II. 15

— 226 —

Castellet (le)	117	*Cavia*	189
Castels	116	Cavoville	104
Castenariæ	40	Caye (la)	189
Casteneda	189	Caylar	187
Castenières	40	Cazaux	121
Castera	116	Caze	121
Casteras	116	Cazeaux	121
Casterets	117	Cazelles	121
Castet 116,	117	Cazères	121
Castets	117	Cazes (les)	121
Castex	117	Cazillac	177
Castillon	117	Ceilhes	194
Castillonne (la)	184	Cellas	94
Castlorium	187	Celle (la)	94
Castres	116	Celles (les)	94
Castries	116	Cellette (la)	94
Castrum Nifiani	193	Cellettes	94
Catalauni	77	Cellier (le)	100
Cateau (le)	117	Cellières	100
Cateau-Cambresis	80	Celliers	100
Catelet (le)	117	Cellieu	100
Catelier (le)	117	Cembeng	151
Catillon	117	*Cennacum*	185
Catulliacus	153	Cent-Arpents (les)	111
Caucalariæ	187	*Centro*	151
Caucalières	187	*Centum fontanis (Terra de)*	152
Cauchardière (la)	173	*Cereseium*	189
Cauchie (la)	125	Cerisay	46
Cauchié	125	Cerisé	46
Caucinus	195	Ceriseaux	46
Caudoreira	189	Cérisemont ou Kirshberg	46
Caudry	47	Cerisiers 46,	191
Caugia	189	Cerisy	46
Cauleivilla	176	Cerizay	46
Cauliacus	52	Cerizières	46
Caumont 54,	57	Cerizols	46
Caurois	47	*Cerserio*	191
Caussade (la)	57	Certaux	33
Causse (la) 55,	195	Certeau	33
Caussenes	35	*Cervidunum*	189
Causses	35	Cervon	169
Caussi (le)	57	*Cesaranus*	187
Caussine (le)	57	Cesseras	187
Caussiniojouls	36	Ceyras	188
Cavalerie (la)	166	Chaban	123
Cavanniacum	192	Chabannes	123
Cavaroca 183,	196	Chable (le)	103
Cavalvilla	104	Chablis	189
Cava ruppe	183	Chabrat	103
Cava ruppis	183	Chabreiras	185

— 227 —

Chabris. 105	Champignolle. 63
Châdenet. 49, 70	Champigny. 63
Chadeniers. 40, 70	Champrosé. 63
Chadenne. 70	Champs. 63
Chailey. 28	Chandoiseau. 107
Chaillac. 27	Chaniat. 70
Chaillant. 27	Chaniers. 70
Chaillois (le). 28	Chaniez. 70
Chaillot. 28	Chanois (le). 35
Chaillou (le). 28	Chantagret. 109
Chaillouet (le). 28	Chantaraines. 109
Chailloux (le petit). 28	Chant-des-Oiseaux (le). . . 107
Chailloux (le grand). 28	Chante-Allouette. 107
Chailloux (les). 28	Chantecoq. 107
Chailloy. 28	Chantegeline. 107
Chailluée. 28	Chantegrue. 108
Chailly. 28	Chanteheu. 106
Chaincius. 190	Chanteheux. 108
Chaineaux (les). 35	Chantelause. 107
Chaînée (la). 35	Chanteloup. 106
Chaise. 121	Chantelouve. 106
Chaises (les). 121	Chantemelle. 108
Chaiz. 122	Chantemerle. 108
Chalay. 27, 195	Chantemerlière. 108
Chaley. 28	Chantemesle. 108
Chaleyssin. 193	Chanteperdrix. 107
Chalèze. 28	Chantepie. 108
Chaliacques. 28	Chantereine. 109
Chalias. 28	Chanterenne. 109
Challay. 28	Chanteuges. 196
Challex. 28	Chanticoq. 107
Chalmazelle. 49	Chantoiseau. 107
Chalmelle (le). 40	Chantraine. 109
Chalmette. 49	Chanvre. 50
Chalmettes. 40	Chaouilley. 176
Chalmoux. 40, 49	Chapelle. 158
Chambre. 120	Chapelle-aux-Pots (la). . . . 135
Chambrecy. 189	Chapelle-en-Serval (la). . . 27
Chambrois. 120	Chapelotte (la). 158
Champ. 173	Chappe. 101
Champ-des-Gentils (le). . . 139	Chappes. 101
Champagne. 63	Chappois. 101
Champagnier. 192	Charamay. 186
Champeaux. 63	Charbogne. 73
Champel. 63	Charbonière (la). 73
Champenoux. 197	Charbonnat. 73
Champey. 63, 190	Charbonnier. 73
Champignelles. 63	Charbonnière (la). 73
Champigneules. 190	Charbonnières. 73
Champigneulles. 63	Charbonniers (les). 73

Chardeny	189	Chatellier (le)	117
Chardogne	49	Chatelot	117
Chardonnay	49	Chatelou	117
Chardonnet	49	Chatelus	117
Chardonville	49	Chatenay	40
Charentenoy	109	Châtenet (le)	40
Charité (la)	165, 168	Châtenets (les)	40
Charme		40	Chateney	40
Charmé		40	Chatenoy	40
Charmée (la)		40	Chatillon	117
Charmeil		40	Châtre	116, 156
Charmel (le)		40	Châtres	116
Charmes		40	Chaucemin	192
Charmesseux		40	Chaudé	157
Charmoilles		40	Chaudeney	70
Charmois		40	Chaudesaigues	137
Charmoise		40	Chaudoi	157
Charmoise (la)		40	Chaum	49
Charmoy	40, 189	Chaume (la)	49
Charnay		185	Chaumeil	49
Charrière (la)		74	Chaumes	49
Charrières (les)		74	Chaumie (Bas-)	49
Chartonnerie		49	Chaumont	54
Chas		121	Chaumot	49
Chaseix		122	Chaumoux	49
Chaselou		122	Chaumoy	49
Chasnay	36, 179, 193	Chaurais	189
Chassagne		36	Chaussée (la)	125
Chassaigne (la)		36	Chaussée-Bois-Hulin (la)	125
Chasseigne	36, 193	Chauvin-le-Dragon	80
Chassenay		36	Chaux	125
Chasseneuil		35	Chavanac	123
Chassepierre		121	Chavanat	123
Chassignelles		36	Chavanaz	192
Chassigny		195	Chavannes	123
Chasteux		116	Chaye	60
Chastel		116	Chaze	122
Chastelas (le)		116	Chazeau	122
Chastels (les)		116	Chazelet	122
Chastenay-le-Bas		191	Chazelle	122
Châtain		40	Chazemais	92
Château (le)		117	Chazeuil	122
Châteaudun		55, 80	Chazilly	122
Château-l'Hermitage		162	Chazoy	121
Château-Meillant		80	Cheille	28
Château-Thierry		80	Cheilly	28
Châteigneraie (la)		40	Cheilly-le-Bas	28
Châtel (le)		116	Cheix (le)	122
Châtelet (le)		117	Chelieu	192
Chatelier (le)		117	Chemin	126

Chemine	126	Chien-crotté (le)	106
Cheminel	126	Chiennerie (la)	106
Cheminot	126	Chilly ou Chailly	28
Chemins	126	Chintry	154
Chemmin	126	Chocques	32
Chenailles	34	Chogne	108
Chenay	34, 190, 196	Choiseau	28
Chenevelle	50	Choisel	28
Chenevelles	50	Choiseul	28
Chenevière	50	Choisey	28, 181
Chenevières	50, 190	Choisies	28, 181
Cheneviron	36	Choisy	28, 181
Chenevrey	50	Cholet	52
Cheney	36	Chollets	52
Chenois (le)	35	Choloy	52, 192
Cheronvilliers	154	Choly	52
Cheseneuve	122	Choquel (le)	32
Chesnez (les)	36	Chouquet (le)	32
Chessenaz	35	Chouzé	28, 181
Chéu	197	Chouzey	181
Cheuliacum	176	*Christoilum*	196
Chevalet de Chabre	103	Ciersay	189
Chevanez	123	Cigogne	108
Chevannes	123	Cigogné	108
Chevenon	123	*Cincianum*	186
Chevrillé	178	Cinei	185
Chevreaux (les)	109 note	Cinq-Mars	146
Chevregny	105	Cissan	186
Chevrerie (la)	105	Clairac	188
Chèvres	105	*Clairatum*	188
Chevresis	105	Clape (la)	75
Chevreuse	105	Claparade	75
Chevreux	105	Clapier (le)	75
Chevreville	105	Clapière (la)	75
Chevrey	105	Clapières (les)	75
Chevrière (la)	105	Clapiers	75, 193
Chevriots (les)	105	Clapouze	75
Chevroches	105, 183, 196	Clappier (le)	75
Cheyes	122	*Clausuris* (E. de)	197
Cheyrouse	74	Clayeures	197
Chez (le)	122	Cleppe	75
Chez-Bigot	122	Clergues (les)	187
Chez-Lebot	122	Clermont	79
Chez-Mallet	122	*Cleucarias.¹*	189
Chezal-Benoit	122	Clichy-la-Garenne	75
Chezaux	122	Climberri	79
Cheze	122	*Clipiacus*	75
Chezelles	122	*Clipiagum*	193
Chezy	122	Cocarderies (les)	172
Chidulfi villa	176	Cochardais (la)	173

Cocharderie (la)	173	Combe (la)	60
Cochards (les)	172	Combelles	60
Cocherie (la)	172	Combes	60
Cocheterie (la)	172	Combet	60
Coconiacum	192	Combres	152
Codolada	185	Commanderie (la)	165
Cæsaromagus 79,	98	Commune d'Armes	80
Cæsaromagus Bellovacorum	78	Concevreux	96
		Conceze	32
Coetanfao	28	Conchy-les-Pots	135
Coetbo	28	Concie (la)	32
Coëtmaloen	28	*Concisa*	32
Coetmen	28	Concise	32
Coetmieux	28	Concize	32
Cognac	61	Condades	185
Cognan	61	*Condadus*	185
Cognardière	47	Condamine	116
Cognat	61	Condas	23
Cognel	61	Condat	188
Cogners	47	*Condate*	188
Cognet	47	*Condatisco*	153
Cognières	47	*Condatum*	188
Coiacum	178	Condé	23
Coigné (le)	61	Condemein (la)	116
Coigneux	61	Condemine (la)	116
Coigny	61	Condette	23
Coisia	181	Condot	23
Coisy	181	Confavreux	134
Collemiers	188	Conflans	23
Colletot	88	Confluent	23
Colnates	188	*Consanwadum*	129
Colombe (la)	108	Consenvoye	129
Colombets (les)	108	Consenwé	129
Colombette	108	Constantine	167
Colombey 108,	187	*Constellatum*	188
Colombier	108	Converserie (la)	165
Colombiers 108,	187	Coq hardi (le)	107
Colombiès	108	Coq vert (le)	107
Colombine	108	Corbeau (le)	108
Colonge	193	Corbeil	196
Colonges	193	*Corbolium*	196
Coloniæ	192	Corcelles	96
Colonica 193,	197	*Corcheracus*	176
Colonicæ	193	*Corchereius*	176
Colroi	47	Cornet	48
Columbarios	187	Cornets (les)	48
Columbarium	187	Corneuil	48
Columbarius	188	Corneux	48
Comballlaux	196	Corniou	48
Combas	60	Cornod	48

Cornot	48	Coussenas	188
Cornou	48	Coussergues	186
Cornouiller	48	Coutière	99
Cornoy	48	Coutières (les)	99
Cornus	48	Couture (la)	69
Corny	48	Couturelle	69
Cortebrone	20	Coutures	69
Cosne	188	Couziers	28
Cossé	181	Coye	189
Cotiacum	180, 181	Coyecques	178
Cottier	99	Crach	55
Couderc	69	Crach-coat	55
Couderc (le)	69	Crach-gouillen	55
Coudere (le)	69	Crach-guen	55
Coudert (le)	69	Crain	186
Coudrai (le)	47	Craincourt	96
Coudraie (la)	47	Craiwick	108
Coudrais (les)	47	*Cranum*	186
Coudray (le)	47	Crapeaumesnil	109
Coudre (le)	47	Crau (le)	71
Coudré	47	Cravan	190
Coudreceau	47	Creteil	196
Coudrecieux	47	Crenttes (les)	59
Coudrey	47	*Crevennus*	190
Coudrie	47	Crezilles	195
Coudron	47	Criquebœuf	89
Coudrot	47	Croix (les)	166
Coudroy	47	Croix l'Evêque (la)	166
Couets (les)	28	Cros	59
Cougny	47, 61	Croses (les)	59
Coulaines	197	Crost	118
Coulanges	192	Crost (le)	59
Coulet	188	Crot	59
Couley	185	Crota. *Voyez* Crost.	
Courceaux	96	Crotelles	59
Courcelette	96	Croth	118
Courcelles	96	Crotoy	59
Courcelotte	96	Crotte (la)	59
Courcevreux	96	Crottes (les)	59
Courchelettes	96	Croutes	59
Courdoux	171	Croutes (les)	118
Courgibeterie (la)	172	Croutoy	59
Courrières	96	Crouttes	59
Courson	189	Croux (la)	59
Courtabon	171	Crouzet (le)	59
Courtalain	171	Crouzets (les)	59
Courtaumont	171	Crouzettes (les)	59
Courtebourne	20	Crozes (les)	59
Courteilles	96	Crozets (les)	59
Courteix	96	Cruas	185

Crudacium	185	Dammartin	154
Crusiolis (E. de)	193	Damphreux	154
Crux episcopi	166	Dampierre	154
Cuchery	176	Dampleux	154
Cugnac	61	Damplou	154
Cugny	61	Dandesigny	155
Cui	28	Danloup	154
Cuichy	154	Danmarie	154
Cuigny	61	Dannemarie	154
Cuis	28	Darnetal	61
Cuise	28	Daubeuf	89
Cuiseaux	28	Dax	137
Cuisery	28	*Deccidæ*	182
Cuisia	28, 181	*Decetia*	182, 191
Cuisiat	28, 181	Decize	182, 191
Cuissai	28, 181	*Degena*	182
Cuissy	181	*Deilocus*	156
Cuisy	28, 181	Delheim	87
Cultura	69	Deneuille	35
Curcedonus	189	Dennebrœucq	19
Curcenate	188	Deuil	196
Curia Abdonis	171	Deulemont	23
Curia Alemii	171	Deux-Chaises (les)	111
Curticella	96	Deux-Evailles	8
Curtis Hrodoldi	171	Dickebusch	29
Curtis Osmundi	171	Dieulefit	157
Curtis Superior	96	Diculewarde	156
Cusey	181	Dieulivol	157
Cussac	181	Dieulouard	156
Cussay	181	Dieu-s'en-souvienne	157
Cusset	181	*Dilo*	156
Cussey	181	*Diogilum*	196
Cussy	181	*Disesia*	182
Cusy	28, 181	*Dodolatus*	188
Cuxac	181	Dollot	188
Cuy	28	Domalouin	154
Cuzieu	181	Dombasle	154
Cuzieux	181	Domblain	155
		Domblans	155
		Dombrat	154
Dagmaringahem	171	Dombrot-sur-Vair	154
Dala (la)	61	Domcevrin	155
Dalhain	87	Domenheim	87
Dalhunden	61	Domevre	154
Dalstein	61	Domfront	155
Damas	146, 154	Domleger	155
Dambelin	155	Dommarie	154
Damblain	155	Dommartin	154
Damiette	167	*Domna Maria*	154
Dammard	154	*Domni Albon et Sermen*	155

— 233 —

Domnom	87	Dun-sur-Loir	80
Domnus Alanus	154	Dun-sur-Meuse	55
Domnus Bazolus	154	Dune-les-Places	55
Domnus Briocus	154	Dune libre	80
Domnus Brixius	154	Duneau	55
Domnus Cyriacus	155	Dunes (les)	55
Domnus Ferreolus	154	Dunet	55
Domnus Germanus	155	Dunkerque 55, 80,	158
Domnus Lupus	154	*Duraliola*	186
Domnus Martinus	154	Durance (la), fl.	10
Domnus Medardus	154	Durangon (le), riv.	10
Domnus Petrus	154	Durbach (le), riv.	10
Domnus Severinus	155	Durdent (le), riv.	10
Domnus Stephanus	155	Duro (le), riv.	10
Domnus Valerus	154	*Durocortorum*	78
Dompaire 154,	155	*Durocortorum Remorum*	78
Dompierre	154	Duroth (la), riv.	10
Domptail	155		
Domvallier	154	Eblinghem	171
Don (le)	10	Ecaillon (l')	130
Doncières	155	*Ecclesiola*	195
Dongermain	155	Echaillon (l')	157
Don-Han-Garaci	155	Echenay	36
Don-Han-Lohizun	155	Echenoy	35
Don-Ist	155	Echenoz	36
Donon (le)	55	Eckehout	36
Dordogne (la), riv.	10	Eckelsbeke	36
Dore (la), riv.	10	*Ecliaci-Villa*	153
Doria (le), riv.	10	Ecueil	36
Doua (le) ou Dowa, ruiss.	11	Ecuelin	36
Doué de Roch (le)	11	Ecuires	102
Douet (le), ruiss.	11	Ecuiry	102
Douets (Fontaine des)	11	Ecuras	102
Dourbie (la), riv.	10	Ecurat	102
Dourdu (le), riv.	11	Ecure	102
Dourlers	66	Ecures (les)	102
Doussas	188	Ecurey	102
Drac (le), riv.	10	Ecurie	102
Drau (la), riv.	10	Ecurolles	102
Dravus, riv.	10	Ecury	102
Dringham	171	Eecke	36
Drôme (la), riv.	10	Egalité-sur-le-Doubs	80
Dronne (la), riv.	10	Egalité-sur-Marne	80
Drouille	186	Egleny	170
Druentia, fl.	10	Eglise (l')	157
Druna, riv.	10	Eglise-aux-Bois	157
Duæ Casæ	110	Eglise-Neuve	157
Dumsatio	188	*Eglisiola*	195
Dun	55	Eglisolles	157
Dun-le-Roi	55	Egriselles 157,	195

Egriselles-le-Bocage	195	Escures	102
Eguilles	197	Escurolles	102
Einartzhausen	97	*Esimons*	139
Elencourt	107	Espieds	51
Eliçabelar	157	Espieilh	51
Eliçaberria	157	Espiers 100,	187
Eliçaberry	157	Espiet	51
Elincourt	96	Espinosa	197
Elissagaray	157	Espinouse	197
Emile	80	Esquebaque	36
Enencourt-l'eage	9	Esquennoy	85
Entraigues	8	Essards (les)	33
Entrains-sur-Nohain. 182,	186	Essart	33
Entrecasteaux	116	Essarteaux	33
Entrèves	8	Essartiers	33
Epegard	102	Essartons (les)	33
Epenède	44	Essarts (les)	33
Epenouse	44	Essert (l')	33
Epenoux	44	Essertaux	33
Epenoy	44	Essertenne	33
Eperlecques	178	Essertey	33
Epernay	44	Essertine	33
Epernon	44	Essey	179
Epiais 51,	100	Estables	104
Epieds 51, 100,	187	Establet	104
Epiez	51	Estaires	125
Epinay	44	Estivareilles	191
Epinay-sur-Seine	196	Estra	125
Epine	44	Estrade	125
Epineau	44	Estraon	125
Epinette	44	Estrée	125
Epineu	44	Estrées	125
Epineuil	44	Estrées-Saint-Denis	125
Epineuse	44	Estrelles	125
Epineux	44	Estreux	125
Epineville	44	Estry	125
Epiney	44	Estuer, ruiss	13
Epinouze	44	Esves-le-Moutier	8
Epinoy	44	Esvres	8
Er-hoet	28	Etableau	104
Erl-Konig	26	Etables	104
Erlach	59	Etampes	132
Erlangen	37	Etape (l')	132
Erlebach	39	Etaples	132
Ernage	188	Etaules	104
Ertré	193	Etaves	104
Ervillers	84	Etel (l'), riv	13
Escatalens	195	Etelles	125
Esconium	197	Ethioles	122
Escuilerie	187	Etier-Français (l'), ruiss	14

Etier-neuf, ruiss.	14	Falgueyrat	50
Etiole	122	Falguière	50
Etouvans	136	Falguières	50
Etouvelles	136	Famars	139
Etouvy	136	*Fanum martis*	139
Etrade (l')	125	Faou (le)	37
Etréaupont	125	Faouet (le)	37
Etrée	125	Fau (le)	37
Etrées	125	Fauga (la)	37
Etretat	145	Faugères	187
Etrœung	125	Faugues	190
Etrun	125	Paujas	37
Etuf	136	Faumont	37
Etuffant	136	Faur	134
Eturqueraie	118	Faurée (la)	134
Eu	62	Faurie (la)	193
Eury ou Œury, vill.	9	Faus (les)	37
Evaux	8	Faut (le)	37
Eve ou Aive	8	Faux (les)	37
Evelle	8	Faveraye	51
Eviau	8	Faverges	134
Evry	170	Faverelles	51
Eyguières	22	Faverolle	51
Eygurande	22	Faverolles	51
Eyverhouse	97	Faveyrolles	51
		Favière (la)	51
Fabras	134	Favières	51
Fabre	134	Favray	51
Fabrègues 134,	193	Faxe	37
Fabrèque	134	Fay (le)	37
Fabric (la)	134	Faye (la)	37
Fabrica	193	Fayel (le)	37
Fabricas	193	Fayelle (la)	37
Fabrics (les)	134	Fayes	37
Fabrique (la)	134	Fayet	37
Fabrorum curtis	134	Fayette (la)	37
Fac	37	Fayolle	37
Fage (la)	37	Fays	37
Fageole	37	Fayt (le)	37
Fages	37	Feldbach	63
Faget (le)	37	Feldkirch	63
Failloné	37	*Felgarias*	187
Faillouel	37	*Felgeria*	190
Failly	37	Felsbach	57
Faix (la)	37	Felza	37
Fajac	37	*Fenolletum*	191
Fajolle (la)	37	Fenouillede	191
Falaise	57	Fenouillère	52
Falga	50	Ferdrupt	17
Falgairac	50	Ferfays	

Fermeté (la)	114	Fleuré	178
Fernex	43	Fleurieux	180
Ferrière	134	Fleury	170
Ferrières	134	Flez	179
Ferrieyre	134	*Flogilivilla*	171
Ferté (la)	114	Floirac	177
Ferté-sous-Jouarre (la)	114	Florac	177
Ferté-Vidame (la)	114	*Floriacum*	170, 177, 178
Fetan-Alan	19	*Floriacus*	180
Fetan-er-Gohic	19	Flouville	171
Fetanio	19	*Foderias*	191
Fetan-Nerven	19	Folgenspurg	114
Feten-Guen	19	Folie (la)	122
Feteniou	19	Folie-Herbault (la)	122
Feuchères	50	Folies (les)	122
Feucherolles	50	Follets (les)	25
Feugarolles	50	Folleville	122
Feugères	50	Fond	60
Feugeret (le)	50	Fondat	60
Feugerets (les)	50	Fonds (les)	60
Feugerolles	50	*Fons latinus*	175
Feuges	50	Fontaine (la)	19
Feugières	50	Fontaines (les)	19
Feugnerolles	50	Fontanas	19
Feugrolles	50	Fontanat	19
Feuguerolles	50	Fontaneilles	19
Feuillade	122	Fontanes	19
Feuillais	122	*Fontanetum*	191
Feuillée (la)	122	Fontanges	19
Feuilles	122	Fontanières	19
Feuillie (la)	122	Fontenailles	19
Feuilly	122	Fontenay	19, 191
Feuquerolles	50	Fontenelles	19
Feuquières	50	Fontenil	19
Fey (le)	37	Fontenilles	19
Feyt	37	Fontenis (les)	19
Fiacum	178	Fontenoy	19, 180, 191
Fié	178	Fontette	19
Figairolles	52	*Fontiniacum*	180
Figuefleur	89	Forest (la)	26
Firigulæ	197	*Foresta*	30
Fisciacum	192	Forestel (le)	26
Fixey	192	*Forestella*	30
Flaiacum	179	Forestière (la)	26
Flamanville	78	Forêt (le)	26
Flaviana vallis	153	Forêt-Auvray (la)	26
Flers	89	Forêts (les)	26
Flesquières	50	Fozières	191
Fletre	89	Forge	134
Fleurac	177	Forge (la)	134

Forgeot	134	Fraissinède	191
Forges (les)	134	Fraissinel	43
Forges	134	Fraissines	43
Forgets (les)	134	Fraissinet	43
Forgette (la)	134	Fraissinets (les)	43
Forgetterie (la)	134	*Fraissinetum*	191
Forgettes (les)	134	Fraissinie (la)	43
Forgues	134	Fraissinous	43
Forguettes	134	Franciade-sur-Yonne	80
Forie (la)	134	Franois	43
Fornex	134	Franoy	43, 191
Fort-du-Corbeau	108	Frasnay	43
Fosse-au-Cocq	107	Fraternité-sur-Selle	80
Fou	37	*Fraxinetum*	191
Foucaudrie (la)	172	Frenai	43
Foug	37	Frenay	43
Fougeirolles	50	Freneau (le)	43
Fougerais (le)	37, 50	Frenel	43
Fougeray	50	Freneuse	43
Fougère (la)	50	Freney (le)	43
Fougeré	50	Frenois	43
Fougères	50	Frenoy	43
Fougerets	50	Fresnais (la)	43
Fougerets (les)	37	Fresnay	43
Fougereuse (la)	50	Fresnaye (la)	43
Fougereux	50	Fresnes	43
Fougerolles	50	Fresney	43
Fouguerolles	50	Fresnières	43
Fougueusemare	21	Fresnoy	43
Fougueyrolles	50	Fretin	64
Fouries (les)	134	Fretils (les)	64
Fourmetot	88	Fretoy	64
Fourneaux	134	Frette (la)	64
Fournels	134	Frettemeule	64
Fournials (les)	134	Frettemole	64
Fourniers	134	Frettes	64
Fournols	134	Frigoures	197
Fous (la)	37	Froment	50
Foussais	37	Fromental	50
Foussat	37	Fromenteau	50
Foussemagne	37	Fromentières	50
Fousseret (le)	37	Frossards (les)	65
Fousserie	37	Frossay	65
Fousson	37	Frosse	65
Foutelle (la)	37	Frotey	65
Fouterielle	37	Frou	65
Foux (le)	37	Froust (le)	65
Fragny	43	Frouville	13
Fraisnes	43	Fuchsmeng	37
Fraisse	43	Futeau	37

— 238 —

Futelaye (la)	37	Ghyvelde	63
Futzelhausen	97	*Giacum*	178
		Gibbonis mansus 92,	93
Gadincthun	100	Gibeaumeix 92,	93
Gaïacum	170	*Gibodibilla*	93
Gaillague	185	Gisia	178
Galargues	186	*Gisiacus*	178
Galazanicus	186	*Gisiniacus*	193
Galernière (la)	172	Gladeaux (les)	190
Gallacum	185	Glandeve	8
Gamaches	187	Gleyse-Gone	157
Gamapium	187	Glisolle	157
Garancières	135	Goah-Bettelec	13
Gard (le)	101	Goah-Heric	13
Garde (la)	114	Gobelins (les)	25
Gardelle (la)	114	Goës-er-gave (le)	13
Gardels (les)	114	Goesmaria (le)	13
Gardere	114	Goestronnière (la)	172
Garderie (la)	114	Gonnelieu	85
Gardière	114	Gorre	62
Gardin	101	Gorrevod	62
Garenne (la)	115	Gorron	62
Garennes	115	Gose rouze	13
Garini quercetum	36	Gosselming	194
Gasanus	187	Gouach-Vras	13
Gast (le)	65	Gouarch-en-tu-paresses	13
Gastes	65	Gouarh (le)	13
Gastet (le)	65	Gouech-Kerfranc	13
Gastine	65	Gouestronnerie (la)	172
Gastines	65	Gouezac (le)	13
Gastins	65	Goulles'	16
Gat (le)	65	Goulée	16
Gatinais (le)	65	Goulotte (la)	16
Gâtinaud	65	Goult	16
Gâtine	65	Goupillère (la)	106
Gâtineaux (les)	65	Goupillères	106
Gâtines (les)	65	Gouts (les)	16
Gats (les)	65	Goutte (la)	16
Gaudiacum	192	Goutte noire (la)	16
Gaudiacus	180	Gouttes (les)	16
Gauliacum	192	Grâce (la)	71
Gavalonga	197	Graincourt	95
Gaviliacum	192	Grandcourt	96
Genabum	79	Grandes Hemmes	87
Genelard	185	Grandlieu	85
Genève	8	Grandmenil	97
Geniliacum	192	Grandsars	33
Genillet	192	*Grani Curtis*	95
Gergovie	79	*Granolheriis* (M. de)	191
Gex	178	Grausagnes	187

— 239 —

Gratteloup	106
Graulidum	194
Grave	32
Gravelines	71
Gravelle	71
Gravelotte	71
Graveninghem	71
Graverie (la)	71
Graveron	71
Gravette (la)	32
Gravettes (les)	71
Gravier (le)	71
Gravières	71
Gravioc	71
Grée (la) et les Grées	71
Grenêcherie (la)	172
Grenouillis	191
Grés	56
Grès (les)	73
Grèses	73
Gresillons (les)	73
Gresse	73
Gressée (la)	73
Gressets (les)	73
Gressey	73
Gressy	73
Gretz	56
Grez (la et les)	56, 73
Grezac	56
Grezels	73
Grezes	56, 73
Grezet (le)	56, 73
Greziat	56, 73
Grezian	73
Grezien	73
Grezieu et Grezieux	56, 73
Grezille (la)	73
Grezillé	73
Grezolle	73
Grezy (le)	73
Grignan	86
Grillemont	109
Grillot	109
Grillons (les)	109
Grimberg	56
Grisolles	195
Grœnenbriel	30
Groslay	194
Grosselminga	194
Groute (la)	59

Groutel	59
Groux (les)	59
Gua (le)	129
Gué à Tresmes (le)	129
Gué aux biches (le)	129
Gué-Rotrou (le)	129
Gueberschwihr	85
Guer (le)	13
Guerau (le), ruiss	13
Gueraud (le), riv	13
Guerfro, riv	13
Guermange	194
Guerminga	194
Guern	39
Guerno (le)	39
Guichardaie (la)	173
Guichardais (la)	173
Guichardaye (la)	173
Guichen	82, 83
Guidhall	123
Guielan	83
Guilhe (la)	173
Guilho (lo)	173
Guillas (las)	173
Guillaume (lieux dits) et ses dérivés	173
Guisanne (la)	22
Guise	80
Guiseniers	193
Guyenne (la)	22
Voyez Aguienne (l').	
Guzargues	186
Gy-l'Evêque	170
Haberts (les)	172
Haboudange	194
Haegen	115
Hagède (la)	115
Hagedet	115
Hagen	115
Hagenbach	115
Haget	115
Hague (le)	115
Hagues (les)	115
Haie (la)	115
Haies (les)	115
Haisnes	115
Hallay	123
Halle et Halles	123

— 240 —

Hallet (le)	32	Hent-ahès	126
Hallier (le)	32	Hent-conan	126
Hallotière (la)	32	Hent-et-bé	126
Hallots (les)	32	Hento (le)	126
Halloy	32	Héraclée	80
Hallu	32, 123	Herblay	38
Halluin	123	Hereford	129
Halotus	32	*Herembaldi Capella*	170
Ham	80, 86	*Herimundivilla*	171
Hamecourt	171	Herlaar	39
Hamel	86	Hermenonville	171
Hamelet	86	Hermeray	195
Hames	86	*Herminulfivilla*	171
Han	86	Hermitage (l')	162
Hangard (le)	104	Hermonville	171
Han-sur-Seille	86	*Hermoritum*	195
Hardenthun	100	Herzeele	91
Hardinvast	65	Hesbaie (le)	186
Harfleur	89	Heuche-loup	106
Haringe	107	Heurtebise	59
Harlebeke	39	Heurteloup	106
Harlem	39	Heurtevent	59
Harlingen	39	Heyrieux	192
Hartennes	35	Hochstatt	87
Hasbanium	186	Hogue (la)	57
Haseille	27	Hogues (les)	57
Hasla	32	Hoguette (la)	57
Haus	96	Hohatzenheim	57
Haute-Rivoire	67	Hohengoefft	57
Haute-Seille	27	Hohroth	57
Hautesrives	67	Hohwald	57
Hautes-Rivières	67	Holbach	61
Hautmont	54	Hollebecque	29
Hautvillers	84	Holletot	61
Hauvoldingas	194	Holtbecque	29
Haverskerque	108, 158	Holque	101
Havre (le)	22	Holving	61
Havre-libre	80	Hombleux	52
Haye (la)	115	Homblières	52
Hayes (les)	115	Homs (les)	41
Hazay (le)	32	Hondeschoot	118
Hazé (le)	32	Honneux (l')	38
Hazeau	32	Honor de Caus (l')	93
Hazebrouck	19	Honskirich	158
Heiligenstein	75	Horscamp	105
Heim. *Voyez* Ham.		Hort-cordon (le)	131
Hellequin	26	Hortus	101
Hemmes (les)	87	Horts (les)	101
Hemmes-Saint-Pol	87	Hortus	101
Hennequin	26	Houblonnière (la)	52

Houdeghem	106	Jaillon	
Houdeschoote	106	Jappe-Renard	197
Houdesteirt	106	Jard (le)	106
Houffalise	57	Jardin	101
Houlbec-Cocherec	61	Jardinet	101
Houlle	61	Jardins (les)	101
Houllebec	61	Jardy	101
Houquetot	101	Jarey	101
Houssay	44	Jarrerie (la)	36
Houssaye	44	Jarret	36
Houssaye (la)	44	Jarrey (le)	36
Housseau (le)	44	Jarrie (le)	36
Housset	44	Jarry (le)	36
Houssière (la)	44	Jarrys (les)	36
Houssiette (la)	44	Jérusalem	36
Houtbriel	30	Jeumont	167
Houtkerque	29	Joncière (la)	139
Hucaloup	106	Jonchaire	45
Huchepie	108	Jonchère	45
Hucleu	106	Jonchères	45
Huitainéglise	157	Joncherets (les)	45
Hulluach	61	Joncherey	45
Hulst	44	Joncheries (les)	45
Humbaldigahem	171	Joncheroie	45
Humulfi curtis	171	Jonchery	45
Huriacum	192	Jonches	45
Huriel	192	*Jonolacum*	185
Hurtebise	59	Jonqueiras	45
Hurtevent	59	Jonquier	45
		Jonquière	45
		Jonquières	45
Iciodorum	196	Jouy	180
Ifs-sur-Londinière (les)	9	*Jovis mons*	139
Illkirch	138	Joye	192
Indiciacus	153	*Juliacum*	169
Imphy	180	Junghof	120
Ingodeghem	157	Jung-Munstroll	164
Ingoyghem	157	Juvillac	192
Ingwiller	85		
Inor	101	Kaltenhausen	97
In orto	101	Kaysersberg	80
Intaranum	182, 187	Kelhof	121
Interamnis	183	Kerbel	82
Interamnium	182	Kerdeff	82
Interannis	183	Kergal	82
Interranum	183	Ker-ganô ou Kergneû	43
Intranimsis	182	Ker-gneû ou Ker-ganô	43
Iviers	9	Kermaria	82
Ivri	78	Kessel	121
Izeaux	103	Killem	86

LANGUE FRANÇAISE. II.

16

Kirch	158	Ledringhem	86
Kirchheim	158	Leers	66
Kirshberg ou Cérisemont	46	Leffrinkhouke	101
Kirsch-les-Sierck	158	Leitzweiller	85
Kirschnaumen	158	Lendelade	38
Kirswiller	85	Lendin (le)	65
Kœstlach	18	Len-er-Gaulec	14
Krautwiller	85	Lenterio	191
		Lentrey	191
Laborie	98	Len-vras	14
Laffaux	37	*Leonii curtis*	95
Lagneu	175, 179	Leré	186
Lagny	170	Leri	65
Lalande	65	Lesse	193
Landais (les)	65	Lestret	125
Landau	65	Leucofao	37
Lande (la)	65	Leziguan-de-la-Cèbe	52
Landel (le)	65	*Liberiacum*	160
Landelle (la)	65	*Liberdunum*	169
Landelles	65	Lichtelvelde	107
Landes	65	Liencourt	95
Landogne	65	Lier ou Saint-Jean-de-	
Landon (le)	65	Lier	65
Landos	65	Lières	65
Landoy	65	Lierettes	65
Languetot	88	Lierres	65
Lann-bel	65	Liers	65
Lann-bihan	65	Lieu	85
Lanne	65	Lieu-Jeannot	85
Lannec	65	Lieusaint	85
Lannic	65	Lignières	51
Larrau	65	Ligniers	51
Larré	65	Lignoreilles	51, 190
Larrey	65	Limbeuf	38
Larry	65	Limergues	195
Lart (le)	66	*Liminica*	195
Lassagne	20	Lin (le)	14
Lasticas	193	Linde (la)	38
Latiniacum	170	Lindebœuf	38
Latiniacus	179	Lindebue	38
Latona	153	Liudois (le)	38
Langromus	197	*Lineriliæ*	51, 196
Launates	188	Linière (la)	51
Launay	38	Liniers	51
Laurano (E. de)	187	Linieyroux	51
Laurens	187	Liniez	51
Lauroux	197	*Liradus*	186
Laurosia (V. de)	197	*Liricantus*	153
Lausia	192	Listrevelde	107
Lederzeelle	94	Livaic	45

Livarot................	45	Louvet................	106
Liverdun...............	189	Louvetot.............	106
Livet..................	45	Louvières............	106
Livry..................	180	Louviers.............	106
Lobejiacus....... 178,	193	Louvil................	106
Locheium..............	17	Louvois..............	106
Loches................	17	Louvot...............	106
Lochiæ................	17	Louvre...............	106
Loc-Brevalaire........	163	Louvroil..............	106
Loc-Dieu..............	156	Louzouer,............	161
Locmalo...............	163	*Lucaniacum*.........	176
Locmaria..............	163	*Luccæ*...............	17
Locmariaker...........	82	Lucenay..............	192
Locminé...............	163	*Luciniacum*..........	192
Loctudy...............	150	Lunat................	188
Locus S. Tudeni......	150	Lunel................	190
Loigny................	176	*Lunellum*............	190
Lok Eguinner..........	163	*Lutetia*..............	78
Lok-ham..............	163	*Lutetia Parisiorum*...	78
Lok-ronan.............	163	Luzy.................	192
Lok-tudi..............	163		
Lomme................	41	Maast-et-Violaine.....	92
Lompré...............	68	*Maceriacum*.........	102
Londeau...............	65	*Maciacus*............	193
Londe (la).............	65	*Madriacus*...........	29
Londel (le).............	65	Madriat (le)..........	102
Loneux................	38	Madrid...............	29
Longuève, ruiss........	8	*Madriniacum*.........	192
Lonneux..............	38	Mael Carhaix.........	83
Loos..................	34	Mael-pestivien........	83
Looven................	34	Mag..................	98
Lophem...............	106	Magnac..............	98
Lor...................	101	Magnagues...........	98
Loreu.................	197	Magnas..............	98
Loreux................	161	Magnat..............	98
Loroux (le)............	161	Magné...............	98
Lormaye..............	42	Magnet...............	98
Lormes................	41	Magneux.............	98
Lormois...............	42	Magni................	98
Lormoy...............	42	*Magniacum*..... 98,	170
Louans................	156	Magnicourt...........	95
Loubatières...........	41	Magnieu..............	98
Loubejat........ 178,	193	Magnies..............	98
Lourdoueix-Saint-Michel.	161	Magny........... 98,	170
Lourdoueix-Saint-Pierre..	160	*Maidera*.............	190
Lourouer..............	161	Maidières............	190
Louroux (le)...........	161	Maigné...............	98
Lourmois..............	42	Maigny...............	98
Louvéricourt..........	106	Maillet.......... 179,	193
Louverval.............	106	Maincourt............	96

Main libre	80	Mare	21
Maing	63	Maré	21
Mairanicis (V. de)	186	Mare-Marchais (la)	17
Mairaniga	186	Maréchal (le)	92
Maire	21	Marengo	167
Mairé	21	Mares (les)	21
Mairey	21	Maresché	17
Mairiacum	192	Maresches	17
Maisdon	92	Maresquel	17
Maisières	102	Marest	17
Maisnil	97	Marets (les)	17
Maison-Dieu	157	Marettes (les)	17
Maison-Dieu (la)	168	Marlanges	72
Maixe	184	Marlay	72
Maizerais 102, 179,	192	Marlaye	72
Maizeray	102	Marle	72
Maizières	102	Marles	72
Maizocdefroy	92	Marlhes	72
Maladerie (la)	168	Marliac	72
Maladrerie (la)	168	*Marlida*	194
Maladrie (la)	168	Marlière (la)	72
Malakoff	167	Marlieux	72
Malhiacum	179	Marlots (les)	72
Mollesius	191	Marlotte	72
Malliacus	193	Marloye	194
Mamarciacus	54	Marloz	72
Mamay	192	Marly	72
Mamers	131	Marly-la-Machine	80
Mandres	165	Marly-le-Roy	80
Mané (le)	55	Marnac	72
Mané-bihan	55	Marnas	72
Mané-coh-quer	55	Marnay	72
Manii curtis	95	Marne	72
Mansus Richardi	92	Marné	72
Mansac	92	Marnes	72
Mansat	92	Marnesia	72
Mause (la)	92	Marnet	72
Manselle	92	Marnettes (les)	72
Mansus Oriadellus	190	Marnières	72
Maranicæ	186	Marnoz	72
Marbaix	16	Marsac	193
Marbeuf 89,	104	Marsas	178
Marcassolium	195	Marsat	178
Marchais-Beton	17	Marteville	139
Marchais-sous-Liesse	17	Marthil	38
Marchaisière (la)	17	Martigny	170
Marcheseuil	196	Martimont	139
Marciacum	178	*Martiniacum*	170
Marciacus	139	Martinvast	65
Marciliolis (Dc)	195	*Martis mons*	139

Martis villa	139	Mazeyrat	102
Mar tofta	104	Mazeyrolles	102
Martot	88, 104	Mazieras	102
Mas	91	Mazière	102
Mas (le)	92	Mazières	102
Mas d'Olivet	51	Maziers	102
Masiriacum	179, 192	Maz-rillié (le)	92
Masny	98	Meauce	190
Massié	193	Mée (le)	92
Massiliola	195	Mées (les)	92
Massogne	185	Méez (les)	92
Massy	170	Megeve	8
Matalicæ	186	Meix	91
Mathiacum	170	Meix (le)	92
Matte (la)	58	Meix-au-Guedefroy	92
Mauguio	197	Meix-au-Guichard	92
Maulaix	191	Meix-Richard (le)	92
Maupas	129	Melamare	24
Mauriès	186	*Melgorium*	197
Maxstadt	87	*Melsa*	190
Mazac	92	Méné (le)	55
Mazagran	167	Mené-pnederf	55
Mazairaud	102	Menestreau	164, 190
Mazas	92	Menil	97
Mazau	92	Menillet	97
Mazaud	92	Menillot (le)	97
Mazaugues	186	Menils (les)	97
Maze	92	Mepillat	48
Mazé	92	Mequeroil	139, 195
Mazeau	92	*Mercariolo (De)*	195
Mazeaux (les)	92	*Mercuriolum*	195
Mazeiras	102	*Mercuriolus*	139
Mazeirat	102	Méré	29
Mazeireix	102	Merei	29
Mazel (le)	92	*Meriacum servosum*	30
Mazelet (le)	92	Merigue	186
Mazerac	102	*Mesaticum*	188
Mazeras	102	Mesnil	97
Mazerat	102	Mespauliès	48
Mazeray	102	Mespel	48
Mazère	102	Mesplède	48
Mazères	102	Mesples	48
Mazerettes	102	Metz	92
Mazereville	102	Metz-le-Comte	92
Mazerier	102	Meulières	7
Mazeroles	102	Meung-sur-Loire	63
Mazerolles	102	Mex	91, 93
Mazes (les)	92	Meyrargues	18
Mazet (le)	92	Meys	9
Mazette (la)	92	Mezauguichard	9

Mezeaux	92	Mondorff	84
Mezeirac	102	*Monesterellum*	190
Mezel	92	Monestier	164
Mezerac	102	Monestiès	164
Mezeray	102	Monestrol	164
Mezères	102	Monctas	134
Mezeriat	102	Moneteau	164
Mezières	102	Monetier	164
Miliac	52	Monges (les)	162
Miliacus	52	Mongie (la)	112
Millay	52	*Mons*	53
Millerette (la)	52	*Mons acutus*	54
Milliacus	52	*Mons aericus*	164
Millière (la) et les Millières	52	*Mons asinarius*	188
Milly	52	*Mons Dei*	157
Minerais (les)	133	*Mons Desiderii*	143
Mineray (le)	133	*Mons Jocosus*	197
Minerets (les)	133	*Monspeslairetus*	192
Minerois (les)	133	*Mons petrosus*	197
Mines (les)	133	*Mons subterior*	164
Minier (le)	133	*Mons superior*	164
Minières (les)	133	*Mons vironis*	54
Ministre (le)	168	Monsteroux	164
Minuta familia	110	Monstier	164
Miplaine (la)	103	Montagnac	185
Miropicum	194	Montagne-du-Bon-Air	80
Mirepoix	194	Montaigné	188
Miseracum	185	*Montanacum*	185
Miseré	185	*Montaniacum*	170
Mittelbronn	20	Montbronn	20
Moinerie (la)	165	Montceaulx	54
Moircy	189	Montdaie	157
Moire	21	Montdardier	143
Moiré	21	Mont-d'Unité	80
Moirey	21	*Montechivum*	196
Moivrons	54	Monteil	54
Molard	58	Monteille	54
Molière (la)	73	Monteiller	54
Molières (les)	73	Monteils	54
Molinons	135	Montel (le)	54
Monasterellum	164	Montels	54
Monasteriolum	54	Montempuis	196
Monasterium Luperii	54, 161	*Monte Olivo* (E. de)	196
Moncel (le)	54	*Montepodium*	196
Moncheaux	54	Montereau	54, 161
Monchel (le)	54	Montesquieu	196
Monchelet	54	Montfort	54
Monchenx	54	Montheu (le)	54
Monchiet	54	Montignac	54
Monchy	54	Montigné	54

Montigny	54	Mouchy	54
Montils	54	Moulière (la)	73
Montjoux	197	Moulin (le)	135
Montlheri	161	Moulin de la Versaine	69
Montlheu	54	Moulières (les)	73
Mont-libre	80	Moulinards (les)	135
Montmercy	54	Moulinière (la)	135
Montmorency	80	Moulinot (le)	135
Montoulieu	196	Moulins (les)	135
Montpellieret	192	Moulx	185
Montpeyroux	54, 197	Mourcinq	119
Montreuil	164	Moureze	189
Montreuil-sur-Mer	164	Mouse	192
Montreux	164, 195	Mousseau (le)	54
Montreux-Château	164	Moustero	164
Montreux-Jeune	164	Mousseaux (les)	54
Montrieux	164	Moussel	54
Montrol-Senart	164	Moustier	164
Montrollet	164	Moustoir (le)	164
Montrueillon	164	Moustoirie (la)	164
Mont-Saint-Remi	152	Moustron	164
Montseveroux	161	Mouthiers	164
Moraches	191	Moutier	164
Morainville	78	Moutiers-Notre-Dame	164
Morangis	156	Mudaison	132
Morazios	189	Muid-des-Pauvres (le)	111
Morbecque	16	Muison	132
Morbihan (le)	14	Muisson	188
Morceias	189	Mulhausen	97
Moré	192	Mulhouse	197
Morenant	14	*Mulnetum*	191
Moresca	191	Munster	164
Morgni	78	*Munsteriolum*	195
Morignan	193	Munstroll-die-Burg	164
Moriniacus	193	Murbach	16
Morlacæ	185	*Muro Cincto* (Villa de)	119
Morlaye	185	*Muro Cinctus*	119
Morsain	119	Mursens	119
Morsan	119	Murviel	119
Morsang-sur-Orge	119	*Musciacum*	192
Morsang-sur-Seine	119	Musturole	164
Morsant	119	*Muxacum*	185
Morschwiller	85	*Mutatio*	132, 188
Morteuve	9	*Mutationes*	132
Moscou	167		
Moucairol	195	Nannay	193
Mouceau (le)	54	Nanterre	60
Mouceaux	54	*Nantiniacus*	193
Mouchardière (la)	173	Nantuna	60
Mouchel (le)	54	*Narlodum*	196

Narlou	196	Nogent	22
Nart (Saint-Martin-au-Laert en le)	66	Nohan	21
		Noray	43
Nassonacum	185	Nord-den-Thai	61
Navacelle	94	Nordgau	87
Navailles	22	Noroy	43
Nealfa	100	Norrat	43
Neaufles	100	Norrent Fontes	19
Nemetacum	25, 78	Norrey	43
Nemetacum Attrebatum	78	Norroy	43, 189
Nemètes	25	Notre-Dame d'Oé	188
Nemetobriga	25	Notre-Dame-du-Bec	14
Nemetocenna	25	Nots	21
Nemetodurum	25	Nottingham	86
Népier (le)	48	Nouaillas	22
Nepoulas	48	Nouaille	22
Nepoux	48	Nouaillé	22
Neris	137	Nouaillette	22
Nesploy	48	Nouan	21
Nespouls	48	Nouan-le-Fuzelier	21
Neuil	22	Nouans	21
Neuilh	22	Nouâtre	21
Neuillay-les-Bois	22	Nouaye	21
Neuillé	22	Noue (la)	21
Neuilly	22	Noues (les)	21
Neunkirch	158	Nouet	21
Neuville	84	Nouette (la)	21
Neuvireul	85	Nouhant	21, 22
Neuvy	85	Nouhaud	22
Neuwiller	85	Nouiex	21
Niederbruck	19	*Noviodunum*	78
Niederhaslach	18	*Noviomagus*	63
Niffiés	193	Noyal	22
No-aux-Bois	21	Noyant	22
Noaillac	21	Noyat	22
Noaille	21	Noye	22
Noailles	21	Noyelle	22
Noalhac	21	Noyelles	22
Noards	21	Noyellette	22
Nocitum	195	Noyen	22
Nod-sur-Seine	21	Noyers	43
Nodes	21	Noyon	63
Nods	21	Nozay	43
Noé	21	Nozaye (la)	43
Noé (la)	21	Nozées (les)	43
Noellet	21	Nozeroy	43
Noés (les)	21	Nozeyrolles	43
Nogarède	43	Nozières	43
Nogaredum	189		
Nogaret	43	Oberbetschdorf	84

Oberbruck	19	Orrouer	161
Oberdorff	84	Orrouy	161
Oberhaslach	18	*Ortulis* (B. Maria de)	101
Ocadour (l')	161	Ortus	101
Ochey	185	*Oscudum*	185
Odatus	188	Osmoi	42
Odomez	92	Osterbach, ruisseau	15
Oë (N.-D. d')	188	*Otgerivilla*	171
Oeuf-en-Ternois	100	Otreppe	67
Offenbach, ruisseau	15	Ouche	101
Oisay	48	Oucherotte	101
Oisemont	139	Ouches	101
Olargium	187	Oucques	101
Olargues	187	Oullières (les)	52
Olivet	52	*Oupia*	193
Olivet (l')	51	Ourouer	161, 188
Olivier	51	Ouroux	161, 188
Ollières	51, 52	Oussoy	44
Ollioules	51	Ouzouer-sur-Trézé	161
Olme	41	Oxford	129
Olmes (les)	41	Oxelaere	66
Olmet	42	Oye	62
Olmeta	42	Ozenay	48
Olmeto	42	Ozerailles	48
Olmi	42	Ozoir-le-Breuil	161
Oncieu	99	Ozouer-la-Ferrière	161
Oncy	99	Ozières	48
Oneux	38	Ozier (l')	48
Oostcamp	105	Ozillac	48
Openheim	86		
Ophove	120	Paimbœuf	88
Opinianum	193	Palaiseau	117, 195
Oradour	161	*Palatiolum*	195
Oradour (l')	161, 197	Paleyson	117
Oratorium	161, 188, 197	Paliseul	117, 195
Orbiquet (l'), ville	15	Pallu (la)	19
Orcet	49	Palluas	19
Orgeville	171	Palluau	19
Orlhac	177	Pallud (la)	19
Orme	41	Pallue (la)	19
Ormeoux	41	Palluel	19
Ormes	41	Pals	117
Ormesson	41	Palu	19
Ormeteau	41	Palud (la)	19
Ormeville	41	Paluel	19
Ormoy	42	Palus	19
Ormoye	42	Pannes	58
Oroer	161	Panthenor	167
Oroir	161	Papenheim	86
Orret	188	Pargny	145

Parignargues	115	Peyraud	74
Parignet	115	Peyre (le)	74
Parigny	115	Peyré (le)	74
Paris	78	Peyrefite	74
Parisii	77	Peyrens	74
Pars	99	Peyréou	74
Pas-Bayard (le)	129	Peyresq	74
Pas-de-Calais	129	Peyret	74
Pas-de-Vaches (le)	129	Peyreusse	74
Pas-en-Artois	129	Peyriac	74
Paterniacum	192	Peyriat	74
Pauliacum	169	Peyrière (la)	74
Pauliniacum	170	Peyrigno (la)	125
Paviliacus	176	Peyriolles	74
Paxedum	189	Peyrole	74
Payerné	192	Peyroles	74
Pech (le)	57	Peyrolles	74
Pecq (le)	57	Peyrols	74
Pedinatis	188	Peyrots	74
Pegairolles	196	Peyrouse (la)	74
Pegueirollis (V. de)	196	Peyrouses (les)	74
Peipin	57	Peyroux (le)	74
Peiratte (la)	74	Peyroux (les)	74
Peiron	74	Peyrus	74
Pen (le)	58	Peyrusel (le)	74
Pen ar-guen	58	Peyrusse	74
Penhars	58	Peyrusses	74
Penmarck	58	Peyzieu	51
Pennavayre	58	Pezai-le-Joly	51
Penne (la)	58	Pezay	189
Pennedepie	58	Peze (le)	51
Pennes (les)	58	Pezè-le-Robert	51
Penvern	58	Pezeau	51
Perairolum	197	Pezenas	188
Perigny	170	Pezenes	187
Perols	197	Pezènes	51
Perreuse	74	Pezieux	51
Perreux-les-Bois	74	Pezon	51
Perrières (les)	74	Philippeville	80
Perruel	74	Picredon (le)	57
Perrouse	74	*Pictia*	194
Pert	99	Pic (la)	108
Pes	51	Piechaigu (le)	57
Peseux	51	Pierre (la)	74
Petariola	195	Pierrebénite	74
Petite Bertauche (la)	115	Pierrefitte	74
Petites Hemmes	89	Pierres (les)	74
Petriniacum	170	Pietra	74
Peynier	57	Pigeonnières (les)	108
Peyrat	74	Pignelin	4

Pignol	41	Planquettes (les)	130
Pin (le)	41	Plans (les)	47
Pinas	41	Plantade (la)	47
Pinay	41	Plantadès	47
Pinchonlieux	109	Plantay (le)	47
Pinée (la)	41	Planté (le)	47
Pinede (la)	41	Plantis (le)	47
Pinel (le)	41	Planty	47
Pinet	41, 44	Plassis	118
Pineuilh	41	Plauzat	192
Piney	41	*Plauziacum*	192
Pinols	41	Pleine-Selve	27
Pins (les)	41	Plessiel (le)	118
Pinson	109	Plessier	118
Pinsonnière (la)	109	Plessin (le)	118
Pioch (le)	57	Plessis	118
Piré	46	Pleu	83
Pirey	46	Pleucadeuc	83
Piry	46	Ploermel	83
Pitgam	86	Plois	83
Pirou	46	Ploucesat	83
Pis	51	Plouec	83
Pisancianum	193	Plouer	83
Pisançon	193	Plougar	83
Pise (la)	51	Plougastel	83
Piseux	51	Plougoulm	83
Pisieu	51	Plouik (le)	83
Pisseleux	106	Ploujean	83
Pisseloup	106	Ploulech	83
Pixérécourt	106	Plouy (le)	83
Pizanum	187	Pluhodre	83
Pizay (le)	51	Plumelec	83
Pizieux	54	Plymouth	23
Pizou (le)	51	*Poalerium*	191
Pizy	51	Podio Serigario (de)	187
Plaisians	193	*Podium acutum*	57
Planche (la) de le Rasse	130	*Podium altum*	57
Planche-mi-brai (rue de la)	18	*Podium rotondum*	57
		Poey	57
Plauchards (les)	130	Poil	194
Planches (les)	130	Poilhès	191
Planchetets (les)	130	Poiré	46
Planchette	130	Poirier (le)	46
Planchez	130	Poirol	46
Plancianum	193	Poiroux	46
Planquay (le)	130	Poiseux	190
Planque (la)	130	*Poliacum*	178
Planques (les)	130	Polinkhove	100
Planques (les) à rieuw	130	Pomarel	45
Planquette (la)	130	Pomarez	45

Pomeraide	45	Port	131
Pomet	45	Port-de-la-Liberté (le)	80
Pomets (les)	45	Port-de-Piles (le)	131
Pomiers	45	*Porticiolo*	194
Pommais (les)	45	Portieux	194
Pommera	45	Portiragnes	186
Pommeraie	45	Port-Louis (le)	80
Pommeray	45	Portsmouth	23
Pommeraye	45	Portz (le)	97
Pommereau	45	Portz-guen	97
Pommerée (la)	45	Porz (le)	97
Pommeret (le)	45	Porz-en-tallec	97
Pommereuil	45	Porzo (le)	97
Pommereux	45	Poterie (la)	135
Pommery	45	Poteries (les)	135
Pommerit	45	Potherie (la)	135
Pommeuse	45	Potheries (les)	135
Pommiers	45	Pothières	135
Pomoy	45	Poua (la)	57
Pompangium	186	Pouech	57
Pompey	186	Pouey (le)	57
Poncé	127	Pouèze (la)	57
Ponceau	127	Pougade (la)	57
Ponceaux	127	Pouget	57
Poncelet	127	Pougues	57
Poncelle	127	Pouilley	178
Poncelli	127	Poujol (le)	57
Poncet	127	Poujolet	57
Poncey	127	Poujols	57
Ponchaux (le)	127	Poul (le)	62
Ponchel	127	Pouleno (le)	62
Pons	127	Poul-eer-Gumeren	62
Pont	127	Poul-guern	62
Pont-à-Couleuvre	127	Pouligny	170
Pont-du-Vay (le)	129	Poulo	62
Pontoise	127	Poul-rû	62
Poutot (le)	127	Pourcy	192
Ponts	127	Pournoy	46
Ponty (le)	127	*Poussignetum*	191
Porcairaniacos	186	Prabert	68
Porcaritias	195	Prade (la)	68
Porcetus	192	Pradeau	68
Porch-en-lann	97	Pradeaux (les)	68
Porcheresse	195	Pradel (le)	68
Porcheri curtis	106	Pradelle (la)	68
Porcherie (la)	106	Pradelles (les)	68
Porcheville	106	Pradère	68
Porh (le)	97	Prades	68
Porh-lann	97	Pradeux	68
Porquerie (la)	106	Pradials	68

Pradier	68	Prieuré (le)	165
Pradières	68	*Priviacum*	192
Pradiès (les)	68	Prodons	68
Pradinas	68	Prugnères	46
Pradine	68	Prunarède	46
Pradinerie (la)	68	Prunaret	46
Pradines	68	Prunelas	46
Pradou	68	Prunelles	46
Pradoux	68	*Prunidum*	46, 194
Prads	67	Prunières	46
Praelle	68	Pruniers	46
Praesles	68	Prunoy	46
Prahas (la)	68	Prye	192
Praiaux	68	Puisac	20
Prailles	68	Puisade	20
Pras (le)	67	Puisard (le)	20
Prat (le)	67	Puisarts	20
Pratilis	68	Puisaud	20
Prats (les)	67	Puisaye	20
Pratum Alberti	68	Puiseau	20
Pratum molle	68	Puiseaux	20
Pratx	67	Puiselet	20
Pratz	67	Puiselets	20
Pray	67	Puiset	20
Praye (la)	68	Puiseux	20
Prayed (les)	68	Puisieulx	20
Prayes	68	Puisieux	20
Prayols	68	Puisots (les)	20
Pré (le)	68	Puisserguier	57, 187
Préau	68	Puch	57
Préaux (les)	68	Puech	57
Preche (le)	168	Puèches (les)	57
Prée (la)	68	Puget	57
Prehy	68	Pugey	57
Prele	68	Puits (le)	20
Pré l'Evêque (le)	166	Puits-hault	57
Prémol	68	Puits-Mouillerat	20
Prenereau	46	Puits-Rond	20
Preny	46, 194	Pujade (la)	57
Prerolles	195	Pujol	57
Presailles	68	Pujolet (le)	57
Prés (les)	68	Pujolles (les)	57
Preseau	68	Pujols	57
Presiagum	193	Pujos	57
Presles	68	*Puteolis* (de)	190
Pressinge	193	Puy (le)	57
Pretz	68		
Prey	68		
Prez	68	Quarci	193
Prie-Dieu (les)	157	*Quarcianum*	193

Quelaines	197	Repaire	118
Quelen	44	Repara (la)	67
Quelenec	44	Reparas (la)	118
Quelenes	44	Réunion-sur-Oise	80
Quellenec	44	Rhingau	87
Quenay	34	*Rhodanus*	12
Quenne	36	Rhod (le) riv	12
Quennois	35	Rhode-Saint-Genest	33
Quercize	74	*Rhodius*, riv	12
Quesnoy	35	Rhœdias (le), riv.	12
Queudre (la)	47	Riault, ruiss	16
Queue de chien	106	Riaux, ruiss	16
Queyrières	74	Ribaute	67
Quibou	89	*Rico magus*	63
Quierzy	74	*Riconorus*	197
Quillignon	162	Riespach	15
Quillinen	162	Rieusse	15
Quillio (le)	162	Riez (le)	65
Quimper	22	Riez (les)	65
Quimperlé	22	Riez-Charlot (le)	65
Quincy	170	*Riogilum* 184,	196
Quintiacum	170	Riom	63
Quittebœuf	89	Riot, ruiss	16
Quoopertorium	109	Riquewihr	85
		Ris, ruiss	16
Rablay	38	Risset	15
Raginbertiaca	176	*Rivarennæ portus*	136
Ragniberticurtis	176	Rivarennes	136
Rainecourt	109	Rive haute	67
Rainsart	33	Riverie	67
Ramerupt	17	Rivery	67
Ranspach	15	Rivier (le)	67
Rapt	17	Rivière	67
Ravensberghe	108	Rivières	67
Reaux (les)	190	Rivoire (la)	67
Rebecq	15	Rivoires (les)	67
Rec de la Combe	16	Robach	16
Rec-grand	16	Robec (le)	15
Recozels	190	Robecq	16
Regenterie (la)	134	*Rocca rotunda*	184
Reichstett	87	Rocher de la Liberté	80
Reims	78	*Rorosellum*	190
Rembercourt	176	Roc libre	80
Renard (le)	106	Rocroy	80
Renarde (la)	106	*Roderanicas*	184
Renardière	106	Roderargues	184
Reneve	8	Rodoir (le), riv	12
Rennemoulin	109	Rodoué (le), riv	12
Rennes-en-Grenouilles	109	Rodu (le), riv	12
Renneville	109	Ro luic (le) riv	12

Rœulx	33	Rouvret	36
Rœux	33	Rouvron	36
Rogilium	184	Rouvroy	36
Rogive (la)	9	Rouvroy (forêt de)	36
Rohrwiller	85	Roye	33, 80
Ronce (la)	49	Roz (le)	55
Roncenay	49	Roz	55
Ronceray	49	Rozelieures	196
Ronchaux	49	Rue	126
Ronchères	49	Rueil	33, 184, 196
Roncherolles	49	Ruel	33
Ronchois	49	Ruel (le)	125
Roncière (la)	49	Ruelle	126
Roncières	49	*Ruellium*	184
Ronquerolles	49	Ruffec	178
Ronquette	49	*Ruffiacum*	178
Ronqueux	49	Ruisscheure	102
Ronsière	49	Runckelon	49
Ronzières	49	Rupelmonde	23
Roqueronde	184	Rupt	17
Ros	55	Rupt en Woevre	17
Ros (le)	55	Ruremonde	13
Roscoet	55		
Roserolis (E. de)	196	Saale (la), fl.	9
Ros-Kano ou Ros-Kneû	43	*Saaliacum*	179
Ros-Kneû ou Ros-Kano	43	Saales	91
Rosendal	61	*Sabiniacum*	170
Rost-Warendin	33	Sabis, fl.	9
Rotomagus	63	Sablat	71
Roubaix	16	Sable	71
Rouen	14, 63	Sablé	71
Rouère	36	Sables	71
Rougefays	37	Sablet	71
Rouire	36	Sablier (le)	71
Roumare	21	Sablières	71
Roure	36	Sablon (le)	71
Roussay	49	Sablonet (le)	71
Rousseix	49	Sablonnière (la)	71
Rousselots	49	Sablons (les)	71
Rousseloy	49	Sablou (le)	71
Rousses (les)	49	Sacé	189
Rousset	49	Sacieux	176
Roussey	49	Saclas	33
Roussière (la)	49	Sagnes	45
Roussieux	15	Saigne-de-Gos	45
Routot	88	Saigne-Verte	45
Rouves	36	Saillac	27
Rouvray	36	Sailly	27
Rouvre (le)	36	Sailly-le-Sec	27
Rouvres	36	Sailly-Sallizel	27

Saint-Abit	142	Saint-Baudille	142
S. *Adjutor*	141	Saint-Baudry	153
Sainte-Adresse	149	Saint-Baussant	142
Saint-Agnan	141	Saint-Bauzely	142
Saint-Agnès	141	Saint-Bauzille	142
Sainte-Agnès	156	Sainte-Beaume (la)	59
S. *Agnes*	149	S. *Benedictus*	142
Saint-Agnet	141	Saint-Benet	142
Saint Agoulin	141	Saint-Benezet	142
S. *Agrippanus*	141	Saint-Benigne	142
Saint-Aignan	141	S. *Benignus*	142
Saint-Aigulin	141	Saint-Benin	142
Saint-Albain	141	Saint-Benoît	142
Saint-Alban	141	Saint-Berain	142
S. *Albanus*	141	Saint-Blin	155
Saint-Albin	141	Saint-Boing	151
Sainte-Allire	145	S. *Bonitus*	142
S. *Amantius*	151	Saint-Bonnet	142
S. *Anastasia*	141	Saint-Bonnet-de-Galaure	142
Sainte-Anastasie	141	Saint-Brancher	147
Saint-Andeol	141	Saint-Branches	147
S. *Andeolus*	141	Saint-Branchs	147
Saint-Andeux	141	Saint-Brès	142
Saint-Andiol	141	Saint-Brieuc	154
S. *Andreas*	149	Saint-Bris	147
Saint-André	141	Saint-Brisson	142
S. *Anianus*	141, 151	S. *Brixius*	142
S. *Annemundus*	151	Saint-Calais	142
S. *Aper*	142	S. *Carauni villare*	151
Saint-Apolinaire	142	S. *Carileffus*	142
Saint-Apolinard	142	S. *Casius*	150
Saint-Apollinard	142	Saint-Celerin	148
S. *Apollinaris*	142	Sainte-Cerise	148
Saint-Appre	142	Saint-Chamand	151
Saint-Aquilin	141	S. *Chamas*	151
Saint-Arey	142	Saint-Chamassy	151
S. *Arigius*	142	Saint-Chamond	151
Saint-Auban	141	Saint-Chaffre	149
Saint-Aubert	153	Saint-Chartres	143
Saint-Aulaire	144, 149	Saint-Chef	149
Saint-Aulaye	144	Saint-Chely	151
Saint-Aunès-d'Auroux	141	Saint-Cheumassy	151
Saint-Aupre	142	Saint-Cheybard	151
Saint-Avit	142	Saint-Chinian	141, 151
S. *Avitus*	142	Saint-Christô-en-Jarez	142
S. *Baldomerus*	142	Saint-Christol	142
S. *Balsemius*	142	Saint-Christophe	142
S. *Basalmus*	142	S. *Christophorus*	142
Saint-Baudière	142	Saint-Ciers	143
S. *Baudilius*	142	Saint-Cirgues	143

Saint-Cirice	143	S. *Eugendus*	134
Saint-Cirq	143	Saint-Eugène	143,	149
Saint-Claud	143	S. *Eugenia*	149
Saint-Claude	143, 153	S. *Eulalia*	144,	149
S. *Clodoaldus*	143	Sainte-Eulalie	144
Saint-Cloud	143	S. *Euparchius*	151
Sainte-Colomme	142	S. *Euphemia*	144
S. *Columba*	142	Sainte-Euphèmie	144
Saint-Crepin-du-Bequet	15	S. *Eusebius*	144
Saint-Cucufa	143	Saint-Eusoge	144
S. *Cucuphas*	143	S. *Eustadius*	144
Saint-Cugat	143	Saint-Fargeau	144
Saint-Cy	151	Saint-Fargeol	144
Saint-Cybard	151	Saint-Fargeux	144
Saint-Cydroine	148	Saint-Felix	144
Saint-Cyr	143	Saint-Féréol	144
Saint-Cyran	148	Saint-Ferjeux	144
Saint-Cyrice	143	Saint-Ferjol	144
S. *Cyricus*	143	Saint-Ferjus	144
Saint-Cyrq	143	Saint-Ferréol	151
S. *Dedo*	143	S. *Ferreolus*	144
Saint-Denis	80, 153	Saint-Ferriol	144
Saint-Denis-du-Behellan	30	Saint-Flin	144
Saint-Denis-sur-Loire	153	Sainte-Florine	153
S. *Desiderius*	143	Saint-Flour	153
Saint-Desir	143	Saint-Fontaine	152
Saint-Dezery	143	Saint-Forget	144
Saint-Didier	143	Saint-Forgeux	144
Saint-Dierry	143	S. *Fredaldus*	144
Saint-Dizier	143	Saint-Frezal	144
Saint-Don	143	Saint-Frichoux	144
Saint-Donceel	143	Saint-Front	155
Saint-Dremond	151	S. *Fructuosus*	144
Saint-Drézéry	143	Saint-Galmier	137, 142
Saint-Egreve	141	Saint-Gaudens	80
S. *Electus*	151	Saint-Gely-du-Fesc	141
Saint-Eloi	144, 149	Sainte-Geneviève-des-Bois	153
Saint-Emilion	152	Saint-Gengouet	144
Saint-Eny	151	Saint-Gengoux-le-Royal	144
S. *Eptadius*	143	Saint-Gengox de Scisse	144
Saint-Epvre	142	S. *Gengulphus*	144
Saint-Erblon	145	Saint-Geoire	145
Saint-Erme	153	Saint-Geoirs	145
S. *Errehaldus*	151	Saint-Georges	145, 153
Saint-Escobile	148	S. *Georgius*	145
Saint-Esteben	148	Saint-Geours d'Aurilat	145
Saint-Estèphe	148	S. *Geraldus*	145
Sainte-Estère	148	Saint-Germain	155
Saint-Estève	148	Saint-Germain-en-Laye	80
Saint-Etienne	80, 148, 155	Saint-Germain-la-Poterie	135

LANGUE FRANÇAISE. II.

Saint-Géry	143	S. Licerius	146
Saint-Gilles	141, 153	Saint-Ligaire	145
Saint-Gobain	80	Saint-Liquaire	145
Saint-Guillaume	145	Saint-Lô	80, 153
S. Guillelmus	145	Saint-Lot	145
Saint-Guillem	145	Saint-Loup	154
Saint-Guiroud	145	Saint-Maclou	146
S. Habundus	145	S. Maclovius	146
Saint-Haon-le-Châtel	145	Saint-Maisme	146
Saint-Haon-le-Vieux	145	Saint-Malo	146, 153
Saint-Héan	143	Saint-Mammès	154
Saint-Hellier	145	Saint-Marc	146
Saint-Herblain	145	S. Marcus	146
S. Hermelandus	145	Saint-Mard	146
Saint-Hilaire	145, 153	Saint-Mards-en-Othe	146
S. Hilarius	145	Sainte-Marie	154
Saint-Hillier	145	Sainte-Marie-des-Horts	101
S. Hugo	145	Saint-Mars	146
Saint-Hugon	145	Saint-Martial-des-Martines-de-Veyre	153
Saint-Hugues	145		
Saint-Huruge	144	S. Martialis	149
Saint-Hymetière	149	Saint-Martin	154
Saint-Ignat	152	Saint-Martin-au-Laert	65
Saint-Igny-de-Roche	152	Saint-Martin-de-Tronsec	191
Saint-Igny-de-Vair	152	S. Martinus de Trunceto	191
S. Illidius	145, 149	S. Marvia	149, 150
Saint-Illiers	145	Saint-Mathurin-de-Larchant	153
Saint-Jean-d'Angely	153		
Saint-Jean-de-Bassel	159	Saint-Maur-des-Fossés	153
Saint-Jean-de-Daie	157	Saint-Maurice	146
Saint-Jean-de-Lier ou Lier	65	S. Mauricius	146
Saint-Jean-de-Losne	153	Saint-Maurice-d'Agaune	58
Saint-Jean-de-Luz	80, 155	Saint-Maurice-en-Valais	153
Saint-Jean-Pied-de-Port	155	Saint-Max	146
Saint-Jooris	145	Saint-Maxime	146
Saint-Jores	145	S. Maximus	146
Saint-Jory	145	Saint-Mayme	146
Saint-Julien	153	Saint-Médard	146, 154
Saint-Just	155	S. Medardus	146
Saint-Lager	145	Saint-Même	146
Saint-Lattier	145	Saint-Memmie	146
S. Laudus	145	S. Memmius	146
S. Lauterius	145	Saint-Menge	146
Saint-Laurent	80	Saint-Menges	146
Saint-Laurent-des-Eols	153	Saint-Merd	146
Saint-Léger	145, 153	Saint-Michel-sur-Orge	153
S. Leodegarius	145	S. Moderatus	146
S. Leverina	145	Saint-Moré	146
Saint-Lezer-de-Bigorre	146	Saint-Mury	146
Sainte-Lheurine	145	S. Nectarius	150

S. Nicetius	146	Saint-Prest	147
Saint-Nitasse	141	Saint-Priect	147
Saint-Nizier	146	Saint-Priest	147
Saint-Nom-le-Bretêche	146, 153	S. Priscus	147
S. Nonnius	146	Saint-Privat	147
S. Œgidius	141	S. Privatus	147
S. Œquilinus	141	Saint-Projet	147
Sainte-Offange	144	Saint-Python	147
Sainte-Offenge	144	S. Quiritus	147
Santa-Olala	144	S. Ragnabertus	147
Sainte-Ollive	145	Saint-Rambert	147
Sainte-Olive	149	Saint-Remiremont	152
Saint-Ondras	146	S. Reverianus	187
S. Oneratus	146	Saint-Reverien	187
Saint-Oury	149	Saint-Riran	147
Saint-Oyand-de-Joux	143	S. Rivorianus	147
Saint-Oyen-Montbelet	143	Saint-Romain	147
Saint-Paire	155	Saint-Romand	147
S. Pancratius	147	S. Romanus	147
Saint-Parize-le-Châtel	147	Saint-Rome	147
S. Patricius	147	S. Sabinus	147
S. Paulus	149	Saint-Saens	148
Saint-Pé-de-Leren	147	Saint-Saire	147
Saint-Pée-sur-Nivelle	147	S. Salvius	147
Saint-Peraville	152	S. Satirus	148
Saint-Peravy	152	Saint-Savourin	148
Saint-Père	147	Saint-Satur	148
Sainte-Pereuse	149	Saint-Saturnin	148
S. Petrus	147	S. Saturninus	148
S. Petrus de villa	152	Saint-Saulge	147
S. Petrus in via	152	Saint-Savin	147
S. Petrusius	149	S. Scubiculus	148
Saint-Pey	147	S. Sepulchrum	148
Saint-Peyrus	147	S. Seremius	148
S. Piatus	147	Saint-Seriès	148
Saint-Pierre	147, 157	Saint-Sernin	148
Saint-Pierre-des-Ifs	9	Saint-Severin	148
Saint-Pierre-de-Mezage	188	S. Severinus	148
Saint-Pierre-le-Moutier	80	Saint-Sevrin	148
Saint-Plovoir	152	S. Sidonius	148
Saint-Point	147	S. Sidronius	148
Sainte-Pole	149	Saint-Simple	148
Saint-Polgues	148	S. Sigirannus	148
Saint-Pons	147	S. Sirica	148
S. Pontius	147	Sainte-Solange	148
S. Potamius	147	S. Solemnia	148
Saint-Pouange	147	S. Solempria	148
Saint-Pregts	147	S. Soregius	148
S. Prejectus	147	Saint-Sorlin	148
Saint-Prejet	147	Sainte-Soulline	148

Saint-Souplet	148	Salle (la) 91,	119
Saint-Soupplets	148	Sallebeuf	119
S. Stephanus	148	Sallebruneau	119
Saint-Sulpice	148	Sallenave	91
S. Sulpicius	148	Sals	42
Saint-Sulpin	148	Salses (les)	42
Saint-Supplet	148	Salvagnac	184
Saint-Supplix	148	*Salvaticos*	184
S. Taurinus	149	*Salviacum*	192
Saint-Theoffrey	149	Salza	42
S. Theothfredus	149	*Samara* riv.	12
S. Theuderius	149	Samarobriva 78,	127
Saint-Thibery	149	*Samarobriva Ambianorum.*	78
Saint-Thurin	149	Sambeaumont	53
S. Tiberius	149	Sambre (la), riv	12
S. Tranquillus	150	Samer	149
Saint-Tron	151	Samer (le), riv	12
Saint-Tropez	80	*Samesium*	191
S. U*d*abricus	149	Sammarcoles	149
Saint-Usoge	144	Samois	191
Saint-Ustre	141	Samur (le), riv	12
Saint-Usuge	144	Sandweiler	149
Saint-Valer	149	Sanières	72
Saint-Valérien	154	Sannois	35
S. Valerius	149	*Santinium*	151
Saint-Vallier	149	*San Venena*	150
Saint-Verain 149,	167	Saône (la), fl	9
Saint-Véran	149	Sar. *Voyez* Sr.	
Saint-Verand	149	*Sarcleyum*	33
S. Veranus	149	Sarraltroff	84
Saint-Vincent-de-Lorouer.	161	Sarrat	188
Saint-Vrain 149,	150	Sarre (la), riv	9
S. Vulmarus	149	*Sasiriacum*	192
Saint-Wit	80	Sassenage	188
Saint-Xist	147	*Satiacus*	176
Saint-Yan	143	*Satarutis*	188
Saint-Ylaire	144	*Satolas*	188
Saint-Ylie	145	*Saturatis*	188
Saint-Ythaire	143	Sauchy	42
S. Ymiterius	149	*Saucona* riv,	9
Saizerais	192	Saugeat	192
Sala (le), fl	9	Saugras	186
Salaberry	91	Saulaies	179
Salat (le), riv	9	Saulce	42
Salceias	189	Saulces-Champenoises	42
Salces	42	Saulcet	42
Sales	91	Saulchery	42
Salha	91	Saulchoy (le)	42
Salicossa mara	21	Saulcois (le)	42
Salins	72	Saulcy	42

Saula	42	Scutelaria	187
Saulais (le)	42	Seauves (les)	27
Sauldre (le), riv	9	Seauve (la)	27
Saule	42	Sebastopol	167
Saules	42	Seblenia	197
Sauliac	42	Sedoilus	190
Saulnay	72	Seil (le)	26
Saulnes	72	Seigne	37
Saulnières	72	Selve	26
Salniers (les)	72	Selven	27
Saulnot	72	Selvigny	27
Sauloy	179	Seneuille	37
Saulsotte (la)	42	Seneujols	35
Saulx	42	Senneterre	155
Saulxerotte	42	Sens	70
Saulxures	42	Sentiniacus	158
Saulzais	42	Sentolatus	181
Saulzet	42	Seouves	28
Saulzois	42	Seouze	27
Saumentrain	179	Sequiniacum	157
Saussaye (la)	42	Serignan	83
Saussé	42	Sermasias	186
Saussey	42	Sermoise	188
Sausses	42	Serre (la)	58
Saussette	42	Servais 27,	188
Sausseuil	42	Serval	26
Sausseuzemare	21	Servance	27
Saussiers	42	Servenches	27
Saussy	42	Servange	27
Sauve	27	Servant	27
Sauve-Majeure	27	Servas	27
Sauveplane	27	Seugnes	107
Saux	42	Seuil	198
Savadatis	188	Severing	156
Savas	188	Sexeles	63
Savelonis vinea	71	Sexey-aux-Forges	180
Savelons (les)	71	Sicca vallis	64
Savena riv	9	Sicnii villare	150
Savigny	170	Sicranrio curte	93
Savo riv	9	Sidremum	156
Savonnerie (la)	135	Siéges (les)	121
Savonnière	135	Silias	192
Savus fl.	9	Silly-la-Poterie	134
Scadunum	185	Silvagium	185
Scatalingis	195	Silvarouvre	26
Sceaux	42	Silve (la)	27
Schelestadt	87	Silve-Bénite (la)	27
Schweighausen	97	Silvéréal	27
Scoilus	196	Simpenveld	152
Scuritias	195	Simplex via	152

Simpliciavia	152	Steingrub	75
Smarve	149	Steinmatt	75
Sognes	20, 108	Steinsaale	75
Sognoles	108	Steinselt	75
Sogradus	186	Steinsultz	75
Soignolles	108	Stenay	36
Soissons	78	Sterbouest, moul	13
Soisy-sur-Oise	195	Ster-en-Dreuchen, riv.	13
Solarium	187	Stergavole, riv.	13
Soler (le)	120	Ster-laër, ruiss.	12
Solerieux	120	Ster-pouldu, ruiss.	13
Solers	120	Stetten	87
Solgne	108	Stinzel	75
Sollies	187	*Stivaliculæ*	194
Solnatium	188	Strasbourg	79, 125
Sommecaise	150	Stratzburg	79
Soregia	189	Strazeelle	91
Soriech	189	Strenquels	150
Sotsolingus	194	Sturcreta	118
Sottevast	65	Stuzzelbronn	20
Sotzeling	194	Sublaines	190
Souvan	27	*Suenci*	151
Souvignargues	27	*Suessones*	77
Souvigni	27	Suire (la), riv.	9
Sparte	80	*Summentiriacum*	179
Speiergau	87	Sundgau	87
Sperliacum	178	Sura (la), riv.	9
Spicariæ	187	Surcanico	186
Spicarias	187	Sussargues	186
Spincourt	44	Sussat	48
Spinoglium	183, 196	Sussaut	48
Spycker	51, 100	Suzay	48
Stabelacum	185	Suzoy	48
Stabulæ	104		
Staneux	36, 191		
Staple	132	Talemars	139
Stapula	132	Tamar (le), fl	10
Stauffen	136	Tamaris (le), fl	10
Stavelot	185	*Tamarus*), fl	10
Steenbecque	75	Tambre (le), fl	10
Steenberg	75	Tamise (la), fl	10
Steene	75	Tanay	35
Steenkerque	75	Tannec	35
Steenweg	75	Tannois	35
Steenwerch	75	*Tarborerius*	191
Steenwoorde	75	Tarbouriech	191
Steinbach	75	Taulignan	86
Steinbech	75	*Tavernæ*	191
Steinbourg	75	Taviers	191
Steinbrunn	20, 75	Teil	38

Teillan	38	Tiotes-quatre (les)	111
Teillet	194	*Torveio* (E. de)	189
Telidum	194	*Torviliœ*	194
Tell-le-Grand	80	Tour (la)	
Temple (le)	165	Tour sans venin	150
Templemars	139	Tournebu	89
Templiacus	193	Tourotte	139
Temploux	193	Tourreilles	194
Templum Martis	139	Toutlifaut	33
Tenremonde	23	Tout-y-croit	33
Ternant, riv	14	Tout-y-faut	33
Terrehault	154	Tout-y-va	33
Thal-Druling	61	Transloy	43
Thal-Marmoutier	61	Treflean	82
Theil'	38	Treffrin	82
Theilloux	38	Trellaouenan	82
Thelices	38	Tremblade (La)	43
Theimbronne	20	Tremblais	43
Thenailles	34	Tremblay	43
Theneuil	34	Trembleaux	43
Theneuille	35	Tremblecourt	43
Thenay	34	Tremblesseau	43
Thennelières	36	Tremblois	43
Theodonis villa	171	Tremblout	43
They	38	Tremel	43
Thiembronne	20	Tremouille	43
Thieuloye (la)	38	Tremouilles	43
Thil	38	Tremoulet	43
Thilay	38	Treogan	82
Thillay	38	Treogat	82
Thilleux	38	Trepail	186
Thilliers-en-Vexin	38	*Trepallus*	186
Thillot	38	Treunais	82
Thilloy	38	Treux	82
Thilouze	38	Trevarn	82
Thionville	171	Trévé	82
Thorey	189	Treveneuc	82
Thourhout	139	Treverec	82
Thuilières	135	Treviers	125
Thuillerie (la)	135	*Triatorium*	124
Thuilleries (les)	135	Triaûou (le)	124
Thuit Auger	88	Tricot	133
Thuit Signol	88	Trolls (les)	25
Thun	100	Tromborn	20
Thur (la), riv	10	Tronsanges	197
Thurbach (le), riv	10	Trottards (les)	156
Thurgau	87	*Trozongias*	197
Thureau-du-Bar	38	Tuilerie (la)	135
Tigeriacum	170	Tuilière (la)	135
Tigery	170	Tuillerie	135

Tuillière	135	Vedette républicaine	80
Turquestein	75	Veigné	46
Turnhout	139	Velaine	186
Tusciacus	193	Velaine-en-Haye	190
Tussey	193	Velaine-sous-Vaudemont	190
		Velieux	192
Udon (l'), fl.	10	*Vellaniæ*	190
Ulm	41	*Vellenis*	186
Ulmes	41	Vellelive	192
Ulmby	42	Vendargues	186
Urçay	179	Vendin le Gué	129
Ursiacum	179	Vendin le Vez	129
Uxem	86	Vendin le Vieil	129
		Venloo	34
		Venranichos	186
Vacheres	105	*Venteriolum*	195
Vacheresses	105	Venterol	195
Vacherie	105	*Veosatum*	188
Val (le)	60	Verchers (les)	68
Val d'Ajol	48	Verchery	68
Val d'Ajou	48	Verger	101
Val des Ecoliers (le)	60	Vergers	101
Valentinge	194	Vergies	104
Valentingos	194	Vergnes (les)	39
Vallée (la)	60	Vergnies	39
Vallère	60	Vergnolles	39
Valleret	60	*Veriacum*	170
Vallières	60	Vern	39
Vallis noxia	60	Verna	39
Valloire	60	Vernades (les)	39
Vanoise	60	*Vernadus*	186
Vaquerie	105	Vernais (le)	39
Vaquières	105	Vernas	39
Varages	185	Vernassal	39
Varenne	115	Vernay	39
Varennes	115	Vernayaz	39
Varesnes	115	Verne (la)	39
Varicurtis	95	Verné	39
Varinchanot	36	Vernède (la)	39
Vast (le)	65	Verneiges	39
Vateland (le)	65	Verneil	39
Vatine (la)	65	Verneix	39
Vatis (les)	65	Vernelle (la)	39
Vaudemont	139	Vernelles (les)	39
Vaur (la)	32	Verneou	39
Vaure	32	Vernes	39
Vaureix	32	Vernesson	39
Vaux (les)	60	Vernet (le)	39
Vaux le vicomte	165	Vernets (les)	39
Vay	129	Verneughcol	39

Verneuil	39	Viels-Remy	190
Verneujol	39	Vieuvicq	85
Verneuses	39	Vieuvireul	85
Verney (le)	39	Vieux (les)	129
Vernez	39	Vignac	46
Vernhales	39	Vignal (le)	47
Vernhes	39	Vignan	47
Vernie (la)	39	Vignaul	46
Vernière (la)	39	Vignaux (les)	46
Vernières	39	Vignay	46
Verniette	39	Vigne	46
Vernilla	39	Vigneau (le)	46
Vernilloux	39	Vigneaux	46
Vernines	39	Vignec	46
Vernio	39	Vignelle (la)	46
Verniolles	39	Vigneules	46, 190
Vernioz	39	Vigneux	46
Vernisy	39	Vignieu	46
Vernix	39	Vignoc	46
Vernoil	39	Vignol	47
Vernois	39	Vignoles	47
Vernols	39	Vignolles	47
Vernon	39	Vignols	47, 196
Vernou	39, 186	Vignon (la)	47
Vernouillet	39	Vignonet	47
Vernoux	39	Vignot	47
Vernoy	39	Vignoux	47
Vernuche	39	Vigny	46
Vernusse	39	Villabé	161
Verny	39	*Villa Julii*	169
Verrerie	134	*Villa Paulini*	169
Verrie	134	Villard	84
Verrières	134	*Villa Romanaria*	153
Versanne (la)	69	Villars	84
Versatorium	188	Villatte	84
Verseigne (la)	69	Ville	84
Versoud (le)	188	Ville Dieu	157
Vey (le)	129	Ville-l'Evêque	161
Vez (le)	129	Villemoisson	84
Vezouse (la)	197	*Villenæ*	190
Viala	84	Villeneuve	84
Vialanove	84	Villeneuve l'Abbé	161
Vialaret	84	Villeneuve la Comtesse	165
Vicel (le)	85	Villeneuve l'Archevêque	161
Vichel	85	Villeneuve le Comte	165
Vichy	137	Villeneuve le Roi	165
Vicnau	85	Viller	84
Vico	85	Villers	84
Vicus novus	85	Villers-Plouich	83
Vicus S. Remigii	190	Villette (la)	84

Villevaudé	161	Waterloo	34
Villey	84	Watines	65
Villey-le-Sec	193	Watten	65
Villiers	84	Wattendam	65
Villotte	84	Wattignies	65
Villours	84	Wattine (la)	65
Villula	85	Weckenthal	126
Vimenet	48	Weckolstein	126
Vimi	125	Wées (les)	129
Viminiès	48	Weiler	85
Vinade	46	Weiller	85
Vinas	46	Weitbruch	19
Vinax	46	Westerloo	34
Vinay	47	Westgau	87
Vinciacus	179	Westhove	120
Vincelles	188	Weyer	85
Vincey	179	Wez-Macquard (le)	129
Vinckem	109	Whitehall	123
Vineolis (de)	190	Wihr	85
Vinneuf	85	Wihr en plaine	85
Vinogilum	196	Wildenstein	75
Vinzellata	188	*Wilerceias*	189
Vipleix	192	Willer	85
Vipplesiacum	192	Willerzies	189
Viriziacum	171	Windstein	75
Viry	170	Wintershausen	97
Visé	188	*Wodanimons*	139
Vitiliagus	193	Wœstine (la)	65
Vittefleur	89	Wolfsthal	61
Vizuzia	197	Wormhout	29
Voginantus	153	Wottène (l')	65
Voie	125	*Voyez* Wattine (la).	
Volkerinkhove	100	Wuldenferdique	105
Volvredum	189		
Vourey	189	Xammes	184
Voyenne	125	Xaurey	184
Vraucourt	95	Xenois	35
Vroncourt	96	Xermamenie	184
Vuardacelis	185	Xharis	195
		Xouaxange	184
Waal (le), autr. Wahalis.	11		
Waesten	65	Yguerande	22
Wagenbach	126	Ygrande	22
Wahalis. *Voyez* Waal.		Ymare	21
Walschbronn	20	Yperen, en français Ypres.	42
Warbodovilla	153	Yperlée (l')	42
Warde (la)	114	Ypres. *Voyez* Yperen.	
Warennes	115	Yrouere	161
Warnes	115	Ysselmonde	23
Wast (de)	65	Yvetot	88

Yvette, riv	9	Yvuy		9
Yvoine	9	Yzeures		196
Yvoy le pré	9			
Yvory près Salins	9	Zuytkote		118

FIN DE LA TABLE ALPHABÉTIQUE DES NOMS DE LIEU.

TABLE DES CHAPITRES

	Pages
CHAPITRE I. INFLUENCES NATURELLES	3
De l'eau	7
Des bois	23
Des arbres	34
Des arbustes et plantes	47
Des montagnes et vallées	53
De la terre considérée comme surface	62
De la terre considérée au point de vue géologique	70
CHAPITRE II. INFLUENCES POLITIQUES	76
Des noms de lieu ayant la signification d'agglomération	81
Des domaines	89
Constructions à l'usage des animaux	103
Habitations et constructions	110
Lieux clos défendus par des murs, etc.	112
Habitations	119
Ponts et chaussées	124
Commerce et industrie	130
CHAPITRE III. INFLUENCES RELIGIEUSES	138
Christianisme	139
Noms des saints	140
Du nom de la divinité	156
Des églises	157
Des chapelles	158
Des basiliques	159
Des oratoires	160
Des autels	162
Des ermitages	162
Des abbayes ou monastères et prieurés	163
CHAPITRE IV. INFLUENCES ONOMASTIQUES ET SUFFIXES ETHNIQUES	169
Des suffixes ethniques	169
Tableau de la transformation des suffixes ethniques latins en suffixes ethniques français	182
Table analytique des matières	199
Table des noms de lieu	215

FIN

Paris. — Typ. Rouge frères, Dunon et Fresné, rue du Four-Saint-Germain, 43.

www.ingramcontent.com/pod-product-compliance
Lightning Source LLC
Chambersburg PA
CBHW060127190426
43200CB00038B/1071